劉師培評傳

總　序

中華學術，源遠流長。春秋戰國時期，諸子並起，百家爭鳴，呈現了學術思想的高度繁榮。兩漢時代，經學成為正統；魏晉之世，玄學稱盛；隋唐時代，儒釋道三教並尊；到宋代而理學興起；迨及清世，樸學蔚為主流。各個時代的學術各有特色。綜觀周秦以來至於近代，可以說有三次思想活躍的時期。第一次為春秋戰國時期，諸子競勝。第二次為北宋時代，張程關洛之學、荊公新學、蘇氏蜀學，同時並興，理論思維達到新的高度。第三次為近代時期，晚清以來，中國遭受列強的凌侵，出現了空前的民族危機，於是志士仁人、英才俊傑莫不殫精積思，探索救亡之道，各自立說，期於救國，形成中國學術思想史上的第三次眾說競勝的高潮。

試觀中國近代的學風，有一顯著的傾向，即融會中西。近代以來，西學東漸，對於中國學人影響漸深。深識之士，莫不資西學以立論。初期或止於淺嘗，漸進乃達于深解。同時這些學者又具有深厚的舊學根柢，有較高的鑒別能力，故能在傳統學術的基礎之上汲取西方的智慧，從而達到較高的成就。

試以梁任公（啟超）、章太炎（炳麟）、王靜安（國維）、陳寅恪四家為例，說明中國近代學術融會中西的學風。梁任公先生嘗評論自

己的學術云:「康有為、梁啟超、譚嗣同輩……欲以構成一種不中不西即中即西之新學派……蓋固有之舊思想既根深蒂固,而外來之新思想又來源淺觳,汲而易竭,其支絀滅裂,固宜然矣。」(《清代學術概論》)所謂「不中不西即中即西」正表現了融合中西的傾向,不過梁氏對西學的瞭解不夠深切而已。梁氏自稱「適成為清代思想史之結束人物」,這未免過謙,事實上梁氏是近代中國的一個重要的啟蒙思想家,誠如他自己所說「為《新民叢報》、《新小說》等諸雜誌……二十年來學子之思想頗蒙其影響……其文條理明晰,筆鋒常帶感情,對於讀者別有一種魔力焉」。梁氏雖未能提出自己的學說體系,但其影響是深巨的。他的許多學術史著作今日讀之仍能受益。

　　章太炎先生在《菿漢微言》中自述思想遷變之跡說:「少時治經,謹守樸學……及囚系上海,三歲不覿,專修慈氏世親之書……乃達大乘深趣……既出獄,東走日本,盡瘁光復之業,鞅掌餘間,旁覽彼土所譯希臘德意志哲人之書……凡古近政俗之消息、社會都野之情狀,華梵聖哲之義諦、東西學人之所說……操齊物以解紛,明天倪以為量,割制大理,莫不孫順。」這是講他兼明華梵以及西哲之說。有清一代,漢宋之學爭論不休,章氏加以評論云:「世故有疏通知遠、

好為玄談者，亦有言理密察、實事求是者，及夫主靜主敬、皆足澄心……苟外能利物，內以遣憂，亦各從其志爾！漢宋爭執，焉用調人？喻以四民各勤其業，瑕釁何為而不息乎？」這是表示，章氏之學已超越了漢學和宋學了。太炎更自讚云：「自揣平生學術，始則轉俗成真，終乃回真向俗……秦漢以來，依違於彼是之間，偏促於一曲之內，蓋未嘗睹是也。乃若昔人所謂專志精微，反致陸沉；窮研訓詁，遂成無用者，余雖無腆，固足以雪斯恥。」太炎自負甚高，梁任公引此曾加評論云：「其所自述，殆非溢美。」章氏博通華梵及西哲之書，可謂超越前哲，但在哲學上建樹亦不甚高，晚歲又回到樸學的道路上了。

王靜安先生早年研習西方哲學美學，深造有得，用西方美學的觀點考察中國文學，獨闢蹊徑，達到空前的成就。中年以後，專治經史，對於殷墟甲骨研究深細，發明暸「二重證據法」，以出土文物與古代史傳相互參證，達到了精確的論斷，澄清了殷周史的許多問題。靜安雖以遺老自居，但治學方法卻完全是近代的科學方法，因而取得卓越的學術成就，受到學術界的廣泛稱讚。

陳寅恪先生博通多國的語言文字，以外文資料與中土舊籍相參

證，多所創獲。陳氏對於思想史更有深切的睿見，他在對於馮友蘭《中國哲學史》的《審查報告》中論儒佛思想云：「佛教學說，能於吾國思想史上發生重大久遠之影響者，皆經國人吸收改造之過程。其忠實輸入不改本來面目者，若玄奘唯識之學，雖震動一時之人心，而卒歸於消沉歇絕……在吾國思想史上……其真能於思想上自成系統，有所創獲者，必須一方面吸收輸入外來之學說，一方面不忘本來民族之地位。」這實在是精闢之論，發人深思。陳氏自稱「平生為不古不今之學，思想囿於咸豐同治之世，議論近乎曾湘鄉張南皮之間」，但是他的學術成就確實達到了時代的高度。

此外，如胡適之在文化問題上傾向於「全盤西化論」，而在整理國故方面作出了多方面的貢獻。馮友蘭先生既對於中國哲學史進行了系統的闡述，又於40年代所著《貞元六書》中提出了自己的融會中西的哲學體系，晚年努力學習馬克思主義，表現了熱愛真理的哲人風度。

胡適之欣賞龔定庵的詩句：「但開風氣不為師。」熊十力先生則以師道自居。熊氏戛戛獨造，自成一家之言，讚揚辯證法，但不肯接受唯物論。馮友蘭早年擬接續程朱之說，晚歲歸依馬克思主義唯物

論。這些大師都表現了各自的特點。這正是學術繁榮，思想活躍的表現。

　　百花洲文藝出版社有鑒於中國近現代國學大師輩出，群星燦爛，構成中國思想史上第三次思想活躍的時代，決定編印《國學大師叢書》，以表現近代中西文明衝撞交融的繁盛景況，以表現一代人有一代人之學術的豐富內容，試圖評述近現代著名學者的生平及其學術貢獻，凡在文史哲任一領域開風氣之先者皆可入選。規模宏大，意義深遠。編輯部同仁建議我寫一篇總序，於是略述中國近現代學術的特點，供讀者參考。

張岱年

1992年元月，序於北京大學

重寫近代諸子春秋

《國學大師叢書》在各方面的關懷和支持下，就要陸續與海內外讀者見面了。

當叢書組編伊始（1990年冬）便有不少朋友一再詢問：為什麼要組編這套叢書？該叢書的學術意義何在？按過去理解，「國學」是一個很窄的概念，你們對它有何新解？「國學大師」又如何劃分？……作為組織編輯者，這些問題無疑是必須回答的。當然，回答可以是不完備的，但應該是明確的。現謹在此聊備一說，以就其事，兼謝諸友。

一、一種闡述：諸子百家三代說

中華學術，博大精深；中華學子，向以自強不息、厚德載物之精神著稱於世。在源遠流長的中國學術文化史上，出現過三個廣開風氣、大師群起的「諸子百家時代」。

第一個諸子百家時代，出現在先秦時期。那時，中華本土文化歷經兩千餘年的演進，已漸趨成熟，老莊、孔孟、楊墨、孫韓……卓然穎出，共同為中華學術奠定了長足發展的基脈。此後的千餘年間，漢儒乖僻、佛入中土、道教蘗生，中華學術於發展中漸顯雜陳。宋明時

期，程朱、陸王……排漢儒之乖、融佛道之粹、倡先秦之脈、興義理心性之學，於是，諸子百家時代再現。降及近代，西學東漸，中華學術周遭衝擊，文化基脈遇空前挑戰。然於險象環生之際，又一批中華學子，本其良知、素養，關注文化、世運，而攘臂前行，以其生命踐信。正所謂「鐵肩擔道義，妙手著文章」，康有為、章太炎、嚴復、梁啟超、王國維、胡適、魯迅、黃侃、陳寅恪、錢穆、馮友蘭……他們振民族之睿智，汲異域之精華，在文、史、哲領域篳路藍縷，於會通和合中廣立範式，重開新風而成績斐然。第三個諸子百家時代遂傲然世出！

《國學大師叢書》組編者基於此，意在整體地重現「第三個諸子百家時代」之盛況，為「第三代」中華學子作人傳、立學案。叢書所選對象，皆為海內外公認的學術大師，他們對經、史、子、集博學宏通，但治學之法已有創新；他們的西學造詣令人仰止，但立術之本在我中華從而廣開現代風氣之先。他們各具鮮明的學術個性、獨具魅力的人品文章，皆為不同學科的宗師（既為「經」師，又為人師），但無疑地，他們的思想認識和學術理論又具有其時代的共性。以往有過一些對他們進行個案或專題研究的書籍面世，但從沒有對他們及其業

績進行過集中的、整體的研究和整理，尤其未把他們作為一代學術宗師的群體（作為一個「大師群」）進行研究和整理。這批學術大師多已作古，其學術時代也成過去，但他們的成就惠及當今而遠未過時。甚至，他們的一些學術思想，我們至今仍未達其深度，某些理論我們竟會覺得陌生。正如第一代、第二代「諸子百家」一樣，他們已是中華學術文化傳統的一部分，研究他們，也就是研究中國文化本身。

對於「第三代諸子百家」及其學術成就的研究整理，我們恐怕還不能說已經充分展開。《國學大師叢書》的組織編輯，是一種嘗試。

二、一種觀念：一代人有一代人之學術

縱觀歷史，悉察中外，大凡學術的進步不能離開本土文化基脈。但每一代後起學子所面臨的問題殊異，他們勢必要或假古人以立言、或賦新思於舊事，以便建構出無愧於自己時代的學術。這正是「自強不息、厚德載物」之精神在每一代學子身上的最好體現。以上「三代」百家諸子，莫不如是。《國學大師叢書》所沿用之「國學」概念，亦當「賦新思於舊事」而涵注現時代之新義。

明末清初，王（夫之）、顧（炎武）、黃（宗羲）、顏（元）四傑

繼起，矯道統，斥宋儒，首倡「回到漢代」，以表其「實學實行實用之天下」的樸實學風，有清一代，學界遂始認「漢學」為地道之國學。以今言之，此僅限「國學」於方法論，即將「國學」一詞限於文字釋義（以訓詁、考據釋古文獻之義）之範疇。

《國學大師叢書》的組編者以為，所謂國學就其內容而言，系指近代中學與西學接觸後之中國學術，此其一；其次，既是中國學術便只限於中國學子所為；再次，既是中國學子所為之中國學術，其方式方法就不僅僅限於文字（考據）釋義，義理（哲學）釋義便也是題中應有之義。綜合起來，今之所謂國學，起碼應拓寬為：近代中國學子用考據和義理之法研究中國古代文獻之學術。這些文獻，按清代《四庫全書總目》的劃分，為經、史、子、集四部。經部為經學（即「六經」，實只五經）及文字訓詁學；史部為史志及地理志；子部為諸子及兵、醫、農、曆算、技藝、小說以及佛、道典籍；集部為詩、文。由此視之，所謂「國學家」當是通才。而經史子集會通和合、造詣精深者，則可稱為大師，即「國學大師」。

但是，以上所述仍嫌遺漏太多，而且與近現代學術文化史實不相吻合。國學，既是「與西學接觸後的中國學術」，那麼，這國學在內

涵上就不可能，也不必限於純之又純的中國本土文化範圍。尤其在學術思想、學術理論的建構方式上，第三代百家諸子中那些學貫中西的大師們，事實上都借用了西學，特別是邏輯分析和推理，以及與考據學有異曲同工之妙的實證方法，還有實驗方法、歷史方法，乃至考古手段……而這些學術鉅子和合中西之目的，又多半是「賦新思於舊事」，旨在建構新的學術思想體系，創立新的學術範式。正是他們，完成了中國學術從傳統到現代的轉型。我們今天使用語言的方式、思考問題的方式……乃得之於斯！如果在我們的「國學觀念」中，將他們及其學術業績排除在外，那將是不可理喻的。

　　至此，《國學大師叢書》之「國學」概念，實指：近代以降中國學術的總稱。「國學大師」乃「近現代中國有學問的大宗師」之意。因之，以訓詁考據為特徵的「漢學」，固為國學，以探究義理心性為特徵的「宋學」及兼擅漢宋者，亦為國學（前者如康有為、章太炎、劉師培、黃侃，後者如陳寅恪、馬一浮、柳詒徵）；而以中學（包括經史子集）為依傍、以西學為鏡鑑，旨在會通和合建構新的學術思想體系者（如梁啟超、王國維、胡適、熊十力、馮友蘭、錢穆等），當為更具時代特色之國學。我們生活在90年代，當取「一代人有一代人

之學術」（國學）的觀念。

《國學大師叢書》由是得之，故其「作人傳、立學案」之對象的選擇標準便相對寬泛。凡所學宏通中西而立術之本在我中華，並在文、史、哲任一領域開現代風氣之先以及首創新型範式者皆在入選之列。所幸，此舉已得到越來越多的當今學界老前輩的同情和支援。

三、一個命題：歷史不會跨過我們這一代

中西文明大潮的衝撞與交融，在今天仍是巨大的歷史課題。如今，我們這一代學人業已開始自己的學術歷程，經過80年代的改革開放和規模空前的學術文化積累（其表徵為：各式樣的叢書大量問世，以及紛至沓來名目繁多的學術熱點的出現），應當說，我們這代學人無論就學術視野，抑或就學術環境而言，都是前輩學子所無法企及的。但平心而論，我們的學術功底尚遠不足以承擔時代所賦予的重任。我們仍往往陷於眼花繚亂的被動選擇和迫不及待的學術功利之中難以自拔，而對自己真正的學術道路則缺乏明確的認識和了悟。我們至今尚未創建出無愧於時代的學術成就。基於此，《國學大師叢書》的組編者以為，我們有必要先「回到近現代」——回到首先親歷中西文

化急劇衝撞而又作出了創造性反應的第三代百家諸子那裡去！

經過一段時間的困惑與浮躁，我們也該著實潛下心來，去重新暸解和領悟這一代宗師的學術生涯、為學風範和人生及心靈歷程（大師們以其獨特的理智靈感對自身際遇作出反應的閱歷），全面評價和把握他們的學術成就及其傳承脈絡。唯其貫通近代諸子，我們這代學人方能於曙色熹微之中，認清中華學術的發展道路，了悟世界文化的大趨勢，從而真正找到自己的學術位置。我們應當深信，歷史是不會跨過我們這一代的，90年代的學人必定會有自己的學術建樹。

我們將在溫情與敬意中汲取，從和合與揚棄中把握，於沉潛與深思中奮起，去創建有中國特色的社會主義新文化。這便是組織編輯《國學大師叢書》的出版宗旨。當我們這代學人站在前輩學術鉅子們肩上的時候，便可望伸開雙臂去擁抱那即將到來的中華學術新時代！

錢宏（執筆）

1991年春初稿

1992年春修定

自 序

近五六年以來，方光華同志隨我讀博士學位，後又同我一起研究中國近代史學學術史。我們認為，學術史不同於政治史，也不同於一般的專史，而是學術範圍內演變和發展的歷史。學術，特別是人文社會科學不能不受政治的影響，但是它又具有自身的特點；而在學術史的研究中需要把這些特點揭示出來，這就必須要下一番工夫。

我們在研究中國近代史學學術史的過程中，已經注意到，在近代學術革新思潮中，不但出現過像梁啟超、夏曾佑這樣的今文經學家代表人物，而且也產生了章太炎、劉師培這樣的古文經學家。劉師培是一位值得研究的人物。他的思想充滿矛盾。他從揚州學派轉變為在政治上和學術上尋求新論的人物，這就表明乾嘉學派的後裔也清醒地意識到中國社會和傳統學術有進行變革的必要。在摸索變革道路的過程中，劉師培曾經和章太炎一起提出了所謂「國粹主義」的思路，強調依據中國傳統的歷史文化去設計中國的政治出路和進行學術創造。但是應當怎樣改造傳統的歷史文化學術使之適應於廿世紀初中國的發展，劉師培還缺少經驗和具體的操作方案。但是他關於傳統歷史文化和學術的研究，僅從學術史的意義上看，確實給我們留下了值得借鑑的思想資料。

　　1906—1908年間，中國經歷著醞釀著政治上的風雲變幻，山雨欲來風滿樓，巨大的政治風暴即將到來。在這個時候，任何一個清醒的中國知識份子都在思考中國的未來。現實使得劉師培和章太炎等認識到，所謂國粹主義似乎很難解決中國紛繁複雜的現實政治問題，而學術上的創新也有待於尋求新的出路。因而劉師培一方面將國粹主義文化思路轉變為對於傳統文化的學術研究實踐，一方面卻開始宣傳無政府主義。他還曾經試圖以無政府主義來改變同盟會的綱領，重組同盟會。這事實上是辦不到的。加上與章太炎在思想上發生矛盾，劉師培竟投靠清朝貴族端方。從劉師培的個人悲劇來看，無政府主義既無助于解決中國現實問題，也不會給學術的革新帶來新的生機。至於劉師培晚年為袁世凱復辟鼓噪，更加證明他一生所追求的國粹主義和無政府主義的軟弱無力。

　　劉師培的一生反映了揚州學派探索政治革命和學術革命的失敗。方光華同志在《劉師培評傳》一書中不是簡單地敘述失敗的經過，而是力求找出失敗的原因，以便為後人借鑑，讓後人去思考。政治上的失敗，並不能掩蓋劉師培早年在學術研究上的成就，他在經學研究、史學研究和介紹西方學術流派方面都有一定的成就和貢獻。就拿他編

的《中國歷史教科書》及其史學基本主張來說，至今仍有不少發人深省的地方。方光華同志在《評傳》中對於劉師培的經學研究和史學研究分別用專章來論述，比較全面且有一定的深度。

方光華同志的這本書如果能在劉師培的學術影響方面再作些論述，那就會更加完整一些。關於劉師培的評傳我沒有見過其他版本，方光華同志所寫的也許是這方面較早出版的評傳吧。由此開展一些討論，這對於中國近代學術史的研究無疑是大有裨益的。

張豈之於1995年11月3日
北京清華大學西北社區

英文提要

P R É C I S

Liu Shipei is one of the most important academic masters in modern China. In the perspective of the Chinese academic transformation from the traditional to the modern, Liu Shipei's academic achievements and academic position are appraised and described.

In chapter one to four, the focus of description is put on the complex life of Liu Shipei: from a successor of a welllearned and famous family to a vanguard of the nationalist democratic revolution, from the vanguard to a traitor who seeked refuge with Qing Dynasty and attached himself to Yuan Shikai. In chapter five to nine, Liu's academic achievements in the field of Confucian Classic learning, historiography, Zhi scholars and philology are appraised and analysed. His academic limitations are analysed also.

The main conclusions are:

1）The coming of the transition of Chinese learning from the traditional to the modern is driven not only by the New Text confucian classic school, but also by the academic transformation of the Confucian Philological School in Qian Jia Period and its successors.

2）Basing upon their academic and cultural background, Liu Shipei and Zhang Taiyan put forward their particular stand of political revolution and academic revolution, their cultural stand is for the national essence.

3）In the development of the idea of the national essence, Liu Shipei drew a wrong conclusion: he admired anarchism. It is the mix of wrong ideas nd his own vain character that made Liu Shipei become a traitor. And his ositive academic thinking is restricted by his political faults.

4）In his later life, Liu's personal expectation is to be a master in the onfucian Classic learning. Although he did make certain achievements in he Confucian Classical learning, he had gone astray from his own aim of cademic revolution. So far as the later thoughts are concerned Liu Shipei an not be mentioned with Zhang Taiyan in the same breathe.

In the modern Chinese culture, Liu Shipei Phenomenon is a phenomenon which should make scholars deep in thinking. The particular character of this phenomenon is the corruption of an academic life of an academic master with a great expectation, who, owing to the lure of vanity for fame and interests, discarded his own fundamental stand and took part in the political speculation actively. It is a lesson for all the scholars that only through the cultivation of academic characters, and only through the scientific combianation between learning and social reality, Chinese academic development can have a bright and hopeful future.

目　錄

C O N T E N T S

引言

19世紀末20世紀初，中國學術思想和學術研究揭開了新的一頁。最能反映這一變化的是梁啟超、章太炎、夏曾佑、劉師培等都提出了學術革命的口號，探討了新的學術形態的哲學、方法，並作了初步實踐。他們把傳統經學研究從經今古文的辯論轉化為對古代社會狀況和儒家思想發展史的探討，把為帝王提供服務的道德鑒戒型史學轉化為國民服務的、帶有總結歷史發展規則特色的新史學，把歷來處於附庸地位的諸子百家之學當成中國思想文化極其重要的組成部分，把語言文學視為中國歷代政治經濟、文化生活的有機反映，對中國傳統學術研究向現代學術研究的過渡起了十分重要的作用。

　　對於19世紀末20世紀初年學術革命思潮的產生，我們向來重視晚清今文經學的興起。在鴉片戰爭前後，常州今文經學的主要論點，經劉逢祿、龔自珍、魏源、宋翔鳳的發展，確實給傳統學術研究帶來了巨大的衝擊。廖平、康有為為了論證學術的精神實質在於獨立自得，不惜將古文經學視為劉歆的偽造，提出孔子編述六經完全是為了表達他的政治理想和政治原則。晚清今文經學使學術研究的主體性充分顯示出來，並且動搖了傳統經學長期篤守的信條，為傳統學術開闢出了一個新的境界。在20世紀初年的學術革命思潮中，梁啟超、夏曾佑等都是學術革命的幹將，而他們都出自今文經學流派。

　　但我們也不能不注意這樣一個現象，學術革命陣營也有章太炎、劉師培這樣的古文經學家。他們在鼓吹學術革命的過程中，或多或少地受到了今文經學觀點的感染，但他們思考問題的角度，乃至對具體學術問題的評判，與今文經學家並不完全一致。如果我們將視線沿著這些學者的學術師承上溯，我們也將發現，在鴉片戰爭前後，古文經

學陣營（或者說乾嘉樸學陣營）也在發生鮮明的變化。以揚州學派之劉文淇（劉師培的曾祖父）的家學傳統而言，它兼有吳、皖兩派之長，既能確守漢詁，條源析流，又能辭外見義，學求致用。它的學術視野相當開闊，劉文淇精通地理，劉毓崧（劉師培的祖父）通諸子學，劉壽曾（劉師培的伯父）精典制學，劉貴曾（劉師培之父）精天文曆算學。開闊的學術視野與學求致用的學術精神相匯合，使得儀征劉氏形成了出能濟世救民，入則辨章學術、考鏡源流的門風。在劉師培投身學術革命思潮所發表的言論中，我們可以看到劉師培直接運用了他的先輩所提供的許多學術資料和學術結論。由此可見，乾嘉樸學在鴉片戰爭以後自身的演化也同樣孕育著新的學術研究形態的產生。而像劉師培這樣的樸學世家子弟也被吸引到學術革命的思潮中來，表明傳統學術研究也確實到了非變不可的地步。

在傳統學術如何向現代學術過渡的問題上，梁啟超、夏曾佑與章太炎、劉師培既有相同的主張，也有分歧所在。大體而言，章太炎、劉師培在學術研究的價值標準上多持民族主義，而梁啟超、夏曾佑多持民本主義。在學術研究的目標上，章太炎、劉師培多講歷史事實內部的源流，而梁啟超、夏曾佑則多講歷史發展的大勢。在學術研究方法方面，章太炎、劉師培主張以乾嘉樸學方法為基礎，而梁啟超、夏曾佑則多使用所謂新的歷史研究法。這些主張的相通之處體現出他們對於新的學術形態特徵的共識，而分歧之處則體現出他們對於新的學術形態發展途徑的不同預測。

學術研究的發展交織著各種各樣的複雜因素。中國近代學術呈現出一個矛盾的現象。康有為、梁啟超這樣激進的今文經學健將，隨著

中國民族民主革命形勢的發展反而落在時代後邊，成為保皇立憲派，而章太炎、劉師培這樣的古文經學家，卻站在時代的前列，成為革命派。時代風雲既分化了學術革命的隊伍，同時也將學術革命的理論探索引向深入。

在1906年後，圍繞學術研究如何為現實需要服務、如何對待西方學術原理與學術方法、如何正確估價傳統學術體系等等問題，學術革命隊伍在不斷進行調整。而首先提出這些問題的又恰恰是古文經學流派的章太炎。他在1906年發表《與人論樸學報書》，指出學術研究不能過分強調其政治性。過分強調學術的經世功能，不但不能準確瞭解學術對象的真正面貌，反而助長了學人的幹祿躁進之風。1907年他發表《社會通詮商兌》，批評嚴復用甄克思《社會通詮》的原理將中國歷史劃分為圖騰、宗法、軍國三大發展階段的做法，明確指出，學術研究不能把西方學術原理當作教條，運用西方學術原理要注意將其與中國歷史文化的客觀事實相結合，更不能以無為有，以有為無。1909年他在《致國粹學報社書》中，再次強調，乾嘉樸學的研究方法，實事求是，它能使學者培養一種篤實純真的道德品格，避免躁進求仕之風，而且，它有嚴格的方法程式，可以制約學者虛妄和浮談，扭轉學術研究越來越氾濫的主觀主義。1910年他發表《征信論》，更加明確地指出，乾嘉樸學研究方法，與西方學術方法相比照，更加具有科學性。

章太炎反思學術革命的這些觀點得到劉師培的積極回應。1908年春，他在《國粹學報三周年祝辭》中說：「學術甫萌之世，士以勵己為歸，學風不振之時，說以徇人為美。勵己則甘守湛冥，學祈自得，

徇人則中懷躁進，說涉模棱。故思來述往，皆聖賢失志所為，而執古
禦今，乃策士縱橫之習。若夫誦詩聞政、讀史論兵，以雅頌致升平，
以經術飾吏治，名為用世之良規，實則幹時之捷徑。雖僉人所樂道，
亦君子所羞稱。」[1]表示他也反對將學術研究的經世作用估價過高，
並說：「或謂中邦之籍，學與用分，西土之書，學與用合。惟貴實而
賤虛，故用夷以變夏⋯⋯蓋惟今之人，不尚有舊，複介於大國，惟強
是從，是以校理舊文，亦必比勘西籍，義與彼合，學雖絀而亦優，道
與彼歧，誼雖長而亦短⋯⋯飾殊途同歸之詞，作弋譽梯榮之助，學術
衰替，職此之由。」[2]表示他也反對學術研究唯西方學術原理和學術
方法是從。可以說，首先是那些具有高度傳統歷史文化素養的知識份
子提出了中國特色的學術理論和學術方法的建設問題，是他們首先意
識到學術研究的革命性與科學性應該統一，學術原理與學術內容應該
統一，學術研究的民族性與世界性應該統一。我們回過頭來看梁啟
超，他直到1922年前後才反省中國傳統史學體系的長處，認識到民族
學術傳統的某些特色，提出要統一學術研究的民族性與世界性的課
題，我們就不難認識到章太炎、劉師培等人在中國近代學術史上的地
位。

　　但當時章太炎和劉師培都未能解決他們所提出的問題。當章太炎
在繼續積極探索中國新的學術形態的理論問題時，劉師培卻因為思想
認識的混亂與個人性格的缺陷，投靠清朝貴族。政治上的失足以及清
朝政府的迅速顛覆，使劉師培長期陷入對自身命運的求解之中。他餘

1　　劉師培：《國粹學報三周年祝辭》，《左庵外集》卷十七，《劉申叔先生遺書》第
　　　57冊。以下凡引於《劉申叔先生遺書》之資料，注釋皆簡稱《遺書》。
2　　劉師培：《國粹學報三周年祝辭》，《左庵外集》卷十七，《遺書》第57冊。

生中濃厚的宿命思想以及與此俱來的腐朽觀念，表明他已無法把握中國學術發展的脈搏。雖然他試圖將自己裝扮成為揚州學派的傳人，並也確實做了許多超越前人的具體研究工作，但他終究架不起傳統學術與現代學術的橋樑。而他也不能有章太炎那樣的光芒，因此，不可避免地被人們長期遺忘。

而章太炎則在辛亥革命後將新的學術理論和方法進一步深化。他重新探討了傳統學術的精神價值，提出傳統學術的道德、人文精神將是新的學術形態應該繼承和發揚的寶貴財富，重新肯定了學術研究與國家、民族乃至個人的緊密聯繫。他全面估價了乾嘉樸學的長處，指出它們將是新型學術研究的前提和基礎。由其發端，中國學術界在20年代出現了又一新的流派：本土文化主體論派。它以王國維、陳寅恪、陳垣、湯用彤、錢穆、柳詒徵等人為代表。與同時的西化派（胡適、傅斯年為代表）和馬克思主義學術流派（郭沫若、侯外廬為代表）爭長競短，形成了中國現代學術研究豐富多彩的局面。

追溯中國近現代學術發展的歷程，我們不能不注意到劉師培流星一般的學術生命。他是怎樣投身於學術革命的洪流？提出了怎樣的學術理論？又是如何落後於時代的？他的學術研究在中國近代學術史中佔有什麼樣的地位？他提供後人以怎樣的啟示？這是作者與讀者在本書中將要討論的問題。

第一章

經學世家的餘脈

1.1 儀征劉氏的學術風格

清朝光緒十年閏五月初二（1884年6月24日），劉師培出生於江蘇儀征的經學世家。

劉氏經學世家地位的奠定，始自劉師培的曾祖父劉文淇。劉文淇從淩曙受學，精心研究經史典籍，對於歷代經典注疏尤有興趣。據陳立《致劉文淇書》，在道光八年（1828年），劉文淇與劉寶楠、梅植之、包慎言、柳興恩、陳立同赴南京應試，談到十三經舊有注疏不能令人滿意，於是商議各人分任新疏一經。劉寶楠治《論語》，柳興恩治《穀梁》、陳立治《公羊》、劉文淇治《左傳》。此後，劉文淇集四十年之功編成《春秋左氏傳舊注疏證》長編數十巨冊，對《左傳》的舊注進行了集大成的總結。劉文淇晚年僅寫成《疏證》一卷。其子劉毓崧少承父業，淹通經史，著有《春秋左氏傳大義》以及《周易》、《尚書》、《毛詩》等舊疏考證。劉毓崧共有四子：壽曾、貴曾、富曾、顯曾。他死後，劉壽曾乃發憤將《春秋左氏傳舊注疏證》完成，但也只整理到《左傳》襄公四年而卒。1882年他去世時，年僅45歲。劉師培的父親劉貴曾，曾協助其兄整理《左傳》舊疏，對兩漢古文家經說很有研究，並從成蓉鏡學習三統四分之術，對經傳中的曆法問題心得尤多，撰有《左傳曆譜》，於經傳二百五十七年歷史能推考其日月離、分至啟閉及歲星所在。又撰有《尚書曆譜草補演》一卷，將成蓉鏡的《尚書曆譜草》加以發展。他還在劉毓崧廣集諸經舊疏的基礎上，將《禮記》舊疏加以集證，成《禮記舊疏考證》一卷。可見，從劉師培的曾祖劉文淇開始，儀征劉氏就形成了以《左傳》舊注

疏證為核心，廣泛整理經史典籍的門風。

劉氏家學的風格特點，如果從乾嘉樸學的門派角度來看，可說是兼具吳、皖兩派之長。

樸學有兩個重要門派，一派是以江蘇惠棟為代表的吳學，一派是以安徽戴震為代表的皖學。章太炎曾經這樣評述二派風格，說：

其成學箸系統者，自乾隆朝始。一自吳，一自皖南。

吳始惠棟，其學好博而尊聞；皖南始江永、戴震，綜形名，任裁斷。此其所異也。

先棟時有何焯、陳景雲、沈德潛，皆尚洽通，雜治經史文辭。至棟承其父士奇學，揖志經術，撰《九經古義》、《周易述》、《明堂大道錄》、《古文尚書考》、《左傳補注》，始精眇不惑於諛聞。……棟弟子有江聲、餘蕭客。聲為《尚書集注音疏》，蕭客為《古經解鉤沉》，大共篤於尊信，綴次古義，鮮下己見。而王鳴盛、錢大昕亦被其風，稍益發舒。教于揚州，則汪中、劉台拱、李惇、賈田祖以次興起。蕭客弟子甘泉江藩複纘續《周易述》，皆陳義爾雅，淵乎古訓是則者也。

震生休寧，受學婺源江永，治小學、禮經、算術、輿地，皆深通。其鄉裡同學有金榜、程瑤田，後有淩廷堪、三胡。三胡者，匡衷、承琪、培翬也，皆善治《禮》；而瑤田兼通水地、聲律、工藝、穀食之學。震又教於京師，任大椿、盧文弨、孔廣森皆從問業。弟子最知名者：金壇段玉裁、高郵王念孫。玉裁為《六書音韻表》，以解《說文》，《說文》明。念孫疏《廣雅》，以經傳諸子，轉相證明，諸

古書文字詁詘者皆理解。授子引之，為《經傳釋詞》，明三古辭氣，漢儒所不能理繹。其小學訓詁，自魏以來未嘗有也。……凡戴學數家，分析條理，皆密嚴瑮，上溯古義，而斷以己之律令，與蘇州諸學殊矣。[1]

整體而言，吳派的特點是「學好博而尊聞」，「篤於尊信，綴次古義，鮮下己見」。而皖派的特點是「綜形名，任裁斷」，「分析條理，皆密嚴瑮，上溯古義，而斷以己之律令」。但是，雖然樸學有上述研究旨趣的某些不同，而他們所遵循的研究方法則基本相同。章太炎曾歸納其方法的六點長處：

近世經師，皆取是為法：審名實，一也；重佐證，二也；戒妄牽，三也；守凡例，四也；斷情感，五也；汰華辭，六也。六者不具，而能成經師者，天下無有。學者往往崇尊其師，而江、戴之徒，義有未安，彈射糾發，雖師亦無所避。[2]

無論吳派、皖派，都十分反感學術研究的主觀虛妄之風。他們繼承發展顧炎武、閻若璩等人開創的實事求是的學術風格，力求探索出能夠準確瞭解經史典籍原義的科學方法。吳派比較注重經史典籍的復原，他們旁徵博引，竭盡全力將經史典籍的漢代注疏以及古代佚書的資料加以羅列。而皖派則比較注重經史重要典章制度和重要範疇的辨析，發揮出由言以見義，因詞以見道等種種具體方法。

1　章太炎：《清儒》，《檢論》卷四，《章太炎全集》第3冊。
2　章太炎：《說林下》，《太炎文錄初編》文錄卷一，《章太炎全集》第4冊。

吳、皖兩派本沒有根本衝突。在18世紀末葉，吳地的學者也多援引皖派的研究方法，皖派學者也具吳派的眼光。如儀征阮元，就治學方法上就繼承戴震「由字以通其辭，由辭以明其道」的方法。他推明古訓，實事求是，曾將經典中的語言文字條源析流，搜集材料十分廣博。同時，他還因辭見義，闡述他自以為是正確的「性命」、「道器」觀和「明堂」制度論。

　　劉文淇從事於《左傳》舊注的疏證，很顯然源於吳派門徑。《疏證》對漢人舊注進行纖細靡遺的羅列。為搜羅有關資料，劉文淇及其後代還很重視諸子文集，《墨子》、《韓非子》、《荀子》、《呂氏春秋》、《新語》、《淮南子》、《論衡》、《中論》、《潛夫論》等都在他們研究的範圍之內。與吳派「好博」「尊聞」的特點十分相契。但劉氏家學，「好博」而不「篤守」，「尊聞」而不迷古。《左傳舊注疏證》兼收今古文家研究《左傳》的成果，突破賈逵、服虔的侷限。尊漢人也不薄後人，對清代學者的成果也擇善而從。劉文淇在《致沈欽韓書》中說：「疏中所載，尊著十取其六，其顧、惠補注及王懷祖、王伯申、焦理堂諸君子說有可采者，咸與登列，皆顯其姓氏，以矯元凱、沖遠襲取之失。」[3]《左傳舊注疏證》取材廣泛，而且不乏個人論斷。《疏證》還吸取了皖派注重名物典章制度專題研究之長。書中運用三禮，尤其是用《周禮》解釋古代典章制度的地方很多，對古曆天算、日食晦朔的考證也很精到。其他如有關器物服飾、姓氏地理、鳥獸蟲魚的考辨，論斷也頗精密。可以說，劉氏家學結合了吳、皖兩派之長。既

3　轉引自沈玉成：《春秋左傳學史稿》，南京：江蘇古籍出版社，1992年版，第326頁。

重視經史典籍及其注疏的復原，也重視經史典籍中的各類內容的專題研究，且後者的比重日趨重要。所以，當支偉成在著《清代樸學大師列傳》時，為劉文淇的學派特徵詢及章太炎，章太炎認為儀征劉氏在吳、皖之間，可以劃入皖派。[4]

劉氏家學還有超出吳、皖兩派之處，那就是他們不嚴格強調區分漢學和宋學，有學術經世的意願。劉文淇的學問由其舅氏凌曙發蒙。而凌曙之學主要來自於自學，據傳：

凌曙，字曉樓，江蘇江都人。國子生。少甚貧，十歲甫就塾，讀四子書，年餘未畢，即去鄉作雜傭保，然得間輒默誦所已讀書，苦不通解。鄰有富人為子弟延師者，乃乘夜隱軒外聽講論，數月，師始覺而斥之。憤甚，於市中求已句點之舊籍，讀之達旦，日中仍傭作如故。年二十，集童子為塾師，制舉文雖無尺度，而童子嘗從之遊，則書必熟，字必正楷，以故信從者漸眾，修脯入稍多，益市書。

初識包世臣，問所當治業，語以「治經必守家法，專治一家以立其基，即諸家可漸通」。以其熟於《禮》，遂勸攻鄭氏，並授以張惠言所輯《四書漢說》數十事，及世臣與李兆洛等增綴未就之稿，用為治經式。……歲餘，稽典禮，考故訓，補其不備，為《四書典故覈》六卷。見知于梅花山長洪梧。

既治鄭氏得要領，嗣聞劉逢祿論何氏《春秋》而好之。及入都，主阮元所，得盡睹魏晉來諸家《春秋》說。深念《春秋》之義存於公羊，而公羊之學傳自董子《繁露》一書，原天以尊禮，援比以貫類，

4　支偉成：《清代樸學大師列傳》上冊，長沙：嶽麓書社，1986年版，第11頁。

旨粵詞賾，莫得其會通，乃旁討博參，承意儀志，梳其章，櫛其句，為注十七卷，又別為《公羊禮疏》十一卷，《公羊禮說》一卷，《公羊問答》二卷。[5]

　　凌曙學由自得，對劉逢祿的今文經學別具慧眼，這是吳、皖兩派學者所未能想像的。劉逢祿之學源於與吳、皖兩派並立出現的常州學派。常州學派的創始人是莊存與（方耕），與戴震同時，他在漢學蒸蒸日上的時候，想從公羊義理中使宋學與漢學結合，著有《春秋正辭》、《春秋舉例》、《春秋要旨》。他認為：「辨古籍真偽，為術淺且近者也。且天下學僅盡明之矣。魁碩當弗複言。古籍墜湮什之八，頗借偽書存者什之二。帝胄天孫，不能旁覽雜氏，惟賴幼習五經之簡，長以通於治天下。昔者《大禹謨》廢，『人心道心』之旨、『殺不辜寧失不經』之誡亡矣；《太甲》廢，『儉德永圖』之訓墜矣；《仲虺之誥》廢，『謂人莫己若』之誡亡矣；《說命》廢，『股肱良臣啟沃』之誼喪矣；《旅獒》廢，『不寶異物賤用物』之誡亡矣；《冏命》廢，『左右前後皆正人』之美失矣。今數言幸而存，皆聖人之真言，言尤屬癢關後世；宜貶須臾之道，以授肄業者。」[6]莊存與反對樸學家過分追究經史典籍的真實性，強調學術研究應該關係民生日用。他的侄子莊述祖將其學說加以發揮，並傳給他自己的外甥劉逢祿。劉逢祿以為《左氏春秋》與《晏子春秋》《呂氏春秋》一類，只有《公羊春秋》才是孔學的真傳，其中的微言大義體現了孔子的思想。凌曙對常州學派的觀點的推崇，反映了漢學也在尋找自身進步的基點。正如焦循所

5　　支偉成：《清代樸學大師列傳》卷六。
6　　龔自珍：《武進莊公神道碑銘》，《定庵文集》卷上。

說：「經學者，以經文為主，以百家子史、天文術算、陰陽五行、六書七音等為之輔，匯而通之，析而辨之，求其訓故，核其制度，明其通義……以己之性靈，合諸古聖之性靈，並貫通於千百家著書立言者之性靈。……無性靈不可以言經學。」[7]漢學研究也需要將研究者的心靈貫注其中，體現研究者的精神風貌。

　　劉文淇治學，也很重視經世致用。觀劉文淇與汪喜孫（汪中之子）、陳立、沈欽韓相互之間的通信，他曾勉勵陳立「通經致用」[8]，汪喜孫與他討論過性道問題，表明他也認識到學術與社會現實的關係。如汪喜孫信中說：「《古文尚書》雖偽託，然如人心道心諸語，多出先秦古籍、七十子之微言，不可以其偽而盡棄之，毛西河不可為訓，焦理堂未嘗全非。吾輩生於朱子（等）十二儒之後，偽古文已有定論，不必攻之。第從其襲古書而不背于古者，去其偽而抉其微，所謂千慮一得。……足下蔚為經師……辨別孔沖遠之勦說雷同，不分古今文門徑，不分南北學師傳……溯皇侃熊安生劉焯劉炫之疏義，審賈董鄭許之師法，以上追周秦古義、周孔古書。知立言與立德立功不是三途，庶幾經明行修，通經致用，處為純儒、出為良吏。足下之門弟子不上軼曹憲、李善而直擬伏生、申公邪！」[9]劉文淇這種學行並重，關注社會現實問題的學術風格對其後代產生了一定影響。劉毓崧、劉壽曾、劉貴曾都有比較激進的入世願望。劉毓崧、劉壽曾都曾相繼入曾國藩幕府，主持金陵書局，參與了洋務事宜。

7　　焦循：《與孫淵如觀察論考據著作書》，《雕菰集》卷十三。
8　　劉師培：《跋陳卓人上劉孟瞻先生書》，《左庵題跋》，《遺書》第62冊。
9　　劉師培：《跋汪孟慈與劉孟瞻書》，《左庵題跋》，《遺書》第62冊。

在劉師培誕生之前，劉氏家學已經凝聚了一個較為穩固的學術傳統，它兼取吳、皖兩派之長，資料羅列和資料整理與專題研究相結合，經史子集靡不貫通，同時它比吳、皖傳統樸學更加注重學術經世的功能，要求學術為現實社會提供服務。這表明，以劉氏家學為代表的乾嘉樸學及其後繼者，按照他們自身學術的特色，開始探索與晚清今文經學同樣的學術課題。雖然他們沒有像廖平、康有為那樣提出具有爆發力的觀點，但他們也在調整學術理論和學術方法，使學術研究在客觀真實的基礎上切入社會主題。

1.2 劉師培早期學術傾向

就在劉師培誕生前後，中國政治和學術形勢正醞釀著新的變化。自19世紀70年代起，世界資本主義列強開始逐漸向帝國主義過渡，從而加緊了爭奪殖民地的鬥爭。中國成為它們在遠東爭奪的焦點。在西北，1865年中亞浩罕國軍事頭目阿古柏在英、俄支持下入侵新疆，成立了「哲德莎爾」傀儡政權。1871年6月，俄國悍然出兵侵佔伊犁地區，並宣佈「伊犁永久歸併為俄國領土」。左宗棠於1876年率軍摧毀了阿古柏政權，後來又經中俄談判簽約，雖然收回了伊犁地區，但沙俄仍然割占我9萬平方公里的領土。在東南，1874年日本在美國的支持下，侵犯臺灣，通過中日《北京專約》，日本獲得大量賠款後答應從臺灣撤兵，但又藉口吞併了琉球群島。在西南，英國藉端挑釁，入侵雲南和西藏。法國於1883年12月挑起中法戰爭。清軍雖然取勝，但最後還是簽訂喪權辱國的《中法會訂越南條約》，承認越南是法國的保護國，並給法國在廣西、雲南以特殊權益。在列強的侵略面前，清

政府的腐敗無能越來越暴露出來。政治維新的呼聲開始高漲。王韜、薛福成、馬建忠、鄭觀應等人指出，中國要獨立富強，必須向西方國家學習，特別要學習西方政治制度，實行政治改革。

　　日趨嚴重的民族危機也刺激著中國學人必須從政治角度去分析學術問題。最明顯的表現就是常州學派的經今文學觀點得到了絕大多數人的信從，他們的觀點得到了更加極端的發展。1883年，廖平提出平分今古文的主張。他指出經學這個龐大的體系確實有兩種不同的因素，一種是古文經，一種是今文經。兩種不同因素區別開來的根本標誌是二者所說的制度不同，今文以《王制》為主，古文以《周官》為主。經學內部的分歧源自孔子一生學術前後兩期的變化。孔子早年是復古主義者，有「從周」之意，晚年則是改革主義者，有「因革」之意。今文乃是孔子思想的精華所在。與廖平相呼應，康有為於1884年寫成《禮運注》，把《公羊傳》的三世之別與《禮運篇》的大同、小康理想結合起來，把孔子說成是具有歷史變易思想的政治家。1887年，廖平進一步否定古文經在經學體系中的地位，認為它們皆有作偽跡象。康有為1890年與廖平在羊城相會，他從廖平的見解中得到了啟示，他立即召集弟子陳千秋、梁啟超等很快完成了《新學偽經考》的著作。《新學偽經考》將「凡後世所指目為漢學者」，皆視為「賈、馬、許、鄭之學」，「乃王莽新學，非漢學也」。即宋人所尊述之經，「乃多偽經，非孔子之經也」。[10]梁啟超後來將《新學偽經考》歸納為五點：「一、西漢經學，並無所謂古文者，凡古文皆劉歆偽作。二、秦焚書，並未厄及六經，漢十四博士所傳，皆孔門足本，並無殘缺。

10　康有為：《新學偽經考》，北京：中華書局，1958年版，第3頁。

三、孔子時所用字，即秦漢間篆書，即以『文』論，亦絕無今古之目。四、劉歆欲彌縫其作偽之跡，故校中秘書時，于一切古書多所竄亂。五、劉歆所以作偽經之故，因欲佐莽篡漢，先謀湮亂孔子之微言大義。」[11]《新學偽經考》在廖平論點的基礎上，將一切古文經完全視為子虛烏有，孔子學說只有「因革」的內容，《六經》自然而然地被視為孔子挽救社會的藥方，是孔子垂憲後世的宏篇巨制。康有為無疑將學術研究的主體意識提到了首要地位。既然儒家經學的本質在於托古改制，在於借助歷史文化的研究開出針砭社會現實的藥方、設計未來社會的藍圖，那麼我們就不能把那些所謂純粹科學性的研究（所謂實事求是的漢學）當作學術的主流，就應該針對新的社會問題，提出新的解決辦法，總而言之，要突出學術研究的個性、創造性。

廖平、康有為的觀點如果從學術史的角度加以分析，雖然不符合經學的歷史，但由於它飽含對中國現實問題的憂慮，所以大多數學者都寬容了其穿鑿附會。「會當中弱西強，黔首坐困，意有所激，流為偏宕之辭，遂不覺其份理而害道。」[12]廖平，特別是康有為的學說，隨著戊戌維新變法運動的產生與失敗，得到了迅速地傳播。

劉師培的童年就是在這種學術革新的時代暗流中度過的。

儀征劉氏雖然是經學世家，但人丁並不十分興旺，而且壽命均不長，劉文淇活了66歲，劉毓崧活了50歲，劉壽曾活了45歲。劉師培的父親劉貴曾也只活了54歲。

<hr>

11　梁啟超：《清代學術概論》，《梁啟超論清學史二種》，上海：復旦大學出版社，1985年版，第63—64頁。
12　陳寶箴：《奏釐定學術造就人才折》，見葉德輝《覺迷要錄》卷一。

據說在劉師培誕生後，劉貴曾燃香禱告祖廟，忽潸然哭泣。劉貴曾此時年屆40，而他的哥哥壽曾已去世兩年，把九歲的兒子劉師蒼留給了他。為支撐門戶，劉貴曾「侵晨而興，以釐家政，米鹽筐篋淩雜之事，力司其劬」。同時還要「為桑梓籌利弊，躬親賓祭慶吊」。[13]壯年得子按說應該是高興的事，但也許在祖宗神位之前，劉貴曾想到自己積勞成疾的身體和祖宗傳下來的家學，不禁要為幼小的生命能否擔當起光耀祖庭的重任而擔憂。

　　但劉師培聰穎絕倫，授讀過目成誦，年12即讀畢四子書及五經。而且作詩很有天賦，「初習為試帖詩，一夜月色皎然，諷誦之頃，恍然有悟，遂喜為詩賦，曾作水仙花賦，又窮一二日之力，成風仙花詩一百首」。「其讀他書，勤奮亦如是，博聞強記，出語恒驚其長老。」[14]表現出了超人的勤奮和理解能力。他的勤奮受到了父親的激勵。後來他回憶父親時，記下了父親的訓告：「古語有言，流水不腐，戶樞不蠹，養身之要，是在勤矣。」[15]父親的教導使劉師培幼小的心靈對於祖先的學術充滿了敬意。「未冠即沉思著述，服膺漢學，以紹述先業，昌洋揚州學派自任。」[16]

　　光緒二十三年（1897年），劉師培14歲，這年他的堂哥，21歲的劉師蒼中舉。劉師蒼在劉師培父親的教育培養下已嶄露頭角，名滿江淮，尤有著作才能，從事《國語注補輯》、《元代帝王世系表》的著述。劉師蒼對劉師培的成長也起了推動作用。

13　劉師培：《先府君行略》，《左庵集》卷六，《遺書》第39冊。
14　蔡元培：《劉君申叔事略》，《遺書》卷首。
15　劉師培：《先府君行略》，《左庵集》卷六，《遺書》第39冊。
16　尹炎武：《劉師培外傳》，《遺書》卷首。

光緒二十四年（1898年），劉師培15歲，這年劉師培的父親劉貴曾去世。父親之死給劉師培打擊很大。他在母親的教育下更加勤勉，並將視野擴展到諸子百家以及史書，開始對它們產生研究興趣。

光緒二十七年（1901年），劉師培18歲，補縣學生員。光緒二十八年（1902年），清政府補行庚子辛丑恩正併科，劉師蒼送子弟應省試，在過江時不幸溺死，年僅29歲，而劉師培在這年考中舉人。

在劉師培應舉子業的這些年月，他並沒有完全為八股文所限制。從他1903—1905年間迅速發表的許多論著來看，他對家學的風格和要點都有所理解，具有如下幾點基本學術傾向。其一，他略知《左傳》舊注舊疏的源流，尤其對漢代古文家學的傳承有較深的研究。其二，在經今、古文學的問題上，他比較認同今文經學對於學術精神的發揮，並試圖使他的先輩之學也具有晚清今文經學家的眼光。1903年，他作有《包慎伯〈說儲〉跋》，其中說：

古《說儲》一書，安吳包慎伯先生著，其刻于《安吳四種》中者，僅其序例。至其篇中多改制之言。嘉道之際，文網尚密，故未刊行。吾觀此書，精義大抵在於重官權、達民情二端。其說多出於崑山顧氏，行之於今，頗與泰西憲政之制相合。當嘉道之世，中國之局方守其老溫不化，而先生已先見及此。仁和龔氏之外，一人而已。此書乃家藏舊本，為慎伯先生所手自寫定，書眉有沈小宛、周保緒二先生批語，頗足補此書所不及。[17]

17　劉師培：《包慎伯〈說儲〉跋》，《左庵外集》卷十七，《遺書》第57冊。

包慎伯即包世臣，生於1775年，卒於1855年，安徽涇縣人。在學術思想上稱頌顧炎武，講求實學，提倡經世致用。淩曙曾從他問學。劉師培將他的學說與龔自珍相提並論，這無疑是說，劉氏家學也具有學術經世的眼光。劉師培後來保存在他家中，與其家世學問有關的包世臣的來往書信題跋，也是這種意思。其三，他對群經和諸子有濃厚興趣。據《清史稿》記載，劉師培的祖父劉毓崧對群經和諸子很有研究。「著《周易》、《尚書》、《毛詩》、《禮記》舊疏考正各一卷。又謂六藝未興之先，學各有官，惟史官之立為最古。不獨史家各體各類並支裔之小說家出於史官，即經、子、集三部及後世之幕客書吏，淵源所仿，亦出於史官。班氏之志《藝文》，論述史官，尚未發斯旨。其敘九流，以明諸子所出之官，必有所授，而其中仍有分省失當者。既析九流中小說家流歸入史官，又辨道家非專出於史官，改為出於醫官。又增益者凡三家，曰名家出於司士之官，兵家出於司馬之官，藝術家出於考工之官，統為十一家。博稽載籍，窮極根要，成《史乘》、《諸子通義》各四卷。」[18]劉毓崧的諸子起源說在劉師培1905年發表的《古學起源論》中得到了進一步申述。

　　由上可見，劉師培在1902年以前已經具備了劉氏家學的基本素養。他既瞭解他的先輩的學術觀點，也領會了他們的學術方法。他肩負著宏揚劉氏家學乃至揚州學派的大任。劉氏家學與揚州之學在近代新的學術體系中處於怎樣的地位，就看劉師培怎樣將學術研究和社會現實相結合，就看他怎樣在繼承祖先學術傳統的基礎上，將傳統學術提高到一個什麼樣的發展階段。

18　　趙爾巽等：《清史稿》卷四百八十二《儒林列傳》三。

第二章

民族革命的闖將

2.1　20世紀初年的中國形勢

　　歷史進入20世紀初，中國形勢又發生了新的變化。1900年，山東、河北等地爆發了如火如荼的反對帝國主義的義和團運動。帝國主義為了鎮壓中國人民的反抗鬥爭，組織八國聯軍，打進北京，慈禧太后挾帶光緒帝逃奔西安。1901年九月，清政府與帝國主義簽訂了空前屈辱的《辛丑合約》，它完全墮落成為帝國主義的走狗。

　　在這種新的政治變局面前，中國知識份子陣營進一步分化。康有為等成為保皇派，繼續鼓吹君主立憲，期望光緒皇帝重新出來掌權，改良中國政治。而曾經積極支持康有為變法維新的有些改良主義者，已經認識到依靠清政府改良政治，根本不可能使中華民族獲得獨立和富強。梁啟超在1901—1902年間就曾與其師康有為發生重大分化。章太炎在義和團運動之後，更是「斷發易服」，痛悔自己的改良主張，嚴肅地批評了自己對清朝政府抱有幻想，提出要獲得民族獨立，首先需要推翻清政府，如果不推翻它，愛國就談不上，反帝也不會成功，中國人民只能淪落為列強的奴隸。「滿洲弗逐，欲士之愛國，民之敵愾，不可得也。浸微浸削，亦終為歐、美之陪隸已矣。」[1]知識份子普遍瀰漫的反清革命思想使得孫中山的革命主張獲得了越來越多的人們的擁護。

　　革命知識份子與康有為為代表的立憲派終於在1903年形成公開對立。這一年，章太炎發表《駁康有為論革命書》，鄒容《革命軍》問世，陳天華《猛回頭》、《警世鐘》流傳，《檀山新報》披露孫中山《敬

1　章太炎：《訄書》重訂本《客帝匡謬》。

告同鄉書》和《駁保皇報書》，革命派與立憲派在思想戰線上展開了激烈論爭。

論戰的主題是要不要進行民族民主革命。它包括三個方面：

一、革命還是保皇。康有為為代表的立憲派的立場是保君保國，反對革命。他們認為清朝政府於1901年已開始預備立憲[2]，只要擁護立憲，實行君民同治，就有可能使政治走上軌道。而且滿漢界限已經消失，反滿口號已經過時。何況革命還要發生內亂，給帝國主義瓜分中國造成更多的機會。革命派則以大量事實揭露清政府對人民進行殘酷壓迫、對外投降的真正面目。指出清政府完全成為了帝國主義的傀儡，要挽救民族危亡，首先要打倒清政府。革命是醫治社會弊病的「聖藥」。革命難免殺人流血，但革命可使中國免遭更大的痛苦。革命不怕外侮，只有革命創立新的政府，才能避免被列強瓜分的危險。

二、民主立憲還是君主立憲。對於國家制度，改良派積極鼓吹君主立憲。認為只要改變一下清朝政府的組織形式，頒佈憲法，召開議會，建立所謂「責任政府」，就可以使政治按照民眾的意願進行。如果對現有政府進行大的變動，就會動搖國家根本。何況中國民智未開，還不具備民主立憲的水準，過早地實行民主立憲，將會使中國陷入混亂。革命派則認為君主立憲早已過時，革命的結果必然是實行民主政治。

三、土地國有還是土地私有。立憲派主張維護當時的土地所有

2　1901年，清政府迫於形勢，曾宣佈要預備立憲。

制，認為一旦實行土地國有，則「現社會之根柢」必被推翻。革命派則認為革命的目的就是要實現土地國有，根治中國社會經濟問題，一國之地當散之一國之民。只有社會革命與政治革命並行，才能使中國社會避免西方國家的弊病，獲得健康發展。

20世紀初年革命派與立憲派的激烈爭論，反映出中國近代知識份子政治革命思想的進一步成熟。通過這一論戰，進步的知識份子看到了新社會與舊社會、新制度與舊制度的某些差別，更加清醒地認識到：用武力推翻清朝政府，結束兩千年的專制統治，建設民主共和國，完全順乎歷史發展的潮流。

但在革命知識份子內部，對於如何進行民族民主革命，基本上以興中會與光復會兩個革命團體為代表，形成了兩種不同傾向。

興中會成立於1894年11月，由孫中山領導。其會員入會的秘密誓詞是「驅除韃虜，恢復中華，創立合眾政府」。光復會於1904年10月在上海成立，由蔡元培、陶成章、章太炎領導。它的宗旨是「光復漢族，還我河山，以身許國，功成身退」。1905年7月，孫中山倡議建立全國性的統一革命組織，8月20日，在東京舉行中國同盟會的正式成立大會，以「驅除韃虜，恢復中華，創立民國，平均地權」為宗旨和誓詞。興中會和光復會都成為同盟會的骨幹。但孫中山與章太炎等人的政治主張的異同則始終延續，直到1910年，章太炎、陶成章還重組光復會，另立山頭。孫中山與章太炎等都主張要進行民族民主革命，在這一點上是一致的，其分歧主要表現為：

一、孫中山主要以西方民主政治作為參照來勾畫民主共和藍圖，

而章太炎等人則尚未對中國未來的民主政治作深入思考。

孫中山認為，「中國數千年來，都是君主專制政體，這種政體，不是平等自由的國民所堪受的，要去這政體，不是專靠民族革命可以成功」[3]。他主張通過政治革命，剷除君主專制，改變中國政治制度，並依據近代西方民主政體建設中國共和政體。光復會則有比較濃厚的漢族民族主義色彩，其會名又叫復古會。章太炎在當時曾這樣解釋「光復」：「同族相代，謂之革命，異族攘竊，謂之滅亡；改制同族，謂之革命，驅逐異族，謂之光復，非革命雲爾。」[4]蔡元培於1904年元旦寫有《新年夢》，其內容都表現出他們試圖以光復漢族為旗幟，反對民族壓迫。因而光復會的主旨在於民族革命，較少考慮中國民族革命之後的制度政體問題。同時，由於他們以光復漢族為旗幟，待到後來考慮政體問題時，也多以傳統政治制度為參照，批評近代西方民主政體，提倡古代政治制度中的所謂「精意」。

二、孫中山等多從政治革命和社會革命角度思索民族民主革命的前途和方向，章太炎等人則多從文化和教育角度規劃民族民主革命的任務和目標。

孫中山反對清朝統治，主要是反對以滿洲貴族為首的封建統治集團奉行民族壓迫政策，造成了它同漢族和其他少數民族的嚴重對立。而且清政府在帝國主義入侵面前，日益變成帝國主義的忠實走狗，成為帝國主義在華推行掠奪政策的社會支柱。他認為要避免中華民族繼

---

3   孫中山：《民報發刊詞》，1905年11月。
4   章太炎：《革命軍序》。

續被瓜分的危機，只有實行民族主義。同時，只有建立「五族共和」的國家政權，才能解決國內民族問題，發展民族團結。而章太炎等人反抗清政權，除了反對清政府的民族歧視政策和對外投降之外，主要反對清政府對漢民族文化的摧殘。他們認為清入關後推行文化專制主義，使中華民族文化的正常發展過程遭到中斷，以致在近代處於落後挨打的悲慘境地。他們主張復興漢民族文化。

革命派內部的分歧反映了革命知識份子基於不同知識背景對革命任務和目標的不同思考。受西方文化影響較深的知識份子比較傾向於學習西方民主政治，而受傳統文化影響較深的知識份子則比較傾向於繼承和發展中國傳統文化的精粹，從傳統歷史文化角度思考中國的未來。

2.2　劉師培早期民族民主革命活動

1903年是劉師培一生中至關緊要的一年。這年三月，劉師培到河南開封貢院參加會試，未能如願以償。在回家途中，他滯留上海，見到了蔡元培、章太炎和中國教育會其他同志，思想為之一變。

當時的上海風起雲湧，形成了以章太炎、蔡元培、吳稚暉為代表的反清排滿革命思潮。其基本組織是中國教育會和愛國學社。1902年春，為適應新的形勢需要，章太炎、黃宗仰、蔡元培、吳稚暉曾發起組織中國教育會，表面是改良教科書，實則鼓吹革命。其間章太炎一度為躲避清政府的追捕赴日本，直到1902年7月，章太炎從日本回到上海，該會的政治活動得到加強。時值駐日清使蔡鈞電請清廷停派留

東學生，並照會日本政府禁止中國學生學習陸軍。中國教育會準備籌集資金，自設學校。十月，南洋公學全體學生罷學，對該校壓抑學生表示抗議。中國教育會商量，決定收容南洋公學退學學生另外組織一個學校。黃宗仰勸說羅迦陵女士捐贈一萬元，蔡元培去南京借款六千元，終於在十月十日成立了愛國學社。愛國學社極端自由，學生辦有「學生世界」，提倡革命和教育改革。當時湖南人陳範所辦《蘇報》，也因此自承為中國教育會的附屬機關。其女陳擷芬還創設了愛國女學校。

教育會的發起人本來就具有革命思想，在這種情況下，革命傾向更加明顯。1903年2月15日以後，中國教育會多次在張園召開演說會。當時廣西境內發生哥老會陸亞發、王和順等起兵事件，巡撫王之春奏請借法國軍隊平亂，且向亨達利洋行借款，許以事平之後讓以廣西全省礦路之權。消息傳出，各界掀起抗法運動。中國教育會於3月28日在張園召開拒法大會，決定成立保國會。同時，盤踞在中國東北的沙俄軍隊不按期撤退，反而增派部隊，提出旨在獨佔中國東北為其勢力範圍的無理要求。一時全國又興起拒俄運動。中國教育會和愛國學社於4月27日組織了18省籍的群眾共千餘人的集會，抗議沙俄入侵。4月30日，上海愛國者重聚張園，成立了上海拒俄義勇隊，與東京留日學生拒俄運動遙相呼應。當時《蘇報》的革命傾向也越來越鮮明，自五月初一章士釗任主筆後，連續刊載了鄒容《革命軍》書評、章太炎《革命軍序》，並摘錄章太炎《駁康有為論革命書》，易題為《康有為與覺羅君主之關係》，加以發表。張園集會和演講以及《蘇報》成了當時國內最熱烈、最激進的民族革命宣傳。

劉師培從中國教育會和愛國學社的政治活動中受到了鼓舞，他看到了更加廣闊的奮鬥天地。他甫到上海，章太炎就因為推重他的家傳經學，折節與他訂交。章太炎此後曾兩次致書於他，說：「仁君家世，舊傳賈服之學，亦有雅言微旨匡我不逮者乎！」[5]又說：「舊疏考證，家有是書，《正義》雖未完具，終望風誦一過，未知他日可借閱否，甚懇懇也。」[6]章太炎在俞樾門下曾經多年從事《春秋左氏傳》的研究。像這樣一位古文經學的大師能夠站在時代的前列，並能看到古文經學在民族革命中的獨特地位，這無疑使劉師培積極思考劉氏世傳《左傳》學的現實意義，促使劉師培將劉氏家學與民族革命結合起來。

劉師培在上海期間，與章太炎討論過古文經學的發展前景。討論過古文經學研究的現實任務。為了駁斥康有為、梁啟超的君主立憲的濫調，章太炎當時正致力於用古文經學摧毀康有為、梁啟超政治思想的起點—今文經學。劉師培不久就寫有《駁太誓答問》，就龔自珍否定西漢古文經的真實性展開嚴密的反駁。章太炎讀後，稱讚說：「條理明，足令龔生鉗口。」劉師培開始將經學研究服務於批駁康有為、梁啟超的政治目標。

非但如此，劉師培很快轉變為民族民主革命的幹將。就在1903年，他撰寫了《攘書》和《中國民約精義》，成為劉師培將家傳學術與時代風雲密切結合的標誌。《攘書》寫於這年的閏五月，而《中國民約精義》則寫於這年的夏天。他在《中國民約精義》序中說：

5　　《章太炎致劉申叔書》，《國粹學報》1905年第1號。
6　　《章太炎再致劉申叔書》，《國粹學報》1905第1號。

暑天多暇，因搜國籍，得前聖曩哲言民約者若干篇，篇加後案，證以盧說，考其得失，閱月書成。都三卷，起上古訖近世，凡五萬餘言。[7]

劉師培在《攘書》和《中國民約精義》中表現出他的民族民主革命立場。在《攘書》裡他明確提出了：「攘字即攘夷之攘，今《攘書》之義取此。」他以大漢族主義的觀點，反對清貴族的腐朽統治。《中國民約精義》則集中論述了中國政治制度的起源，提出上古立君多出於民意。立君的目的是為了人民。三代之時為君民共主時代。兩書都反映出劉師培對於西方社會學原理有一定瞭解，反映出劉師培對民族獨立和民主政治的嚮往，但也反映出劉師培從傳統思想文化闡述民族民主革命主張的思路。他試圖從傳統「夷夏之防」的觀念來證明民族革命的合理性和必要性，用經學中的民主性資料來闡述盧梭民主學說。歷史文化特別是中國古代思想成為他進行資產階級民主宣傳的武器。

1903年閏五月初六（6月30日），上海租界迫於清政府壓力，逮捕章太炎，次日，鄒容等自首，《蘇報》案發生。黃宗仰、陳夢坡、陳擷芬避日本，吳稚暉赴倫敦，而蔡元培在此之前已去青島。上海革命運動暫時受挫。

劉師培在《蘇報》案前回到家鄉，並與何班結婚。何班是何承霖的次女。何承霖亦是江蘇儀征人，同治六年（1867年）中舉，1879年

7　劉師培：《中國民約精義》，《遺書》第16冊。

授武進縣學教論。光緒二十四年（1898年）7月卒。劉何二家世代有些交情。何承霖的長子何家輅曾娶劉師培的叔叔劉富曾的女兒為妻。劉師培娶何班，可謂親上加親。何班在1907年後改名震。

但劉師培在儀征並未停留很久，大約在1903年8月他又來到上海。來上海的原因，據章士釗回憶：

申叔于光緒癸卯夏間，由揚州以政嫌遁滬，愚與陳獨秀、謝無量在梅福裡寓閒談，見一少年短襟不掩，倉皇叩門而入。驅驅為道所苦，則申叔望門投止之日也。時年且不足二十耳。[8]

劉師培在家鄉可能宣傳過他從上海感受到的民族民主革命思想，這引起了當地保守勢力的不滿，劉師培被迫離開家鄉到上海。另有一種說法是：劉師培被生計所迫來到上海。[9]這種說法也有可信性。劉師培雖然於1902年考中舉人，但只有考中進士後才能授以官職。考中舉人而未中進士只有兩條出路，一是繼續參加會試，二是等待十二年後再考知縣，或者成為府學教授。劉師培為謀生而再到上海尋找朋友的幫助，情有可原。

到上海後，劉師培曾為《國民日日報》撰稿。《國民日日報》是《蘇報》後上海的又一份革命傾向十分強烈的報紙。於1903年8月7日由章士釗、陳獨秀等人創刊，發行不足四月即停刊。劉師培在《日報》上發表了《黃帝紀年說》與《王船山史說申義》兩篇重要文章。

8　　章士釗：《孤桐雜記》，載《甲寅週刊》第一卷第37號。
9　　尹炎武：《劉師培外傳》，《遺書》卷首。

其《黃帝紀年說》說：

　　民族者，國民特立之性質也。凡一民族不得不溯其起原，為吾四百兆漢種之鼻祖者誰乎？是為黃帝軒轅氏。……吾觀泰西各國，莫不用耶穌降世紀年；回教各國，亦以摩哈麥特紀年；而吾中國之紀年，則全用君主之年號。近世以降，若康梁輩，漸知中國紀年之非，思以孔子紀年代之，吾謂不然。蓋彼等借保教為口實，故用孔子降生為紀年；吾輩以保種為宗旨，故用黃帝降生為紀年。……嗚呼！北敵蹈隙，入主中華，謂非古今來一大變遷耶？故當漢族不絕如線之秋，欲保漢族之生存，必以尊黃帝為急。黃帝者漢族之黃帝也，以之紀年，可以發漢族民族之感覺。[10]

　　在《黃帝紀年說》後附有「黃帝降生後大事略表」，表述歷史上民族、政體、文化大事。《黃帝紀年說》被錢玄同譽為「民國開國史上之重要文獻」。[11]

　　《王船山史說申義》論雲：「船山之史說宏論精義，可以振起吾國之國魂者極多，故發願申說以告世之不善讀船山之書、深辜船山之意者。」他摘錄王船山辨別種姓的史論，加以注解說明排滿以光復漢族文化的意義。

　　1903年10月，蔡元培從青島複至上海。其時甘肅人陳競全自山東某縣知縣卸任到上海，參加中國教育會。他先開了一家鏡今書局，繼

10　劉師培：《黃帝紀年說》，《左庵外集》卷十四，《遺書》第54冊。
11　錢玄同：《黃帝紀年說》按語，《左庵外集》卷十四，《遺書》第54冊。

而又想辦一張日報。蔡元培與之商訂，擬辦《俄事警聞》，時俄軍進駐奉天，侵略行徑日益擴大，並與英、日帝國主義發生矛盾。蔡元培擬辦《俄事警聞》，以喚醒國民。《俄事警聞》於光緒二十九年十月二十七日（1903年12月5日）發刊。它是繼《蘇報》、《國民日日報》後又一份宣傳革命的報紙。

報紙在發刊第一天，就刊登廣告，擬成立對俄同志會。劉師培也參與了該會的發起組織工作。1904年2月，日俄在中國東北展開戰爭，《俄事警聞》乃於2月26日改名為《警鐘日報》出版。報紙的內容也由介紹清政府處理東北問題的政策轉向全面宣傳西方社會學原理，研究中國衰弱的原因：「舉凡社會之情狀，國家之原理，敵國外患之緣因，國計民生之要領，一一研究其指歸，期於宣導吾同胞對外患之決心。」[12]6月，蔡元培因事辭去《警鐘日報》主編職務，該報由汪允宗、林獬、劉師培接編。

劉師培在《警鐘日報》上發表的重要文章有《論孔教與中國政治無涉》、《論中國並不保存國粹》、《習齋學案序》、《近儒學案序目》、《並青雍豫顏門學案序》等。從這些文章的傾向來看，劉師培已經明確地認識到康有為的保國保教說不可能使中國社會面貌發生重大改變。康有為有感於基督教在西方社會的勢力，在中國提倡孔教。劉師培認為孔學非宗教，中國政治的前途與孔子關係不大，當時的中國需要將孔學歸於九流之一來加以研究，而不是要提倡神教。但劉師培相信中國歷史文化思想中具有近代西方民主和實業的某些內涵。他指出

12　《俄事警聞之尾聲》，《俄事警聞》，1904年2月25日。

明清之際顏李學派就有重視實業的思想，他甚至考證出顏元壯年時曾經向西儒學習過種種專門知識。

除編輯《警鐘日報》外，1904年劉師培還是《中國白話報》的主要撰稿人。該報於1904年2月創刊，林獬主編，主要發表以白話文通俗形式宣傳民族民主革命的文章，一直堅持到1904年10月才被迫停刊。劉師培曾在《中國白話報》發表《論激烈的好處》，署名「激烈派第一人」。文中說，中國人做事經常有恐怖心、掛礙心、希戀心。所以總是瞻前顧後，什麼事情也做不了。激烈的好處就是打破這些束縛，無所顧忌。它可以改變長期以來的心理習慣。中國的事情沒有一椿不該破壞，如家庭上的壓抑、政體上的專制、風俗上的束縛，沒有人出來破壞永遠也變不好。激烈的好處就是實行破壞。中國的人民如果不用激烈的手段也難以鼓動起來，激烈的好處能夠鼓動人民。總而言之，中國的衰亡，都誤在「平和」二字，只有激烈行動，中國才可以一天一天好起來。[13]

劉師培就在此年改名光漢，以恢復漢族主權為己任。他傾向於用革命手段將清貴族的專制統治推翻，並參加過當時的暗殺行動。1904年10月，黃興等人在湖南策劃華興會武裝起義，計謀洩露，被迫逃奔到上海，萬福華曾在上海設秘密機關策應湖南起義，起義未成，萬福華與黃興在上海會面。這時，廣西巡撫王之春被罷官居於上海，萬福華憤慨他曾經倡親俄謬論，又主張借法兵鎮壓民變，遂與劉師培、林獬謀刺王之春。劉師培將張繼所贈的手槍借給了萬福華。萬於是在上

13　劉師培：《論激烈的好處》，《中國白話報》第6期。

海四馬路金穀香西菜館行刺王之春，但因不精於射擊，刺殺未成，反而被捕，連黃興等人也被牽連入獄。

連年的革命宣傳和革命活動使劉師培在革命派知識份子群體中具有一定影響。1904年冬，龔寶銓、魏蘭、陶成章、蔡元培等在上海組織光復會，劉師培因蔡元培的介紹，也加入了這一組織。光復會有著比較濃厚的漢族傳統民族主義色彩。會名又稱復古會。它的黨綱只有「恢復漢族、還我河山」兩句話。其組織制度也比較嚴密，也很重視革命宣傳和組織工作。劉師培主筆的《國民日日報》、《警鐘日報》等報紙以及《攘書》和鄒容《革命軍》，陳天華《猛回頭》、《警世鐘》，敖嘉熊《新山歌》等書籍，曾經是陶成章聯絡會黨的宣傳書籍，對革命思想在浙江會黨中的傳播起了重要作用。光復會極力主張民族革命，代表了江南廣大人民長期以來強烈的反滿復漢的要求。它在長江下游和日本留學生中影響較大。

在參加光復會的同時，劉師培還參與了國學保存會的發起和組織工作。1905年初，以中國教育會為紐帶，以《警鐘日報》、《政藝通報》為主要園地的國學保存會在上海正式成立。2月23日，其機關刊物《國粹學報》正式發行。劉師培對國學保存會和《國粹學報》的籌辦，都起了重要作用。

國學保存會和《國粹學報》反映了20世紀初年革命排滿聲浪中的一股「研究國粹、保存國粹」的思潮，它在某種程度上可以說是江浙一帶進步知識份子從傳統思想文化探索民族民主革命的理論表現。早期以主要篇幅從事國粹宣傳的報刊是鄧實、黃節於1902年2月在上海

創辦的《政藝通報》，該報內容分政、藝兩部分。它一方面積極介紹西方各種學說，以期開啟民智，表現了向西方學習的要求，一方面大量宣傳國粹，激發民族愛國思想。為了推動國學的研究，鄧實等人積極從事組織活動。早在1903年冬，《政藝通報》即刊出了倡議組織國粹學社的消息，後因時事變遷而中輟。直到「甲辰冬季之月」改稱「國學保存會」的團體才在上海正式成立。該會的宗旨是「研究國學，保存國粹」[14]，抒發經世愛國之志。其入會條件：一是捐款，二是捐書。特別強調要「搜求古人遺籍」，包括「古人已毀版之書，或尚有版而不多見之書，或寫完未刻之書，或久佚之書」[15]，乃至古物、古金石碑版。在國學保存會成立後不久，1905年2月23日，該會創辦了《國粹學報》。該報編輯發行所設在上海四馬路老巡捕房東面的惠福裡，由鄧實任總纂，主要撰稿人有鄧實、黃節、陳去病、劉師培、馬敘倫、章太炎、田北湖、黃侃、王國維、羅振玉、王闓運、廖平、柳亞子、鄭孝胥等50多人，多數是國學保存會的成員。該刊以「發明國學」、「保存國粹」為宗旨，開闢了社說、政篇、史篇、學篇、文篇、叢談、撰錄等欄目。主流是在全面研究中國歷史文化的過程中闡發他們關於民族民主革命的設想。在1907年冬天以前，該報富有革命性和思想性，在民族民主革命史上具有重要理論地位。劉師培自始至終參與了《國粹學報》的編撰，對於國粹派的理論觀點的形成和發展產生了重要作用。

1905年2月，《警鐘日報》揭露德國人經營山東密謀，駐上海德

14　《國學保存會簡章》，《國粹學報》1905年第1期。
15　《國學保存會簡章》，《國粹學報》1905年第1期。

領事致函申辯，報紙登文章反駁，德領事勾結清政府與租界工部局，由租界會審公堂封禁《警鐘日報》，並拘捕記者。

劉師培被迫匿居於浙江平湖大俠敖嘉熊家。敖嘉熊系愛國學社學生，1903年仿鄒容《革命軍》用白話文體編著《新山歌》一書；1904年秋，他出錢與陶成章、魏蘭、陳夢熊等組織溫台處會館，作為聯絡秘密會黨策動革命的機關。劉師培在其家窩居半年。[16]敖嘉熊的溫台處會館因經費問題，於1905年5月無形解散。劉師培因安徽朋友邀請，便往蕪湖，與章士釗、陳獨秀辦《白話報》，並任安徽公學、皖江中學、赭山學堂各校教職，與張通典、蘇曼殊、範光啟諸人同事。

安徽蕪湖的安徽公學，原是安徽桐城人李光炯在湖南創辦的。那時稱作旅湘公學。1904年遷回蕪湖，改稱安徽公學。劉師培到安徽公學任教時，與陳獨秀、柏文蔚發起組織了岳王會。取名岳王會的原因是：「岳武穆抵抗遼金，至死不變，吾人須繼其志，盡力排滿。」[17]參加的人有安徽公學和師範學堂的一些學生，還有武備學堂的一部分軍人，大約30人。會員入會絕對秘密，並採用宣誓方式。岳王會成為安徽重要革命組織。1908年11月，岳王會領袖熊成基就領導了安慶新軍起義，在革命派中引起重大反響。

綜觀劉師培在1903年—1907年春的革命活動，可以看出，劉師培在革命派與立憲派的鬥爭中，他站在革命派一邊，但對於革命派的理論傾向，他比較贊成章太炎為代表的國粹派的主張。

16　馮自由：《記劉光漢變節始末》，《革命逸史》第二集。
17　柏文蔚：《五十年經歷》，《近代史資料》，1979年第3期。

2.3　劉師培早期民族民主革命思想

一、劉師培的民族革命思想

在1903年—1907年，劉師培發表了大量著述，闡述其民族革命的思想。他進行民族革命的主要理論基礎是物競天擇，適者生存。他說：

> 今太西哲學大家創為天擇物競之說。物競者，物爭自存也，天擇者，存其宜種也。種族既殊，競爭自起，其爭而獨存者，必種之最良者也。中國當夷族入主之時，夷種劣而漢種優，故有亡國而無亡種。當西人東漸之後，亞種劣而歐種優，故憂亡種。[18]

自嚴復翻譯赫胥黎《天演論》之後，社會進化論思想在中國引起強烈反響。劉師培和其他進步知識份子一樣，也服膺社會進化論，並用它來闡述民族革命的思想。在他看來，民族的生存和發展取決於競爭，只有最優良的民族才能在競爭中取勝。從這一前提去分析當時中國的民族問題，既有危機，也有信念。所謂危機，乃是中華民族已經進入世界各民族的生存競爭之林，而其他民族，特別是歐洲民族已經顯示出極強的競爭能力。如果中華民族不思奮起，則勢必有滅種的危險。所謂信念，乃是當時中華民族是以滿族為主體與世界各民族進行生存競爭，而滿族並不能代表中華民族，中華民族的主體是漢族。如果漢族文化得以復興，就有可能在民族生存競爭中顯示出更強的競爭

18　劉師培：《中國民族志》，《遺書》第17冊。

能力，可以自立於世界民族之林。

　　劉師培花了大量篇幅來論證漢族文化的競爭能力。他認為，歷史地看，漢族文化始終比少數民族文化發達，處在文明發展的高級階段，而「夷狄殊俗，進化尤遲」。他們居不毛之鄉，毛衣肉食，射獵為生，椎結左袵，辮髮胡裝，「世界遞遷，仍守榛狉之俗」，經濟文化遠較漢族落後。歷史上每一次外族入侵，總是要造成漢文明的破壞。如五胡構亂、金人南下以及蒙古、清入主中原，都給中華民族經濟文化的健康發展造成了巨大的禍害。特別是滿族入關，對於漢族人民，實行軍事屠殺和文化壓制，給漢民族文化造成了難以估量的損失，它使得中華民族在近代種族競爭之中落後於白種，受盡了屈辱。劉師培甚至說：「無滿洲入侵之因，即無白種入侵之果。」[19]

　　劉師培對少數民族，特別是清貴族對漢族經濟、文化的壓制與摧殘進行了控訴。他整理和發表了明清之際記載清貴族軍事屠殺和文化專制的許多筆記、野史，說明滿洲貴族與漢族勢不兩立。

　　劉師培非常憤慨所謂滿漢一體的觀點。他寫有《辨滿人非中國之臣民》等文，詳細考證滿族的族源，力證滿族為外夷，與漢族「不獨非同種之人，亦且非同國之人」。正因為滿洲貴族與漢族毫無血緣關係，所以，當帝國主義侵略下民族危機空前激發的時候，清朝政府才不顧人民的反對，一意孤行地推行賣國投降的政策。

　　劉師培認為要挽救民族危機，就必須用暴力推翻清政府，重新恢

19　劉師培：《中國民族志》，《遺書》第17冊。

復漢族的主體地位。他改名光漢，就是要光復漢族。他曾說：

> 《尚書》有言，撫我則後，虐我則仇，此語雖出於偽經，然……
> 虐我則仇一語，本殷周相傳之古義。今滿洲之於漢族也，其虐政既若
> 此，則為漢族之公仇，固無疑義。至於復仇之說，則漢代今文、古文
> 二家均持此義。今文《公羊》說有百世復仇之語，古文《周禮》說則
> 以復仇之義不過五世，五世之外，施之於己則無義，施之於彼則無
> 罪。立說雖殊，然私仇猶複，況于公仇。若謂滿洲屠殺之威多行于順
> 康之世，在五世外，則近世以來，川楚之役、洪楊之役，漢民之死者
> 若而人！苛稅之增，冤獄之興，漢民死亡於其間者又不知凡幾！律以
> 虐我則仇之義，則二百餘年之中，滿洲之對於漢民也，無一而非虐，
> 則漢人之對滿洲也，亦無一而非仇。故復仇以百世為限，滿洲之仇固
> 不可忘，即以五世為限，滿洲之仇亦不可不複。[20]

他認為推翻滿族貴族的專制統治是理所當然，大義所在。

劉師培的上述反滿宣傳在當時起了巨大影響，它是上海進步知識
份子民族革命思想的一個重要組成部分。但這種民族革命思想與當時
章太炎等人的民族思想一樣，也存在一些侷限。它有比較濃厚的漢族
傳統的民族觀念的色彩。早在秦漢時代，漢族就形成一個民族，並形
成了民族意識。它通過不斷反抗其他民族的入侵和歷代民族英雄（如
岳飛、文天祥等）事蹟的廣泛流傳而得到不斷加強。所謂夷夏之防，
華夷之辨，既有維護民族獨立、樹立民族自尊意識的優秀成分，也包

20　劉師培：《普告漢人》，《左庵外集》卷十四，《遺書》第54冊。

含著某些大漢族主義的毒素。清朝統一中國後,這種傳統的民族意識,仍然像一股潛流那樣,在一部分漢族人民,特別是一部分士大夫中保持著不小的影響。現實生活中滿族統治者對漢族人民的歧視,滿漢之間的某些不平等現象,也不斷加強人們對滿族貴族的不滿。清朝末年,當人們對清政府越來越感到憤慨時,揚州十日、嘉定三屠這些二百多年前的悲慘歷史事實一提起來,人們對清貴族的不滿就如火上澆油,而傳統的夷夏之辨等民族觀念也重新抬頭。劉師培鼓吹民族革命就利用了傳統的民族觀念。這種宣傳對於鼓動人民起來推翻滿族貴族有一定積極作用,但它濃厚的狹隘民族主義色彩,也容易使民族革命的目標侷限在反對滿族貴族,而忽視清政權的社會基礎。

同時,由於在分析嚴重的民族危機發生的原因及探討救亡圖存的出路時,劉師培利用的是《天演論》物競天擇、適者生存的原則,他容易把帝國主義的對外擴張說成是自然的事情,應該受到責備的主要是我們自己。這就把帝國主義侵略中國的罪責開脫掉了,從而模糊了對帝國主義的認識。劉師培也不能正面地提出反對帝國主義的口號。

二、劉師培的民主革命思想

劉師培在1903年—1907年間所寫的論著大多在闡述民族革命思想的同時,闡述了他的民主革命主張。其中尤以1904年由鏡今書局出版的《中國民約精義》和1905年—1907年相繼發表在《國粹學報》上的《兩漢學術發微論》、《讀左劄記》等最為典型。其民主革命思想主要有以下幾點:

(1)他認為政治制度是一種歷史現象

劉師培試圖從歷史進化的角度論述他的民主理想。他運用進化原理和社會學、文字學知識，對上古社會作了探析。指出中國與西方一樣，經歷了由圖騰、漁獵到遊牧、農耕的發展歷程。在遠古，君主即巫，他們是一些神職人員。隨著農業的產生和發達，財產私有現象出現，從而調節人類內部矛盾衝突的要求也越來越強烈。「民紛擾不寧，乃相約公戴一人以長之」，「百姓以一國之公權舉而托之君主，君主即以一己之生存托之百姓」。[21]當時君位興廢「若四時之運，成功者去」，並非世襲不變。如《爾雅》訓詁「林、烝、天、帝、皇、王、後、辟、公、侯」十字為君，其「林、烝」二字，古籍皆訓為「眾」，可見古人之稱君與國家同意，君由民立。只是隨著社會的發展，君主的權威越來越大，到夏商時期，君主的權威得到確定。帝王以神道設教，製造君權神授的鬼話，故君權自崇，而人民亦難以瞭解君由民立的道理。

　　按照劉師培的劃分，上古之時，民為邦本，民為國家主體，君為國家客體。夏商周時代，為君民共主時代，君權上升到與民並立，一國之權為君民所分有。三代以後，「以君為國家之主體，以民為國家之客體，揚民賊之波，煽獨夫之焰，而暴君之禍，遂以大成。君民共主之世，遂一變而為君主專制之世矣」[22]。當今之世，處在推翻專制政治、重伸民權的關鍵時期，所以人人均有奪回權利的責任。「蓋人君既奪人民之權利，復挾其權利以臨民，則為人民者亦當挾其權利以與君主抗，以復其固有之權。《民約論》不云乎，不正之約，非由主

21　劉師培：《中國民約精義》，《遺書》第16冊。
22　劉師培：《中國民約精義》，《遺書》第16冊。

權所生之法典，即不得為人民應盡之責。……是建立民約之初，不獨與人民以抵抗命令之權，且與人民以顛覆政府之權矣。湯、武之革命，不過為人民復此權利耳。」[23]如果說由上古民主政治發展到君主專制政治是歷史的必然，那麼現在由君主專制政治轉變為民主政治也是歷史的必然趨勢。

（2）民主政治的基礎是天賦人權

劉師培認為，人生而具有自由平等的權利。他說，盧梭《民約論》認為「人之生也，各有自由之權，為彼一身之主宰，執其自由之權，出而制馭世界上之事事物物，使必與己意相適，不得少為他人所屈服，斯固理之所在也」[24]，這實質上是一種權利天賦說。而中國先哲，自孟子倡言性善，標榜良知，天賦與人權的密切聯繫就屢屢為人道及。可是大多數思想家均把天賦予人的特性僅僅視為以仁、義為主要範疇的倫理因素，而未能充分顯現「人之得於天者既同」的權利內容。只有王陽明的良知學說，雖然還沒有充分闡發民權之理，但其革命性已顯示出平等自由之精理。從天賦在民的普遍原理去看，劉師培認為人權主要有三大內容：「一曰平等權，二曰獨立權，三曰自由權。平等者，權利義務無復差別之謂也；獨立者，不役他人，不倚他人之謂也；自由者，不受制於人，不受役於人之謂也。此三權者，吾人均認為天賦。」[25]

23　劉師培：《中國民約精義》，《遺書》第16冊。
24　劉師培：《中國民約精義》，《遺書》第16冊。
25　劉師培：《無政府主義之平等觀》，《辛亥革命前十年間時論選集》第2卷下冊，第918頁。

至於上述三種權利在政治、經濟、文化、思想方面的表現，劉師培也根據古聖先賢的微言大義作了闡述。其一為議政權。劉師培說：「黃帝立明台之議，堯有衢室之問，舜有告善之旌，禹立諫鼓於朝，盤庚遷殷亦命眾於庭。」可見在古代「庶民有事咸得自達於君，而國家有事亦當詢問庶民」。春秋時期，鄭人遊於鄉校而議執政，《周禮》小司寇之職在召集萬民商討國家大事，可知議政權利在此時還很發達。漢儒說經，亦時發議政大義。只是越到後來，專制政體越來越發達，庶民議政之權逐漸消失，而後有黃宗羲、顧炎武等人鉤故發沉，提倡遠古議政之遺意。劉師培認為：議政權是公民的一項基本權利。沒有這一權利，就很難使在民約基礎上組織的政府機構能按照多數人民的意向運轉。

　　其二是立法權。公議只有成為法律才會有約束力。劉師培理想的政治秩序是：「以法治國，故君臣上下同受制於法律之中，君主雖有秉法之權，亦未能越法律之範圍。」[26]他認為中國古代在設計政治組織結構時，對此頗有考慮。《尚書》把憲典放在非常重要的地位，《詩經》也重視憲章，而且《春秋》凡弒君稱君者均以君為無道。可見古人以為君主地位雖貴，勢力雖強，但必須按照既定的法規行使權力。如果君主一意孤行，則平民有反抗君主的權利。「君無道而民叛之，是之謂順君，無道而虐民，是謂大逆。」[27]正因為法律是國家的最高公理，所以平民必須參與立法。而中國社會，越到後來，立法權越來越集中到皇帝手中，正如陸九淵所說：典憲本是最高的道統，可是後

26　劉師培：《兩漢學術發微論》，《遺書》第15冊。
27　劉師培：《中國民約精義》，《遺書》第16冊。

世乃指其所撰苛法名之曰「憲典」，這真是離立法的原意相差太遠。

其三是居官權。既然政治組織為民約所成，則平民亦有參政的權利。「自舜辟四門使卿士求賢」，庶人開始入仕。殷代雖行貴族政體，然商湯立賢無方，武丁亦舉賤民。春秋時期，禮賢下士，蔚然成風。歷史證明平民不但應有參政權利，而且愈是大量吸取平民參與政事的政府就愈有效力。

其四是經濟平等權。劉師培據《周禮》考察三代井田之制，認為耕者雖有責任供養貴族，但耕者所授井田則是均平的。可見平民最初有權利要求生產資料的平均。中國自古迄今，均在行動上和理想上推崇均田法，不時出現恢復井田制的議論，充分體現了經濟平等是一項生存的基本權利。只是由於古代「貴賤之級不除」，故即使在行授田法的朝代，「雖民無貧富之差，卻不足以禁在上者之富」。所以，當務之急是要在經濟平等的基本原則之下，既堅持生產資料基本平均的精神，又要打破貴賤差別，消滅等級。「豪富之田，不可不籍，然欲籍豪富之田，又必自農人革命始。夫今之田主也，均大盜也。……今也，本其所有，以共之於民，使人人之田，均有定額。此則仁術之至大者也。」[28]劉師培還指出，經濟平等是政治平等的基礎。如果不實現生產資料的真正平等佔有，即使表面上打破貴賤等級，在政治生活中將仍然有許多人不能議政參政。有田之戶將成為世襲不替之議員，而無田之人雖有選舉之名必失選舉權之實。

其五是學術自由、信仰自由權。劉師培認為信仰自由權是人生而

28　劉師培：《悲佃篇》，《左庵外集》卷十四，《遺書》第54冊。

有的權利之一。上古之民家為巫史，只有到君主專制，顓頊絕地天通，才由君主壟斷了信仰，而信仰亦為專制統治服務。

（3）民主政治的體制是三權分立

從天賦人權的基本理論出發，劉師培對理想的政治體製作了一些設想。他認為新型的政治體制，必須遵循以下基本原則：

其一，主權在民。劉師培認為雖然人生而平等，但社會仍然要有分工。他批評許行「賢者與民並耕而食，饔飧而治」的觀點，說：「若果如其術，則必以一人兼萬能，自為而後用之矣。用之分功未起時則可，若用之文明大進之世，豈非促社會進化之機乎！」且盧梭「《民約論》之言所謂平等之權者，非富貴威望相同之謂也」。所以「謂人人亦主治者亦被統治者則可，謂主治者即被治，被治者即主治，夫豈可哉」！[29]所以一個國家不能沒有組織，不能沒有主權。但這一主權應該歸結為人民。人民讓出一部分權利達成契約組織政府，從理論上說是君由民立。因此，雖然君主形式上享有至高無上的權利，是國家主權的代表，但實際上他應該受到人民的制約。劉師培曾經這樣比喻君主、國家和人民的關係說：國家就像一駕馬車，君主是車夫，人民則是乘車者。馬車是向東向西向南還是向北行駛，應該根據乘車者的旨意，車夫不能有自己的主張。一個好的車夫的職責是保證乘車者的安全使之不至有顛覆傾側之患，並積極實現乘車者的意願。[30]

29　劉師培：《中國民約精義》，《遺書》第16冊。
30　劉師培：《中國民約精義》，《遺書》第16冊。

所謂主權在民，具體而言即選舉權在民、立法權在民、革命權在民。劉師培說：「孟子立法，厥有二說：一與人民以選舉政府之權，一與政府以改易君主之權。」人民有了這種權利，就能做到「選賢與能」。如果在孟子的基礎上，再盡削貴族之權，則君主改易之權亦將歸之於民。[31]他稱引黃宗羲的民主思想中「以君當受役於民，非以民當受役於君也。……本此意以立國，吾知其必為法美之共和政體矣。……其說雖未行於當時，詎得不謂為先覺之士哉！」來引述[32]如果真正做到了選舉權、立法權、革命權在民，那麼「即堯舜之聖，亦不過作一如格合式之大長，又何聖之足云！」[33]

　　其二，三權分立。劉師培對三權分立曾多次提及。他認為中國古代雖然沒有明確劃分三權，但人們還是可以從對君主的不同稱呼中認識到古人有區別三權的意識。君主最早被稱為「皇」，其後被稱為「帝」，又被稱為「辟」。無制令者謂之皇（無立法權），有制令而無刑罰謂之帝（無司法權），賞善誅惡謂之辟。[34]君權大小的演變亦可反映出政權體制的逐漸完備。劉師培認為新的政權體制應該使立法、司法、行政獨立起來。像西周那樣，立法權公之於臣民（如《易》言人謀，《洪範》言謀及庶人是），司法權別設專官以掌之（如《周禮》司市職），天子僅有行政之權。他特別重視憲法的作用，作有《憲法解》。其中引用《管子・法禁篇》雲：正月之朔，百吏在朝，君乃出令布憲於國。憲即布，有不行憲者罪死不赦。考憲有不合於太府之籍

31　劉師培：《中國民約精義》，《遺書》第16冊。
32　劉師培：《中國民約精義》，《遺書》第16冊。
33　劉師培：《中國民約精義》，《遺書》第16冊。
34　劉師培：《中國歷史教科書》第一冊，《遺書》第69冊。

者，侈曰專制，不足曰虧。他認為這反映了憲為一國所共守之法，君主僅有布憲之權，並無制定之權。君主行政的某些詔令，也必須符合憲法的範圍。[35]至於如何組織議院，如何制定憲法，如何進行行政監督，劉師培沒有進行深入討論。對新型國家的政體及其運作方式，他過多地沉迷於所謂古代政體的良法美意之中。

三、劉師培的倫理改革思想

劉師培在20世紀初年的民族民主革命宣傳中，非常關注倫理改革問題。他對倫理與社會的關係有比較準確的認識。他說：「倫理者，所以維繫人群而使人類常存者也。」[36]所以要進行民族民主革命，就必須思考倫理問題。

早在19世紀80年代，康有為即對等級制度、倫理觀念和倫理學說有所懷疑和思考。他說：「天地生人，本來平等。」[37]從平等的觀念去看現實社會中的「尊君卑臣、重男輕女、崇良抑賤」種種現象，此「恐非義理之至也」[38]。他預言：「物理抑之甚者必伸，吾謂百年之後，必變三者：君不專臣不卑、男女輕重同、良賤齊一。」[39]但這些議論在當時沒有引起明顯社會反響。直到戊戌時期，梁啟超、譚嗣同等方才掀起批判封建綱常的社會波瀾。譚嗣同認為，「君為臣綱」是綱中之綱，但它尤為黑暗否塞，無復人理。[40]他論述「臣必事君以忠」

35　劉師培：《憲法解》，《左庵外集》卷七，《遺書》第47冊。
36　劉師培：《倫理教科書》第一冊，第四課，《遺書》第64冊。
37　康有為：《實理公法全書》。
38　康有為：《內外篇·人我》。
39　康有為：《內外篇·人我》。
40　譚嗣同：《仁學》上。

的倫理規範說：「古之所謂忠，以實之謂忠也。下之事上當以實，上之待下乃不當以實乎？則忠者共辭也，交盡之道也，豈專責之臣乎？」[41]並說：「君為獨夫民賊，而猶以忠事之，是輔桀也，是助紂也。」[42]此外如父為子綱、夫為妻綱均不是正確的倫理觀念。19世紀末的倫理思想反映著資產階級改良派移風易俗，建設新的平等的倫理秩序的願望。梁啟超在20世紀初提出新民說，樹立新式國民的基本倫理道德，可以說是改良派倫理思想的進一步發展。

劉師培對於中國傳統倫理的弊端的批判具有較強的概括性。他指出，傳統倫理觀念主要有兩大弊端。

其一，不明權利與義務之關係。「中國古昔思想，咸分權利與義務為二途。」[43]他將中國古代倫理學劃分為自修和交利兩大學派，所謂自修學派，「以明心踐性為宗，以改過慎獨為旨，倡正誼明道之說，而不欲謀利計功。然所踐者僅修身一端，於社會國家咸無裨益。或以空理束民，如漢董仲舒、唐韓愈、元許衡、明吳與弼是也」。所謂交利學派，「以仁恕為心，以大同為想，以民胞物與為志，無復人我之見存，雖僅托之空言，然與潔身自好者，其立志迥殊」。[44]但中國倫理學，自孔子倡君子喻于義，小人喻於利，以義為公，以利為私，都輕視「利」字而不言。劉師培說：

夫日為他人盡義務而不復取權利以為酬，此中人以上之所難。可

---

41 譚嗣同：《仁學》上。
42 譚嗣同：《仁學》下。
43 劉師培：《倫理教科書》第一冊，第六課，《遺書》第64冊。
44 劉師培：《倫理教科書》第一冊，第三課，《遺書》第64冊。

謂迂闊之說矣。

人己相關，必權利與義務互相均平，即西儒所謂大利所存必有兩益也。[45]

只有權利與義務相持平的倫理才是真正的倫理，只有以權利為基礎的倫理才能更加完美地體現倫理的真正精神。劉師培說：「昔晏子之言：義者，利之蘊，此言身盡義務即身享權利之基；《易》言利物足以和義，此言以權利與人即可使人盡義務。豈有權利義務之界限不明而克稱倫理者哉。」[46]

其二，家族倫理發達而社會倫理不發達。「民族者乃合數家族而成者也。」家族為國家的基本單元。家族倫理基於宗法時代之制度，而「秦漢以降，民間習俗相沿，仍存宗法時代之遺風。既存宗法之遺風，此中國之倫理所由偏崇家族也」[47]。劉師培指出中國家族倫理的發達與中國宗法制度有關係，這無疑是正確的。

在劉師培看來，家族倫理本沒有什麼不可，「但中國所行家族倫理，其弊有二」：

一曰所行倫理僅以家族為範圍。中國人民自古以來僅有私德無公德，以己身為家族之身，一若舍孝弟而外別無道德，舍家族而外別無義務。又以社會國家之倫理皆由家族倫理而推，人人能盡其家族之倫

45　劉師培：《倫理教科書》第一冊，第六課，《遺書》第64冊。
46　劉師培：《倫理教科書》第一冊，第一課，《遺書》第64冊。
47　劉師培：《倫理教科書》第二冊，第一課，《遺書》第65冊。

理，即為完全無缺之人，而一群之公益不暇兼營，其弊一也。

　　一曰家族制度最不平等。家族倫理即由宗法而生，故子弟屈服於父兄，猶之臣民服從于君主，而三綱之說以興。父之責子，夫之責妻，雖不當於理，亦謂之直。若為子者、為妻者以理爭之，雖當於理，亦謂之曲。使天下之民受屈於空理之下，不敢稍違。舍理論勢，以勢為理，僅弱者對於強者所盡之義務耳，其弊二也。[48]

　　劉師培認為中國家族倫理在古代社會特別發達，以至將國家倫理視為家族倫理的擴大，同時又由於家族倫理不健全，這種畸形發展的國家倫理也極不健全，其結果是正常的社會倫理沒有發展，而三綱之說卻因之而起。劉師培對古代倫理的特點及弊端的認識應該說是較為中肯的。

　　劉師培還從性理學上指出古代倫理哲學的失誤。他解釋「性」字，說：「性字從生，指血氣之性言也；性字從心，指心知之性言也。」心為腦髓，知為「心」的思維活動。血氣和心知是指人的身體和認識能力，性即二者的有機統一，它是人類獲得認識的前提。而「理」字，「許氏《說文》理字下雲：『理，治也，從玉，裡聲。』段玉裁說玉雖至堅而治之得其鰓理，以成器不難，謂之理。凡天下一事一物，必推其情至於無憾矣，然後即安，此之謂天理，是之謂善治，此引申之義也」。[49]所以理是指事事物物客觀存在的條理。既沒有離開身心的理，亦沒有超離外物之理。性本身也不是理。性只是認識的

48　劉師培：《倫理教科書》第二冊，第二課，《遺書》第65冊。
49　劉師培：《理學字義通釋》，《遺書》第12冊。

基點：

> 人雖腦髓最靈，然人心本靜，感物而動。天下事事物物，惟與四體五官相觸，始由腦筋達腦髓，以生辨別之能……若身體未與物接，則人心雖靈，而比較分析之能亦無由而表見。[50]

人的意識活動可分知、情、意、欲等過程，「自四體五官日與外物相接，外有所感，則心有所知」。「由感生智，由智生斷，而事物之好惡既形，則人心之愛惡亦緣是而生，故有知而後有情。」「情有所惡」，「情有所好」必生欲去欲得之念。故「意生於情，有情而後有意」。有了意念，就有行動的計畫和打算，此之謂欲。而欲之合於規則者則謂之理。所以性與理的聯接是理生於欲。

可是古代性理學說卻有兩大弊端。其一是理為絕對。而實則「理生於欲，情得其平，是為循理」[51]。「心理由物理而後起」，「蓋心與物接，即有辨別事物之能。由智生斷，理由辨別而後明，義由裁斷而後見」。[52]其二，性即理。「自宋儒高談義理，以為人同此心，心同此理，以心為至靈至神之物，凡性命道德，仁義禮智咸為同物而異名，故條分縷析，區域未明。」[53]劉師培認為這些概念各有涵義，不可混同。他說，如果我們實事求是地認識倫理規範，把倫理規範當作客觀存在的對象加以研究和實踐，就有可能打破傳統倫理濃厚的體驗

50　劉師培：《倫理教科書》第一冊，《遺書》第64冊。
51　劉師培：《東原學案序》，《左庵外集》卷十七，《遺書》第57冊。
52　劉師培：《理學字義通釋》，《遺書》第12冊。
53　劉師培：《東原學案序》，《左庵外集》卷十七，《遺書》第57冊。

和內省意識，發展出積極的倫理精神。

劉師培提出的倫理新規範的主要特徵是：其一，個人有獨立的人格和品德。他認為個人品格是社會倫理的基礎，所以他也很重視修身，說：「修身者，所以自治其身而使己身為完全之人也。」[54]所謂完全之人，是不為風俗習慣所囿，具有個人之資格的人。[55]它主要表現為「清而不流於絕物，和而不流於媚俗」。具體而言是進取而不退讓：

中國自古代以來，以退讓為美德。故《易》言一謙而四益，老子言守雌，守默，又言不敢居天下先，又言盛德若愚。而《論語》記或人之言，亦言以德報怨。不知人人去競爭之心，即人人生自退之心。自退之心生，非惟於己身不求進益也，即他人侵犯己身之自由，亦將含垢而忍辱；匪惟不拒他人之侵犯也，且放棄一己之自由，以此為包容，以此為能忍，且以賢人長者自居。不知放棄權利與辱身同，故退讓之人即卑污之人也。今欲人人具有人格，非斥退讓之說何以禁世人之放棄權利哉！[56]

劉師培認為只有積極進取的人才是人格完整的人。他還論述了進取型人格在家族、社會各種倫理關係中的表現。

其二，社會倫理發達，人人講公德，富有正義感。劉師培認為社

54　劉師培：《倫理教科書》第一冊，第七課，《遺書》第64冊。
55　劉師培：《倫理教科書》第一冊，第七課，《遺書》第64冊。
56　劉師培：《倫理教科書》第一冊，第三十一課，《遺書》第64冊。

會是眾人合成的有機體。個人是社會有機體的一分子，而群體是個人得以存在的保證。他把群體稱為「拓都」，或謂之團體，把個人謂之「麼匿」，或謂之小己。他說：「拓都為麼匿之範圍，麼匿為拓都所限制。」[57] 社會的存在乃是個人生存的前提條件。人既賴群體以存，則盡個人義務以回報群體與社會，乃是天經地義的。尤其是在中國民族危機特殊時期，公民更應該有公德，講合群：「處競爭之世，非合群無以自存，而同族人民互相團結，實為合群之始基。」[58] 劉師培十分重視社會公德，他讚揚那些以天下為己任的英雄豪傑，提倡為了社會群體的利益而自強不息。

如何實現這一倫理理想？劉師培提出了兩大辦法：

其一，區分君主專制社會的倫理規範與傳統道德意識，批判前者，繼承和發揚後者。劉師培認為中國古代倫理規範如三綱說，顯然是有利於君主專制政治以及外族貴族的，這是中國倫理應該批判的糟粕。但這不是說中國倫理學說就沒有優秀成分。他指出，中國倫理對於道德修養形成了很系統的理論，其中許多東西是有價值的。比如漢代倫理學，一方面有董仲舒等人的三綱五常，但另一方面，也有民族自尊和民族愛國意識，有君輕民貴等種種思想。至於在長期的反抗君主專制政治的歷史過程中所形成的倫理觀念和倫理規範，則更是中國倫理學的精粹。

對於中國固有倫理道德，在戊戌維新時期，康有為、譚嗣同試圖

57　劉師培：《倫理教科書》第二冊，第二十一課，《遺書》第65冊。
58　劉師培：《倫理教科書》第二冊，第十二課，《遺書》第65冊。

對某些舊道德賦予新義。如康有為說：「仁者，在天為生生之理，在人為博愛之德。」[59]譚嗣同認為：「仁以通為第一義，通之象為平等，通有四義：中外通、上下通、男女內外通、人我通。」[60]他們試圖將傳統道德加以新的發展，使道德傳統成為維新變法的積極因素。而劉師培與當時的其他革命者則對中國古代倫理進行深入剖析，試圖將君主專制的倫理綱常與倫理道德區別開來，指出中國社會倫理不發達，乃是君主專制束縛的結果：「以專制之禍渙人民之群，此固國民輕公德之第一原因。」[61]這種認識顯然比戊戌維新時期改良派對於傳統倫理道德的認識要深入一些，對於樹立革命道德有積極的理論意義。章太炎和劉師培後來都曾專門討論過革命者的道德問題，提出了很有價值的看法。

其二，改良家族倫理。具體辦法：「一曰倫理不以家族為範圍」，「二曰家族倫理當互相均平」。劉師培認為，「家族倫理似不可驟廢」：「今以家族倫理為可廢，非欲自縱其身，絕家庭之禁束，即欲自惰其身以脫家室之累耳。」[62]但家族倫理亟待改良。劉師培認為理想的家族倫理是家族中父子、夫婦、兄弟都要互盡其倫，都應明確自己的權利和義務。同時家族倫理不能妨礙社會倫理。他說：「古代相傳之學術，以為父母若存，則為人子者只當對父母盡倫理，不得對社會國家盡倫理。」因而先王定禮，父子不得同時立朝，孔子又有「父母在，不遠遊」之說，又有「父母在，不許友以死」諸說。劉師培認為這些

59　康有為：《中庸注》。
60　譚嗣同：《仁學・界說》。
61　劉師培：《倫理教科書》第一冊，第十九課，《遺書》第64冊。
62　劉師培：《倫理教科書》第二冊，第二課，《遺書》第65冊。

觀念都是妨礙公德，應該加以改良。[63]「僅以家族為範圍，凡事于家族有利者則經營惟恐其後，凡事於家族有害者則退避不復敢攖，而一群公益不暇兼營。」[64]

其三，提高倫理自覺，用教育證明倫理本身是進化的，它有一個內在的結構，它基於人群和人類自我完善的要求，從而理性地建立倫理新體系。早在19世紀20世紀之交，就有人關注倫理教育。嚴復推崇赫胥黎的這一觀點：「人們的天資雖然差別很大，但有一點是一致的，那就是他們都有貪圖享樂和逃避生活上的痛苦的天賦欲望。」[65]他在《天演論》的按語中發揮了這一思想：「有叩於復者曰：人道以苦樂為究竟乎？以善惡為究竟乎？應之曰：以苦樂為究竟，而善惡則以苦樂之廣狹為分，樂者為善，苦者為惡，苦樂者則視以定善惡也。……人道所為，皆背苦而趨樂，必有所樂，始名為善，彰彰明矣。」[66]這種觀點，把趨樂背苦當作人的共同本性，是人生的目標、人道的宗旨，其影響甚為深遠。康有為就認為，人的一切行為都是受求樂免苦動機支配的，因此，求樂免苦的欲求乃是人類社會歷史的軸心，為了社會全體成員求樂免苦的共同需要，並保證自己長久的快樂，人們形成一定的道德調節機制，而倫理亦因之發生。同時因為個人作為社會的一員，其利害是同整個社會緊緊聯結在一起，因而必須有社會群體意識。公私兩利，「大利所存，必有兩益」。如果公私難以兼顧，應犧牲私利以維護公益。嚴復和康有為都認為通過教育，把

63　劉師培：《倫理教科書》第二冊，第四課，《遺書》第65冊。
64　劉師培：《倫理教科書》第一冊，第五課，《遺書》第64冊。
65　《進化論與倫理學》，北京：科學出版社，1973年版，第18—19頁。
66　嚴復：《天演論》導言十八按語。

這些倫理新認識灌輸到社會，就有可能開啟民智，建立新的倫理秩序。

劉師培對上述觀點深表贊同。他編輯《倫理教科書》的目的，就是要用簡易明瞭的形式，將傳統倫理哲學和具體範疇、具體規則按照近代倫理學的方式表述出來，使人們認識到中國傳統倫理學的內涵、弊病和價值。

但劉師培比康有為、嚴復進步的是，他對革命在改造傳統倫理觀念和規範中的作用也有所認識。章太炎提出革命是除舊佈新的良藥，劉師培也期望通過革命來解放人民的思想，改變傳統習俗。而革命者的道德問題在此時尚涉及得少。1906年—1907年間，革命者應該具有怎樣的品格才逐漸引起人們重視。

倫理道德問題自古以來就是中國的重要問題。中國素稱禮儀之邦，改良和革命都不可避免地涉及中國悠久的倫理傳統。劉師培對中國傳統倫理思想的辯證分析與對新型倫理秩序的設想，是中國近代倫理革命思想的寶貴成果，它使中國倫理問題的討論又深入了一步。

2.4　劉師培民族民主革命思想的特點

劉師培的民族民主革命思想與《國粹學報》為主體的國粹論者相呼應。

國粹派是20世紀初年所出現的一個重要革命派別。其主要代表人物為章太炎、劉師培、鄧實、黃節、馬敘倫、陳去病等。國粹派一方

面堅持要反對清王朝、反對君主專制，另一方面，也反對盲目崇拜歐美日本，「奴於東西之學說」，自暴自棄，醉心歐化的風氣。他們認為要進行民族民主革命，沒有「國學」和「國粹」做根底，就不可能取得最後成功。只有尊重祖國歷史，同時又學習和接受西方文明，才能使民族民主思想生根發芽，從而取得最後勝利。

所謂「國粹」，國粹派大致有三種說法：一指中國文化的精華，二指中國經、史、子、集中所反映的政治、歷史、哲學、文學各個方面的優秀因素，三是指中國民族精神。如許守微曾說：「國粹者，一國精神之所寄也，其為學，本之歷史，因乎政俗，合乎人心之所同，而實為立國之根本源泉也。」[67]這種意義上所謂國粹，主要指民族意識或民族精神。

國粹論者提出保存國粹，主要基於兩個理由：

其一，生存競爭是種族文化的全面競爭，在這一競爭過程中，只有保存和發揚種族文化的特質，才能求得生存，並得到發展。國粹派受社會達爾文主義影響，把社會也視為生物物種的有機組織，像生物物種只有適者才能生存一樣，國家和民族也只有那些生命力強盛的才能持續存在。他們還認為文化是國家和民族最根本的素質，而凝結在民族文化中的「國粹」，相當於物種的種性。章太炎將之比作為「立國之元氣」[68]。章士釗則把它比作一個民族得以發育生長的「胚胎」，他說：「蓋凡立國，必有其天然之國粹，不與人同。」不論其後如何

67　許守微：《論國粹無阻於歐化》，《國粹學報》1905年第7期。
68　章太炎：《送印度鉢邏罕、保什二君序》，《民報》第13號。

變遷，「而其所席之舊冶之胚胎，究不可失，失之，吾未見其能自立耳」。[69]當漢族文化受到外來文化的衝擊、面臨挑戰的時候，更應該培育民族「元氣」。

其二，中國文化的精粹長期以來被異族和專制政權所歪曲，中國文化自有其立國的真正精神，如果發掘和宣傳這種真正的立國精神，延續了五千餘年的中國文明完全有能力自立於世界民族之林。國粹派認為，中國文化的基本精神受到了兩方面的摧殘：一是秦火之焚而專制之政體出，從而形成國學與君學的對立。鄧實說：「近人於政治之界說，既知國家與朝廷之分矣，而言學術則不知有國學、君學之辨，以故混國學於君學之內，以事君即為愛國，以功令利祿之學即為國學，其烏知乎國學自有其真哉。」[70]所謂「君學」，就是「以人君之是非為是非者」，它為歷代帝王所尊崇，頒為功令，奉為「治國之大經」。所謂「國學」，就是「不以人君之是非為是非者」，它為歷代帝王所排斥。秦漢以降，中國既為君主專制的一統天下，神州學術的主流是「君學」，國學只有某些微弱閃光。而中國文化之所以日趨衰頹，中國民族之所以日漸以弱，原因就在這裡。二是王朝之亂而外族之朝廷以興，從而形成漢族歷史文化與異族異學的對立。在國粹論者看來，每一次外族入侵，都帶來了漢族文化的重大改變，消磨了漢族文化的真正精神。而國學受到的最大打擊是清入侵及其所推行的文化政策。黃節說：國必有其立國之精神，這一精神由學以維持，但滿族和異族的文化專制既亡吾國，又亡吾國學，所以當今流行的政體是外

69　章士釗：《王船山史說申義》，見《黃帝魂》。
70　鄧實：《國學真論》，《國粹學報》1907年第3期。

058　劉師培評傳

族專制政體，流行的學說是外族專制之學說，這是令人痛心的事。[71] 因此，國粹派主張恢復國學，發掘中國文化的精華，陶鑄國魂。

劉師培完全贊成國學保存會的宗旨，並實際參與了《國粹學報》的編撰和辦刊方針的制訂。他認為，「凡一族之人民必有一族之特性」[72]，這種特性是民族文化得以自存的生存機制。與國粹派諸君的認識相近，他也認為民族特性依靠國學澆灌，而國學卻受到專制政體的壓制以及外族的摧殘日形隱微。劉師培指出，今天要求得民族的生存，我們一方面要用暴力排滿，推翻清貴族的專制統治，使漢族文化獲得獨立發展的自由，另一方面也需要重新探索中華民族的立國精神。他把視野集中在兩個主要方面，其一是秦漢專制政體產生以前的經史百家之學，其二是秦漢以後帶有反抗民族壓迫和反抗專制色彩的異端之學。他認為這裡面有彌足珍貴的國粹，是中國文化的脊樑。

圍繞這一主題，劉師培在《國粹學報》發表了大量關於國學的著作。其中有關於先秦學術精意的《週末學術史序》，有關於兩漢文化精神的《兩漢學術發微論》，有條理國學統系的《國學發微》，還有表彰忠義節烈、激發民族感情的「明末人物列傳」。綜觀劉師培的有關論述，可以看出他主張應該弘揚中國文化的民族精神，復興中國文化的民主意識，發揚中國文化的實業思想。

（1）弘揚中國文化的民族精神

劉師培在1903年至1907年間，發表了相當數量的著述，來闡發國

71　黃節：《國粹學報敘》，《國粹學報》1905年1期。
72　劉師培：《中國民族志》，《遺書》第17冊。

學中的民族思想。他認為「區析華戎」、「辨別夷夏」是中國民族最強烈的觀念。他說：「自孔子言裔不謀夏，夷不亂華，而華夷之防，百世垂為定則。」[73]《春秋》三傳，都明辨華夷，《公羊》《穀梁》，粹言尤多。兩漢經生，遠昭此說。今文大師董仲舒、何休專治《公羊》，《春秋繁露》力陳夷夏大防，《公羊解詁》詮明內外之別。今文《魯詩》、《齊詩》、《韓詩》，於種族之學亦非不言。古文《毛詩》，「辨別華戎，峻發嚴厲」。鄭玄治古文費氏《易》，虞翻治今文孟氏《易》，鄭玄、馬融注《尚書》，無不「貴華夏而賤殊族」。今文《禮記》「明種族之殊定于生初」，古文《周禮》「亦侈言種族之學」。所以漢代國勢強盛，不能不說儒生「辨別內外」起了很大作用。[74]而兩宋國勢不振，外患頻仍，先有遼、金南下，繼有蒙古入侵，但也終賴理學家「倡內夏外夷說，漢族守其遺訓者，卒成明太祖光復之勳。流風餘韻，至今未泯」。所以「民族思想者，國民獨立之性質也，得之則存、失之則亡」。[75]

劉師培還發表了大量人物傳記，宣傳民族氣節。在明清易鼎之際，中原士大夫經歷了嚴峻的考驗。《國粹學報》1905年—1907年所刊登的人物畫像，除中華文明的始祖以及先秦兩漢的重要思想家、發明家之外，主要是南宋末和明末抵抗外來侵略的民族英雄。劉師培也在《國粹學報》發表《清儒得失論》、《六儒頌》、《梁於涘傳》、《劉永澄傳》、《廣陵三奇士傳》等文章。他褒貶人物，對那些在「蠻夷猾夏」之時的烈士給予了高度評價。如顧炎武、黃宗羲等人，始而起

73　劉師培：《中國民約精義》，《遺書》第16冊。
74　劉師培：《兩漢學術發微論》，《遺書》第15冊。
75　劉師培：《中國民族志》，《遺書》第17冊。

兵抗清，兵敗後猶「抱艱貞之大節」，死不臣清。孫奇逢、張履祥、梅文鼎、李顒等人，「以學自隱」、「恥事二姓」；江聲、餘蕭客「終身未嘗應童子試，亦不通姓名於顯宦之門」；戴震、孔廣森、王念孫等雖入仕，但「無仕宦情念」，「淡於榮利」。而魏象樞、李光地等人，「鬻道於虜，炫寵弋榮」；閻若璩、胡渭、毛奇齡等「以博學鳴」而投靠清廷，「行尤卑」；段玉裁、洪亮吉、孫星衍入仕「以貪黷名」，「嗜利若渴」，表現出卑劣的奴隸根性。[76]劉師培認為像顧炎武、黃宗羲、孫奇逢這樣的人才是中國民族真正的脊樑。

（2）復興中國文化的民主精神

劉師培認為中國文化的另一基本精神就是民主精神。中國古人對政治的起源和特徵有所認識。「上古之初，牝牡相逐，肆意為生，知有母不知有父，君民之約未成，上下之序未立，天然之世，並倫且無，何有於綱？」[77]在上古社會，既沒有嚴格的夫妻、父子關係，也沒有君臣關係。大約到農業生產出現之後，才出現了私有財產，劉師培認為這可從「私」、「積」等字均從「禾」看出這一現象。正因為私有財產出現，人們有了組織社會的要求，於是才出現了家庭和國家。但無論是家庭父子、夫婦、兄弟關係亦或是國家君臣關係，中國文明的誕生之初，都是權利與義務並重，富有民主意識。

如夫妻關係。劉師培認為現代漢語中稱某女的丈夫為夫，稱所有成年的男子也為夫，稱某男的妻子為婦，稱所有成年的女子也為婦，

76　劉師培：《清儒得失論》，《左庵外集》卷九，《遺書》第49冊。
77　劉師培：《攘書》，《遺書》第18冊。

其中反映出在遠古夫婦沒有定準，經歷了氏族群婚的階段。正因為夫妻關係有這麼一個發展過程，所以「古人言夫婦一倫，亦多主平等」。[78]如《禮記‧祭統》云：「妻之為言齊也，一與之齊，終身不改。」《儀禮》言婚禮，有夫婦「共牢而食」一節，此言夫婦「同尊卑也」。[79]故女子不得再嫁，而男子也不能再娶；男子可以再娶，則女子也可以再嫁。「《公羊》言諸侯不再娶，蓋男子之不得再娶，猶女子之不得再嫁，自此禮不行，然後男子可以再娶，女亦可以再嫁。故古代夫妻之際，義合則留，不合則去。觀『大歸』書於《春秋》，《禮》有『七出』之文，則古代不以再嫁為非矣。」

又如父子關係。劉師培說：「《說文》子字下云：十一月陽氣動，萬物滋，人以為稱，象形。是則子也者，萬物方滋荄之象也。引伸之而為幼稚之稱，非卑屈之稱也。」[80]而父訓為慈。可見父子關係應該是雙方互盡其倫。「觀《說文》《白虎通》二書，訓父為矩，而《說文》複訓母為牧，是則父母者，施教令於婦子而使之作善者也。故教子當以義方，非徒愛養之謂也。若為人子者，亦有孝親之責。《孝經說》訓孝為畜，《釋名》訓孝為好。」[81]故古代父子關係的真諦是父母必須盡愛養和教育的責任，而子女也須盡孝。而孝也非一味順從，「父母之言合於公理者固當遵從，若背於公理則當從權而不行」[82]。

再如兄弟關係。劉師培說：「中國儒家以孝悌為美德。然悌道為

78　劉師培：《倫理教科書》第二冊，《遺書》第65冊。
79　劉師培：《攘書》，《遺書》第18冊。
80　劉師培：《攘書》，《遺書》第18冊。
81　劉師培：《兩漢學術發微論》，《遺書》第15冊。
82　劉師培：《倫理教科書》第二冊，《遺書》第65冊。

兄弟所共盡之倫。故孔子曰：兄弟怡怡。《詩》曰：兄弟既翕。又曰：兄及弟矣，式相好矣，無相尤矣。《爾雅》有言：善兄弟曰友。又劉熙《釋名》訓兄為荒，荒者大也。訓弟為第，第者次第而生也。是兄弟只有長幼之分，非有尊卑之分也。故兄弟貴于互相親，毛公《詩經》言兄尚親是也。尤貴於互相助，鄭君《詩箋》言兄弟相求故能立榮顯之名是也。」[83]

所以，就家庭倫理而言，中國文化本來非常重視倫理的民主意識。「蓋倫理之生，由於人與人相接」，「與人相接，以我之所欲所惡推之於彼，彼亦以所欲所惡推之於我，各行其恕，自相讓而不相爭，相愛而不相害，天下所以在絜矩之道也」。[84]處在家庭中的個體，都有自己獨立的人格，有自己獨立的思想，獨立的行為方式，有自己的權利和義務。可是隨著專制主義的加強，古代關於家族倫理的民主意識受到剝蝕。而父為子綱，夫為妻綱等種種「謬說」得以流行。這是中國民族民主意識的扭曲，是倫理異化現象。劉師培主張「矯古人立說之偏」，「補前人之所略」，提倡和發揚家族倫理的民主意識，從而使中國民族國家建立在理性的社會基本結構之上。

劉師培特別重視對中國古代政府組織和社會倫理的民主意識的發微。他認為君主起源於人民的推戴，君主興廢靡恒，功成則去，所以上古沒有君為臣綱之說。相反君主還處處受到臣民的制約。劉師培列舉五經以及百家諸子的論述，闡明政治民主意識在先秦相當發達。從君民關係來看：「觀於三代之禮，臣釋君亦答，則君與臣平等矣。」

83　劉師培：《倫理教科書》第二冊，《遺書》第65冊。
84　劉師培：《攘書》，《遺書》第18冊。

從政治方針的制訂來看：舜諮於四岳，《洪范》尚眾謀，則臣民有商訂國是的權利。從政權運行的準則來看：《尚書》首重典憲；《詩經》也言成憲；《管子・任法篇》云：君臣上下貴賤皆從法，此之謂大治；《明志篇》云：以法治國，則舉錯（措）而已，則君臣上下同受制於法律之中，雖以王權歸君，然亦不偏於專制。從政權組織機構來看：《周禮》以天官、地官、春官、夏官、秋官、冬官司職，使天子受到行政牽制，雖君位可以世襲，而君主亦不可一意孤行。再從政權的改良變易看：「試觀《春秋》一書，於弒君稱君者，則曰人君無道」，「《革卦》之言湯、武革命也，必系以應天順人，則所謂革命，非湯、武一人之私謀，乃全國人民之公意，又可知矣」。孟子答齊宣王曰：「殘賊之人謂之一夫，聞誅一夫紂矣，未聞弒君也。」⁸⁶這些都表明古代民庶有傾覆政府之權。所以劉師培認為中國民族富有政治的民主精神。而三代以後，君主世襲，家天下之制既行，而專制之淫威亦漸肆。雖然這個歷史變化是「公理」所在，歷史必由貴族政治而導致專制，但中國民族傳統的政治民主精神不絕如縷。劉師培的《中國民約精義》分上古、中古、近古三篇，羅列了《易》、《書》、《詩》、《左氏傳》、《公羊傳》、《穀梁傳》、《國語》、《周禮》、《禮記》、《論語》、《孟子》、《爾雅》、《荀子》、《老子》、《莊子》、《楊子》、《墨子》、《呂氏春秋》、《管子》、《商君書》、《鶡冠子》、許行、《韓詩外傳》、董仲舒、司馬遷、劉向、班固、王符、杜預、張實、柳宗元、陸淳、張載、蘇洵、蘇軾、蘇轍、朱子、陸子、呂坤、黃宗羲、顧炎武、王夫之、戴望等論著和思想家、文學家的有關觀點，闡

85　劉師培：《攘書》，《遺書》第18冊。
86　劉師培：《中國民約精義》，《遺書》第16冊。

明其民主性的因素，試圖溝通中國傳統民主意識與近代民主思想的聯繫，從而使中國民族獲得新的生機。

（3）發揮中國文化的實業思想

劉師培認為「古學由於實驗」，中國古代「一切學術咸因經驗而發明者」，「上古之時有征實之學而無推理之學」。[87]因此，中國古代的一切學問都與現實生活息息相關。人們多信神權，尊天敬祖，而後有巫史術數；人們開發山林，播種五穀，而後有天文曆算；人們製造器皿，嘗試百草，而後有工藝巫醫。總之，沒有離開實驗的學問。當時學術與生活、政治三位一體。巫史雖然成為學術的主要保存和研究者，但他們保存和研究的都是基本的生存經驗和行政法規。所以劉師培認為，中國學術文化有兩個鮮明特點：其一是學必有術，其二是文理並重。所謂學必有術，是說每一種理論都有它的實際作用，都以一定的經驗作基礎。劉師培說：「學也者，指事物之原理言也；術也者，指事物之作用言也。學為術之體，術為學之用。」[88]中國學術的這一特點一直延續於諸子九流。如孔子兼具師儒之長，儒家既有哲理發揮，成為學理宗師的一面，同時又有經世致用的一面。今天人們欲瞭解孔學，應該知道，孔學之真在於兼具師儒之長，開政教合一之途。劉師培說：

孔子之教無非實踐。阮芸台云：聖賢之教，無非實踐，學者實事求是，不當空言窮理。《大學集注》「格」亦訓「至」，「物」亦訓

87　劉師培：《古學起源論》，《左庵外集》卷八，《遺書》第48冊。
88　劉師培：《國學發微》，《遺書》第13冊。

「事」，唯云窮至事物之理，「至」外增「窮」字，「事」外增「理」字，加一轉折，變為窮理，遂與實踐迥別。……益孔學既崇實踐，故其書皆經世之書。孔子之初，本求行其道於世，及世不見用，乃垂之空言。六藝者，皆古聖王之政典也。既自著書，亦專以事理為主而即基事理以發其道者也。後儒不知孔子之學，於是有揚雄、王通之擬經，有宋明儒者之空說……惟近世顏李之學，頗能于孔教之中求其實用。[89]

孔學的真諦在於實踐。孔子從古聖先王的政典中歸納出事物的條理，反過來又依據事物的條理進行社會實踐，是學與術的有機統一。諸子九流莫不如此，「如陰陽家列為九流之一，此指陰陽學之原理言也。陰陽若五行、蔔筮、雜占列於術數類中，則指其作用之方法言矣」[90]。總之，學與術的統一是古代學術的真正精神，它反映出中國文化深刻的經世致用的實踐理性。

至於中國古代學術文化的另一特點文理並重，是指中國古代既重視文化的精神性，也關注文化的物質性。既重道，又重藝。劉師培認為在上古社會，主掌祭祀和天文曆算的巫史，由於他們在原始人民的精神生活中的重要性，享有極高的地位。但那些發明創造了器物機械，製作器皿的工匠也受到與史巫可以媲美的尊敬。上古之時，工匠與巫師的地位相同。在《說文解字》中，「工」字與「巫」字形體就很接近，中國古代「未嘗賤視工藝」。據《左傳》記載，夏代設有匠

89   劉師培：《週末學術史序》，《國粹學報》1905年1至5期，《遺書》第14冊。
90   劉師培：《國學發微》，《遺書》第13冊。

人、車正諸職，《禮記》說商代設有土工、金工、石工、玉工、獸工、革工，專掌各類工藝。至於西周的工商業，《周禮》、《左傳》及有關注疏記載更為詳盡。非但如此，中國古代學術的這一特點還導致諸子百家幾乎形成各種專門的學術體系，如精神性的心理學、倫理學、論理學、社會學、宗教學，實業性的政法學、計學、軍事學、教育學、理科學、術數學、文字學、工藝學、法律學、文章學。[91]如計學，劉師培說，管子提出過致富的三種辦法：一曰改圓法，二曰興鹽鐵，三曰謀蓄積。而理財之法，有所謂貸國債者，有所謂稅礦山者，有所謂選舉富商者。其理財生財之道「與　種所行之政大約相符」。[92]又如理科學，墨子「學求實用，於名、數、質、力之學咸引其端」，「墨子而外，若莊子之明化學、數學，關尹子之明電學，亢倉子之明氣學，孫子之明數學，或片語僅存，或粹言湮沒，然足證百家諸子，咸重實科」。[93]在劉師培看來中國文化文理並重的這一特點在後來沒有得到很好的繼承和發揚。這主要由於道家賤視工藝，而儒家「重文科而不重實科」。如孔子之學，雖然強調經世致用，但他把經世致用的方向過分集中在政治與倫理道德，輕視物質生產工藝發明。孔子說「志於道，據於德，依于仁，遊於藝」，又說「君子不器」，「觀其言，以藝為末，以道為本」，具有貶低工藝的傾向。加之戰國諸儒又獨斥商賈為末業，諱言生財致富，不知大利所存，必有兩益，從而造成中國學術精神的扭曲。而漢代揚儒黜墨，「格物致知，該以窮理，工藝之學，儒者恥為，由是士有學而工無學」[94]。而宋明理學，區分體

91　劉師培：《週末學術史序》，《遺書》第14冊。
92　劉師培：《週末學術史序》，《遺書》第14冊。
93　劉師培：《週末學術史序》，《遺書》第14冊。
94　劉師培：《並青雍豫顏門學案序》，《左盦外集》卷十七，《遺書》第57冊。

用，高談性命，輕視科學，使得中國學術文理並重的實學精神受到更加嚴重的破壞。直到元代，在西學影響之下，實學才為人重視，「及蒙古宅夏，西士東來，布教而外，旁及歷數器象諸學，故劉秉忠、郭守敬之流，咸以治曆明時，著名史冊。有明中葉，西教日昌，士習其學，尊為西儒」[95]，而中國學術的實學精神開始復甦。顏元、李塨，「肆力六藝，旁及水火、兵農諸學，倡教漳南，于文事經史之外，兼習武備藝能」[96]，從而形成明末清初頗具聲勢的實學思潮。

劉師培認為，在西方近代科學技術及工商業迅速發展的時候，如果士民還沉醉在考據叢脞、空言性命的無用之學，將更加強烈地形成中西文化的反差，中國民族也將繼續處在落後挨打的悲慘境地。他認為應該復甦中國文化的經世精神和實學意識，從而促進中國文化的高度發展。

劉師培的上述主張是打著古學復興的旗幟而出現的。古學復興的目的是要找到中華民族的真正精神，找到其政治、經濟、軍事、文化思想的合理特質。而其根本論據則是中華民族的理性精神受到了壓制，是這種外在壓制導致了中華民族的落後和危機。古學復興在中國明清之際曾經是一股社會思潮。顧炎武、黃宗羲、王夫之諸人推原明朝滅亡和滿族入主中原的原因，大都以為是宋明理學扭曲了儒家經學的真正精神，因而主張用一套相對客觀的辦法來發微儒家經典的原意，淬礪儒學的真正精神以及其政治、經濟、軍事、文化思想的合理成分。當時，王夫之側重闡發了儒家的民族意識和世界觀、認識論，

95　劉師培：《並青雍豫顏門學案序》，《左庵外集》卷十七，《遺書》第57冊。
96　劉師培：《習齋學案序》，《左庵外集》卷十七，《遺書》第57冊。

黃宗羲側重闡發了儒家的民主意識和政權思想，顧炎武側重論述了儒家的經世意識和實業思想。這些思想家的思想意識以及他們對儒家精神、民族文化的發微，無疑對劉師培產生了很大影響。劉師培的許多主張，都是通過闡釋明清之際思想家的著作和觀點而提出來的。

古學復興的另一根源是劉師培認為各國文化都遵循著古學復興的普遍規律。義大利文藝復興推動了義大利民族的發展。東方日本人的崛起，也恰恰肇端於王政復古。正如當時飛生所說：「彼歐洲文明進化之階級其徑路奚若？則所謂有古典復興時代者發其先；彼日本改革之秩序其徑路奚若？則有所謂王政復古時代當其首。夫由黑暗時代進入文明，而必經此一階段。」[97]劉師培曾提出「畫學復興」論[98]，又以歐洲文藝復興，大詩人但丁為振興國民教育、推行文字通俗化、提倡俗語文字為例，宣傳白話文。[99]劉師培將歷史上的這一文化現象解釋為普遍規律，也導致他對中國古學抱有深沉的信念。

值得注意的是，劉師培和國粹派諸人都不反對學習西方民族文化之長。他們認為只有將中西文化的優秀成分相互化合，中國民族才會具有更強的競爭能力。

黃節曾經這樣解釋國粹：「本我國之所有而適宜焉者，國粹也，取外國之宜於我國而吾足以行焉者，亦國粹也。」[100]許之衡還專門寫有《論國粹無阻於歐化》的文章，說明宣揚國粹與學習歐法的關係。

97　飛生：《國魂篇》，《浙江潮》1903年1期。
98　劉師培：《中國美術學變遷論》，《國粹學報》1907年第2號，《左庵外集》卷十二，《遺書》第52冊。
99　劉師培：《中國文字流弊論》，《左庵外集》卷六，《遺書》第46冊。
100　黃節：《國粹保存主義》，《壬寅政藝叢書》，政學篇卷五。

其中指出：「國粹者，一國精神之所寄也，其為學本之歷史，因乎政俗，齊乎人心之所同，而實為立國之根本源泉也，是故國粹存則其國存，國粹亡則其國亡。」[101]國粹是立國的根本。但「國粹者，助歐化而愈新，非敵歐化以自防」[102]。國粹與歐化沒有本質的對立。宣揚國粹是為了更好地吸取和溝通西方文化，吸取西方文化也是為了更好地保存和發揚國粹。許之衡說：如果我們不對自己民族的特性有所瞭解，沒有愛國精神，我們就不可能學習到西方文化的長處，「我不進吾民德，修吾民習，而兢兢於則效，是猶蒙馬之技而畫虎之譏也」[103]。而要使西方文化真正在中國生根，也「必洞察本族之特性，因其勢而利導之，不然勿濟也」[104]。在國粹派看來，數十年來的洋務和歐化，之所以施諸我國，而弊愈滋，主要原因就是沒有對中國民族文化的自身特點有所研究，因而歐化成了無源之水、無本之木。

國粹派進而提出了類文化的概念。關於國粹派文化的類概念。[105]他們從整體意義上，將中西文化分為相互平行和獨具價值的兩大區域文化體系，並在這一基礎上探討二者的關係。章太炎將各國文化分為兩大類型，一種是「儀刑他國者」，一種是「因仍舊貫得之者」。[106]前者模仿他國，根柢淺薄，如日本、日爾曼、緬甸。後者則「能自恢」，如中國、希臘、印度等。各國文化的發展，都因內在機制的差異而構成不同的類型。各國各有其文化，「文化猶各因其舊貫，禮俗

101　許之衡：《論國粹無阻於歐化》，《國粹學報》1905年第7號。
102　許之衡：《論國粹無阻於歐化》，《國粹學報》1905年第7號。
103　許之衡：《論國粹無阻於歐化》，《國粹學報》1905年第7號。
104　飛生：《國魂篇》，《浙江潮》1903年第1期。
105　鄭師渠：《晚清國粹派的文化觀》，載《歷史研究》，1992年第6期。
106　章太炎：《原學》，《國粹學報》1910年第4期。

風紀及語言，互不相入，雖欲大同，無由」。若「盛稱遠西，以為四海同貫，是徒知櫨梨桔柚之同甘，不察其異味，豈不惑哉」。[107]鄧實等人還提出地理環境的差異導致中西文化的差異。正因為地理、人種不同，中西文化有各自的特質：

> 泰西之土地華離，吾國之土地方整；泰西之人種亞利安，吾國之人種巴克：則土地人種不同也。泰西之風俗習躁動，吾國之風俗習安靜，泰西之政教重民權而一神，吾國之政教重君權而多神，則風俗政教不同也。土地人種不同，故學術亦不同；學術不同，故風俗政教亦不同。此相因必然之勢也。[108]

除非能改變中國的地理環境與人種，西方文化是不可能取代中國文化的，「然則欲易吾學以為泰西之學，則必先易吾土地人種以為泰西之土地人種」[109]。正因為中華土地和人種不可能易為西方之土地人種，只有在中國文化的自身特質基礎上才有可能吸取西方文化。國粹派從而指出「不類方更為榮」[110]，中國文化正因為他自身的特質而獨具價值。

國粹派對民族文化世界化的具體認識是：其一，強調破中外之見，實現中西互補。既然中西文化各有特質，人們就不應厚此薄彼，也不能尊己卑人，醉心歐化與故步自封均不可取。真正的愛國者，

107　章太炎：《春秋平議》，《國粹學報》1910年第3期。
108　鄧實：《雞鳴風雨樓獨立書‧學術獨立》，《政藝通報》1903年第24號。
109　鄧實：《雞鳴風雨樓獨立書‧學術獨立》，《政藝通報》1903年第24號。
110　章太炎：《原學》，《國粹學報》1910年第6期。

「不輕自譽，亦不輕自毀」。對於中國文化，「不可一概菲薄」，當「拾其精華，棄其糟粕」，思有以發明光大；對於西方文化，「不可一概拒絕，當思開戶以歡迎之」。[111]中西文化存在互補性：「吾國之文明，屬於道德上而為精神的文明者，是稱完全；其屬於藝術上而為物質的文明者，甚形缺乏；則以我之精神而用彼之物質，合爐同冶，以造成一特色之文明，而成一特色之國家，豈不甚懿？」[112]而西方雖稱強盛，卻貧富不均，暴露出其物質文明的窘境。中國歷來「明道德、陳仁義、誅強暴、惡兼併、斥壟斷、賤封殖」[113]的文化特質，也足為西人所借鑑。

其二，強調以民族文化為主體，對西方文化進行積極的整合。文化的民族性決定了中西文化都不可能照搬和模仿對方。只有在文化的民族性基礎上，取他人之長以為我用，才能正確發展民族文化。黃節說：

夫有特別之精神，則此國家與彼國家，其土地人民宗教政治與風俗氣質習慣相交通相調和，則必有宜於此而不宜於彼、宜於彼而不宜於此者。知其宜而交通調和之，知其不宜則宗其所自有之宜，以求其所未有之宜而保存之，如是乃可以成一特別精神之國家。[114]

就中國民族而言，如潘博所說：

111　高旭：《學術沿革之概論》，《醒獅》1905年第1期。
112　鄧實：《東西洋二大文明》，《壬寅政藝叢書》政學文編卷五。
113　汪德淵：《救亡決論》，《政藝通報》1907年第23號。
114　黃節：《國粹保存主義》，《壬寅政藝叢書》，政學篇卷五。

夫吾中國開化最早，持其學以與外域較，其間或短或長，得失則
有之矣，而豈謂盡在淘汰之列耶？[115]

所以要發展中國民族文化，必須「酌本邦之國體、民情為根據而
立論」[116]，必須借中國民族文化獨立之精神，對西方文化進行整合。

劉師培和其他國粹論者在中國近代文化發展中的地位是他們揭示
了考察中國文化發展方向的新思路。自鴉片戰爭以來，進步知識份子
推原中國落後挨打的原因，首先感到物質器械不如人，因而有洋務運
動，繼而感到社會制度不如人，因而有戊戌維新，其價值標準始終是
以西方為核心。而劉師培與國粹派則提出應該考慮中國歷史文化的特
點。正如鄭師渠所言：

文化是一種複雜的現象。各民族文化發展雖有先進與落後之別，
但就其自身所形成的特質或賴以整合的模式、機制而言，卻具有同等
的價值。這決定了在文化比較中，從縱向上考察其在進化程度上的差
異，與從橫向上考察各自的特質具有同樣的價值，兩者相輔相成。前
者有助於發現差距，取長補短；後者有助於在互相尊重的基礎上，使
文化交流更具成效。但人們自覺到這一點，卻非易事。勇於從縱向上
肯定中國文化在時代上滯後，並主張學習西方文化的人們，代表了民
族的覺醒和文化進步的方向，但他們中的一些人往往易於傾向民族虛
無主義；反之，能從橫向上體認文化民族性，因而主張積極的文化融

115　潘博：《國粹學報敘》，《國粹學報》1905年第1號。
116　黃節：《國粹保存主義》，《壬寅政藝叢書》，政學篇卷五。

合的人們，反映了民族自信力和文化識見的深沉，但忽略縱向的反思，表現出保守的文化自足情緒，從而淡化了批判精神與進取意識。在近代，有許多志士仁人在文化識見上往往都有此種偏頗，而難得將二者有機結合起來。……國粹派的中西文化觀，應當看成是時人調整趨向後，在文化反思中獲致的積極成果。……它不僅開拓了時人的思維空間，而且實際上也成了「五四」前後愴父及東方文化派中西文化觀的先導。[117]

戊戌維新失敗之後，許多人在深入思索這樣一場政治運動遭到挫折的原因。這些人不能不產生這樣一個疑惑：慈禧太后等腐朽勢力恐懼變法引起政治權力的混亂，從而對維新加以扼殺，固然是維新失敗的一個重要原因，但這樣一場向西方學習，旨在求得中國的獨立和富強的政治運動，為什麼得不到大多數知識份子和平民的支援？為什麼新政只有湖南一地比較認真地推行？曾經積極支持變法運動、宣傳變法思想的夏曾佑認為：「變法之說發端於甲午，實行於戊戌，然皆變法而不見變法之效，非變法之無效也。」變法失敗並不意味著不應該向西方文化學習。變法失敗主要因為沒有以中國歷史的國情為根據。變法「失之紊，彼此不相顧，前後不相應，徒使天下陳力就列者，目眩亂於國家之無常，職業之不可保，而不能知其命意所在。故八月而政變，政變而新政熄」。他認為要真正進行變法，就必須對「法之性質，變之方法，皆不可不研究之矣」。在他看來，「凡合一群之人同立一國，其國中必有要質數端」。如國家的地形及國民的生計、風

117　鄭師渠：《晚清國粹派的文化觀》，《歷史研究》，1992年第6期，第91頁。

俗、宗教、政治等，這五種要質，「甲可生乙丙丁戊，乙亦可生丙丁戊甲，如迴圈之無端，如帝綱之無盡，無一定母子賓主之可言」，其間的演變是異常複雜的。就總的方面來說，他認為四者為因，政治為果。四者之歷史，國與國不同，政治之條理，亦有國與國之區別。要變法，就應該抓住本國的政治特點，不然，「立不合於歷史之政治」，則其統治下的人民「不能一日安」，政治本身「亦無有不歸漸滅」。「凡其能行之而不廢，循焉而有效者」都必須「推本於歷史」，「致治之密合於歷史」。[118]從變法的現實需要出發，夏曾佑自1903年起，在《新民叢報》連續發表了四篇《中國社會之原》，推原中國的宗教學術思想和政治制度。

在這種狀況下，像劉師培這樣具有很深傳統經學修養的革命知識份子，自然能夠運用他們的長處，從歷史文化中探究中國文化的前途，並形成與此前保守派、頑固派完全不同的理論體系。

國粹派文化思想可以說是江浙一帶革命知識份子對於近代文化發展方向的理論探索。它團結了一大批知識份子，這些知識份子又多守乾嘉樸學的傳統治學方法，具有精深的經史文化素養，與戊戌維新時期的今文派經學陣營的知識份子有明顯的區別。它的出現和體系化表明，在近代風雲的激蕩下，那些樸學大師及其後代，也開始探索社會現實問題，在預計中國社會的發展方向方面做出了自己的理論貢獻。

國粹派的主流服從民族民主革命的目標，國粹主義者們都肯定古學中包含著應當加以繼承的中國文化的精粹，這是正確的。但因此認

118　夏曾佑：《論變法必以歷史為根本》。

定中國文化本身可以導啟西方近代文明體系，中國民族更為充沛的生命活力存在于古學之中，這就有認識上的誤區，不可避免地產生以下消極偏向。一、古學容易被引伸為一個自足的系統。如《國粹學報發刊辭》所說：「士生今日，不能借西學證明中學，而徒炫皙種之長，是猶有良田而不知辟，徒咎年凶；有甘泉而不知疏，徒虞山竭，有是理哉？」[119]中學猶良田，只須勤耕耘，本不匱乏。這極容易助長人們的崇古情緒，容易導致對近代西方文明的規律的漠視，也容易導致對中國文化現實發展問題的客觀研究的忽視。二、視古學為中國民族文化復興的不二法門，從而淡化了參與現實革命鬥爭的自覺與激情，也就很難從現實革命的具體任務和手段的角度去研究革命的方針與策略。

119　劉師培：《國粹學報發刊辭》，《國粹學報》1905年第1期。

第二章

鋌而走險的叛徒

3.1　東渡日本與宣傳無政府主義

　　1907年春，劉師培應章太炎之邀，與其妻何震以及何震之表弟汪公權一起赴日本，劉師培任《民報》編輯。

　　當時的日本社會黨產生分裂，無政府主義具有很大市場。主張以工人直接行動並認為總同盟罷工、暗殺是革命的唯一途徑的「硬派」代表幸德秋水、堺利彥、山川均、大杉榮等組織了社會主義金曜（星期五）講演會。在東京的革命知識份子如章太炎等很受其影響。在1907年3月以前，《民報》就不斷介紹宣傳日本無政府主義的翻譯和著作。孫中山對此儘管不贊成，但也並未加以阻止，有時甚至把它作為社會主義流派的一種。他曾說：「無政府論之理想至為高超純潔，有類於烏托邦，但可望而不可即，頗似世上『說部』所談之神仙世界。吾人對於神仙，既不贊成，亦不反對。故即以神仙視之可矣。」

　　但劉師培則對無政府主義表現出濃厚興趣。1907年6月初，他通過其妻何震，以女子復權會的名義辦起了《天義報》，6月10日創刊，每月兩期。刊登在《復報》1907年第10期的《天義報啟》曾詳細述說辦報原因和宗旨，其中說：

　　自民族主義明，然後受制於異族者，人人均以為辱；自民約之論昌，然後受制于暴君者，人人均引為恥；自社會主義明，然後受制于富民者，人人均以為羞。由是種族革命、政治革命、經濟革命，遂為人民天賦之權。……顧今之論者所言之革命，僅以經濟革命為止，不知世界固有之階級，以男女階級為嚴。……居今日之中國，非男女革

命與種族、政治、經濟諸革命並行，亦不得合於真公。

所以創辦《天義報》的目的就是要補充以往言革命之不足，「以破壞固有之社會，實行人類之平等為宗旨，於提倡女界革命外，兼提倡種族、政治、經濟諸革命」，創此《天義報》。「每冊以二十頁為限，首圖畫、次社說、次學理、次時評、次譯叢、次來稿、次雜記，均以醒世齊民為主。」[1]1908年4月《天義報》被迫停刊之後，劉師培又出版《衡報》，繼續闡發《天義報》宗旨。

《天義報》和《衡報》對西方無政府主義理論的介紹涉及到了蒲魯東、巴枯寧、斯蒂納、克魯泡特金、托爾斯泰各家。署名申叔所譯的有《天義報》第15期的《克魯泡特金學術述略》、第16—19合期的《未來社會之生產及手段》、《麵包掠奪》等。劉師培認為克魯泡特金之學說，於無政府主義最為圓滿。

無政府主義（又譯作安那其主義）來源於古希臘文anarchia，原意是「無權力、無秩序的狀態」。它作為一種社會思想派別，產生於19世紀中葉的歐洲。19世紀末一度在歐洲工人運動中盛行，並在20世紀初流傳到日本。1792年英國人葛德文（Godwin，1756年—1836年）發表《政治上的公正》，提出國家是禍害。1845年德國人施蒂納（Stirnen，1806年—1856年）發表《唯一者及財產》，說「沒有任何東西在我之上」，鼓吹利己主義的無政府主義。1848年法國人蒲魯東（Proudhon，1809年—1856年）開始系統地敘述他的無政府主義主

1　《天義報啟》，《複報》1907年7月第10期，《辛亥革命前十年間時論選集》第二卷下冊。

張，並第一次使用「無政府主義」之詞。他提出「打倒政黨，打倒政權，要求人和公民的充分自由」，反對一切權威，反對任何形式的「統治與順從」。他認為私有制違反了平等，共產主義違反了獨立，他要追求「自由」的社會。蒲魯東被史達林稱為「無政府主義者的始祖」。蒲魯東之後，在歐洲的無政府主義者分為兩派，一派是施蒂納、蒲魯東的繼承者所宣揚的個人無政府主義。一派是俄國人巴枯寧（Bakame，1814年—1876年）和克魯泡特金（Kropotnine，1842年—1921年）所宣揚的無政府共產主義。巴枯寧認為全部人類歷史是由動物狀態進化到人性狀態的歷史，任何權威都是反人性的。只有消滅國家才會實現各階級的平等。恩格斯曾將他的學說歸結為一個公式：「權威＝國家＝絕對的禍害。」[2]在經濟上，巴枯寧主張實行「集產制」，將一切財產歸於各種絕對自由的組合中。克魯泡特金的代表作是《麵包的征服》（或譯《麵包掠奪》）、《互助論》（或譯《互助》）等。他認為：人類有相互扶助的本能，任何國家、任何法律都是少數人違反多數人意志的表現，都是不合理的。他主張消滅一切國家，甚至消滅貨幣。

劉師培對克魯泡特金的無政府共產主義作了全面介紹。他將其學說概括為「互相扶助說」與「無中心說」。[3]並認為「互相扶助說」，「仰觀太空、俯察物眾，近取諸身、遠取諸物」，是「持之有故」的。[4]他還對克魯泡特金和托爾斯泰的無政府主義發表了以下見解：「處現今有政府之世，階級社會，利用物質之文明，以掠奪平民之權利，則文

2　　恩格斯：《致泰・庫諾》，《馬克思恩格斯選集》第4卷，第40頁。
3　　劉師培：《克魯泡特金學術述略》，《天義報》第11、12合卷。
4　　齊民社同人譯：《無政府主義哲理同理想・編者按》，《天義報》第16—19合卷。

明適為害民之具，不若用杜氏（托爾斯泰）之說。然政府及社會果能廢滅，則文明當力求進步……民性惟便利是趨，未有舍積極而求消極者。故杜氏之說，用之有政府之世，足以利民；克氏（克魯泡特金）之說，用之無政府之世，足以便民。」他認為托爾斯泰主張中國回到農業社會的自由狀態對於反抗現代政府有作用。但在無政府秩序建立起來後，還是要發展生產，建設物質文明，那時就需要克魯泡特金的互助學說。至於施蒂納的個人無政府主義，則只有「異日物質文明倍為進步，或一切事物可以自為自用，則斯氏之說或有實行之一日」[5]。

劉師培還對無政府理論有所創新和發揮。

劉師培於1907年6月25日在《天義報》第二期發表《廢兵廢財論》。其中認為「圖利」是產生社會不平等的根本原因。圖利的結果使強者必貴、貴者必富、富者必智、弱者必賤、賤者必貧、貧者必愚，而階級制度，遂一變不可複變。維持階級制度的支柱是「兵」與「財」。有兵而後人人受制，有財而後人人受役。故欲弭爭端而破階級，莫若廢兵廢財。「然欲行此法，必顛覆政府，破壞國界，土地財產均為公有，人人作工，人人勞動，于民生日用之物，合眾人之力以為之，即為眾人所公用。」[6]他認為由於中國自三代以來就有弭兵抑商的傳統，此說推行，當先施之於中國。如果猶執功利之言，侈談富強之術，以媚殺人劫財之大盜，則他將視之為公理之仇。

5　劉師培：《克魯泡特金學術述略》，《天義報》第11、12合卷。
6　劉師培：《廢兵廢財論》，《天義報》1907年第2期，《辛亥革命前十年間時論選集》第二卷下冊。

7月10日，劉師培在《天義報》第三期發表《人類均力說》：「今之言共產主義者，欲掃蕩權力，不設政府，以田地為公共之物，以資本為社會之公產，使人人作工，人人勞動。夫人人勞動，固屬平等，然同一作工，而有難易苦樂之不同。」[7]他提出人類均力說以解決問題。其辦法是以一人而兼眾藝。人口達六千以上者區劃為鄉，每鄉之中均設老幼棲息所。人民自初生以後，無論男女，均入棲息所，老者年逾五十，亦入棲息所，以養育稚子為職務。青少年六歲始學文字，十歲至二十歲十年間，一邊學普通科學（如地理、歷史、數學、理科、圖畫、音樂諸學），一邊學習製造器械。二十歲後即出而作工，按工作表依年從事不同職業：

二十一	二十二	二十三至二十六	二十七至三十	三十一至三十六	三十七至四十	四十一至四十五	四十六至五十	五十以後
築路	開礦伐木	築室	製造鐵器陶器及雜物	紡織及制衣	蒸飪	運輸貨物	為工技師及醫師	入棲息所任養育兒童及教育事
業農	業農	業農	業農	業農				

　　他認為依據此法，則苦樂適均，而用物不擔心缺乏。處於社會，則人人為平等之人。離於社會，則人人為獨立之人。權利相等，義務相均。

　　7月25日、8月10日、9月15日出版的《天義報》第四、五、七期

7　劉師培：《人類均力說》，《天義報》1907年第3期，《辛亥革命前十年間時論選集》第二卷下冊。

又載有劉師培《無政府主義之平等觀》。他認為人類有三大權：一曰平等權，二曰獨立權，三曰自由權。在三大權之中，獨立、自由二權以個人為本位，而平等之權必合人類全體而後見。所以為人類全體謀幸福，當以平等之權為尤重。目前不平等現象有階級不平等，職業不平等，男女不平等，民族不平等。欲徹底打破上述不平等，就必須「甲、廢滅國家，不設政府；乙、破除國界、種界；丙、不論男女，及若何之年，即服若何之工役，遞次而遷，實行人類均力之說，以齊人類之苦樂；丁、實行男女上絕對之平等」。具體辦法是：

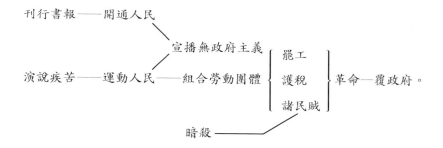

這樣，人類完全之幸福就可達到。8

　　1907年8月31日，社會主義講習會第一次大會於日本東京牛込赤城元町清風亭開幕，到會者九十餘人。劉師培宣佈開會宗旨。他說無政府主義於學理最為圓滿。由於中國政治主放任而不主干涉，故世界無政府，以中國為最易。排滿應服從無政府主義目標。以無政府主義為號召，比單純排滿要有三種好處：第一，僅言民族主義，則必貴己族而賤他族，易流為民族帝國主義。若言無政府，則今日之排滿，在

8　　劉師培：《無政府主義之平等觀》，《辛亥革命前十年間時論選集》第二卷下冊。

於排滿人之特權，而不在於伸漢族之特權。第二，僅言民族革命，則革命之後，仍有欲得特權之希望，則革命亦出於私。若言無政府，則革命以後，無絲毫權利之可圖，於此而猶思革命，則革命出於真誠。第三，今之言排滿革命者，僅系學生及會黨；若言無政府，必以勞動組合為權輿，使全國之農工，都來參加革命。無政府主義比種族革命更高級。在補充發言中，劉師培明確指出：「以今日之人心，無一非崇拜強權，無論滿洲立憲、無論排滿以後另立新政府，勢必舉歐美日本之偽文明推行於中國……而中國人民愈無自由，愈無幸福，較之今日，尤為苦困。故吾輩之意，惟欲於滿洲政府顛覆後，即行無政府，決不欲於排滿以後，另立新政府也。」[9]

綜觀劉師培這一時期的無政府主義宣傳，可以看出劉師培理想的社會是無政府社會。他曾從歷史、心理、科學、宗教等各方面證明無政府主義是客觀真理。他說：昔人以太陽為世界中心，今科學則倡空間無中心。空間既無中心，人類自不能妄指政府為中心。在無政府狀態中，既沒有國家，也沒有畛域，生產資料和一切社會財富均為共有。人們按年齡來改變職業，青壯年從事體力要求很高的職業，年齡漸長，從事的職業技術要求就愈高。五十歲以後入棲息所做教師。人人如此，無一例外。男女絕對平等，家庭觀念也幾乎沒有。總之，只有無政府主義才是最高尚、最值得為之奮鬥的理想。

9　公權：《社會主義講習會第一次開會記事》，《天義報》1907年第6期，9月1日出版，《辛亥革命前十年間時論選集》第二卷下冊。

3.2 劉師培民族民主革命思想的蛻變

無政府主義思想，從積極方面而言，使劉師培對於早期民族民主革命思想有了更高的認識，使他能夠糾正早期革命思想中的一些侷限。

其一，他認識到排滿革命具有大漢族主義的傾向。劉師培早期鼓吹排滿革命，大多從種族概念入手。因而他辨析經史中的夷夏觀念，信仰漢民族文化的優越地位，認為反對滿族，爭得漢族的統治權就可改變中國現狀和命運。但經過無政府主義平等、自由理論的洗禮，劉師培認識到，「僅言民族主義，則必貴己族而賤他族，易流為民族帝國主義」。如果僅講種族差別，就容易使排滿口號成為對滿族人民的歧視。同時，大漢族主義觀點的蔓延，也不可能使回民、苗民以及其他少數民族團結起來，共同反抗清貴族。劉師培認為，民族革命對於清政府，應該主要是反對其民族特權，使各民族獲得真正的平等。

其二，無政府主義還使劉師培認識到民族革命必須堅決反對帝國主義。他認為「今日歐美各國政府及商民勢力日增而人民日趨於貧苦，則帝國主義盛行之故也」[10]。帝國主義不但在國內奴役人民，而且還「吸收他境之財源，盜為己有」，使世界成為「戕殺之世界」。[11]劉師培說：「夫昔日羅馬待遇藩屬，均與以自治之權，即蒙古回民，征服他國，慘酷無人理，然未嘗盡遏其生機，未嘗如白人之失德者。」[12]所以要革命就必須堅決反對帝國主義。

10　劉師培：《亞洲現勢論》，《天義報》第11、12合卷。
11　劉師培：《無政府主義之平等觀》，《天義報》第5卷。
12　劉師培：《無政府主義之平等觀》，《天義報》第5卷。

劉師培積極參加了1907年4月的「亞洲和親會」的組織活動。亞洲和親會是流亡在日本的亞洲各被壓迫民族的愛國志士們的第一個統一的反帝聯合組織。參加者有中國、印度、安南（越南）、緬甸、菲律賓、馬來亞、朝鮮、日本等國志士。中國入會者有章太炎、張繼、劉師培、何震、蘇曼殊、陳獨秀、呂複、羅象陶、陶冶公等數十人。據章太炎所起草的《亞洲和親會約章》，亞洲和親會的宗旨「在反抗帝國主義，期使亞洲已失主權之民族，各得獨立」。會員為「凡亞洲人，除主張侵略主義者，無論民族主義、共和主義、社會主義、無政府主義，皆得入會」。它把亞洲諸國被壓迫人民「互相扶助，使各得獨立自由」，列為會員的主要義務。強調「若一國有革命事，餘國同會者應互相扶助」。[13]它指出了團結反帝、反對殖民主義是爭取亞洲民族獨立的重要一環。劉師培同意和親會的上述宗旨。

其三，無政府主義理論還使劉師培認識到革命必須調動工人和農民的積極性。他從歐美資產階級革命所依靠力量的單薄中認識到：只有少數人參加的革命不可能將社會問題予以全面解決，出於多數平民的革命乃是「根本之革命」。[14]為了發動勞民進行革命，劉師培號召「于全國民生之疾苦，意行調查」。他寫有《悲佃篇》刊登在《民報》1907年第15期，對歷代佃農所遭受的壓迫剝削情況進行研究，提出欲實行土地共有，必自農人革命始。除農民革命之外，劉師培還主張組織勞民協會，使城市勞動者特別是工人、手工業者、小商小販、城市其他勞動者，包括一部分商人聯合起來。他提倡總同盟罷工，對德

13　參見湯志鈞：《章太炎年譜長篇》第243—244頁。
14　何震、劉師培：《論種族革命與無政府革命之得失》，《天義報》1907年第6、7期。

國無政府主義者羅列宣揚的總同盟罷工主張極為欣賞，指出，「倘羅氏之策推行禹域，閭閻驛騷，紜者羹沸，則握政之人，喪其所依，即以甲兵相耀，其資料履扉之供，亦匱莫複繼」[15]，現有政府勢必陷入癱瘓。

劉師培甚至對馬克思恩格斯的階級鬥爭學說也深表贊同。在《歐洲社會主義與無政府主義異同考》一文中，他把馬克思作為社會主義的重要代表。他說：「有以科學為根據者，則始於猶太人，一為瑪律克斯，一為拉薩爾。」[16]《天義》第8—10合卷上的「新刊豫告」內曾將《共產黨宣言》列入。第十五卷「學理」欄刊載了民鳴譯的《〈共產黨宣言〉英文版序言》。劉師培在編者按中說：「按《共產黨宣言》發明階級鬥爭說，最有裨於歷史。此序言所言，亦可考究當時思想之變遷。欲研究社會主義發達之歷史者，均當以此入門。」在《天義》第16—19四冊合刊上，刊登了《共產黨宣言》第一章《資產者與無產者》的譯文，劉師培寫了一篇序，其中說：

觀此宣言所敘述，於歐洲社會變遷，纖悉靡遺，而其要歸則在萬國勞民團結以行階級鬥爭，固不易之說也。惟彼之所謂共產者，系民主制之共產，非無政府之共產也。故共產主義漸融於集產主義中，則以既認國家之組織，致財產支配不得不歸之中心也。由是共產之良法美意，亦漸變其真，此馬氏學說之弊也。若此宣言，則中所引罔不足以備參考。欲明歐洲資本制之發達，不可不研究斯編。複以古今社會

15　劉師培：《總同盟罷工論序》，《天義報》1907年第8—10合卷。
16　劉師培：《歐洲社會主義與無政府主義異同考》，《天義報》1907年第6卷。

變更，均由階級之相競，則對於史學發明之功甚巨，討論史編亦不得不奉為圭臬。此則民鳴君譯斯編之旨也。[17]

劉師培不同意馬克思的共產主義財產分配學說，但卻十分推崇馬克思的階級鬥爭說。他甚至試圖用階級鬥爭學說來說明「排滿」革命，說：「排滿主義，不必以種族革命為目標，謂之階級鬥爭之革命可也。」理由是「滿人所居之地位」與「田主資本家相同，而多數漢民均處勞動地位也」。「故欲實行經濟界之平等，以興社會大革命，則抵抗旗人之法，與抵抗田主資本家之法大約相同。若謂排滿主義僅由種界及政治而生，與經濟問題無涉，此則大謬不然矣。」[18]劉師培認識到了當時中國革命的複雜性，他試圖以階級鬥爭學說來說明問題。但他並沒有去深入鑽研馬克思主義理論，從而也不可能真正將中國革命的任務解釋清楚。

但無政府主義理論也使劉師培早期民族民主革命思想產生了蛻變：

一、宣傳無政府革命優於民族民主革命。比如民族革命，劉師培就認為有三種謬誤。一曰學術之謬。「如華夏之防，種姓之說，雖系中國固有之思想，然貴己族以賤他族，不欲與彼雜居，系沿宗法時代之遺風。」[19]劉師培早年注意從傳統夷夏之辨的觀念闡發民族革命思想，而此時，他更加注意夷夏之辨的落後性，認為它是一種不正確的

17　劉師培：《共產黨宣言》序，《天義報》第16—19合卷。
18　劉師培：《社會革命與排滿》，《衡報》第3號。
19　何震、劉師培：《論種族革命與無政府革命之得失》，《天義報》1907年第6、7期。

種族思想。二曰心術之謬。他說：「今之倡言革命，有一謬論，謂排滿以後，無論專制立憲，均可甘心……惟革命黨人，多抱此想，故於革命之後，希冀代滿人握政權，非惟私設總理之名已也。黠者具帝王思想，卑者冀為開國元勳，複以革命後之利益，熒惑無識之徒。」[20]在劉師培看來，只講民族革命而不考慮無政府革命，說明革命者有不光彩的個人目的，是用光復之名以攫重利。只有無政府革命在革命後不設政府，人人知革命無絲毫權利可圖，而猶能行革命，乃為真革命。三曰政策之謬。用民族革命喚取民眾，受影響的不過少數人，革命成功的希望小，以無政府革命號召民眾，大多數人將為將來的幸福而奮鬥，革命成功的希望大。

至於民主革命，在劉師培看來無非是「以暴易暴」。所以，劉師培認為：「無政府革命凡種族革命之利無不具，且盡去種族革命之害。況實行無政府，則種族、政治、經濟諸革命均該於其中。若徒言種族革命決不足以該革命之全。此無政府革命優於種族革命者也。」並說：「吾人所昌言者，則在於滿洲政府顛覆後，即不復設立政府。欲保滿洲君統固不足道，即於排滿洲以後另立政府亦有以暴易暴之虞，曷若利用中國固有之政俗，採用西歐最圓滿之學理，以實行無政府之制乎！」[21]

劉師培對民族民主革命口號的否定，並不合於中國當時的形勢。中國當時正在遭受帝國主義的侵略，而腐朽的清朝政府已經成為帝國

20　何震、劉師培：《論種族革命與無政府革命之得失》，《天義報》1907年第6、7期。

21　何震、劉師培：《論種族革命與無政府革命之得失》，《天義報》1907年第6、7期。

主義的走狗。只有首先爭取民族的獨立和國家的富強，才能使中國免於被瓜分和滅亡。而民族民主革命的口號乃是最具有號召力的旗幟。劉師培在民族危機的嚴重關頭，宣傳無政府、無種族、無國界，背離了當時革命的主題。

二、他批評了民族民主革命的目標。劉師培說，今天持民族民主革命者大多信仰歐美日本政治，希望在革命成功後仿行其法。試即以歐美日本之政治言之，主要有四個方面：一曰以法治國，二曰建立議院，三曰振興實業，四曰廣設陸軍。劉師培對此一一加以批駁。他說：「專制之國以君主之命令為法律。而立憲共和之國，則法律定於議院之中，而議院之議員，不為貴族，即為資本家，故所訂法律，名曰公平，實則貴族資本家咸受法律之保護，而平民則受法律之蹂躪。」如西方國家，工人罷工有罪，而資本家解雇工人可以自由。「至於議會一端，其弊尤甚。……總統之選舉，內閣大臣之任用，均由賄賂之公行。議員亦然，凡欲充議員之選者，必以資財運動。……則國會之制，較之中國之賣官鬻爵，豈有殊哉！」「若夫振興實業，名曰富國，然富民愈眾，全國之民悉陷於困窮之境，則實業之結果不過為朘削貧民計耳。」此外，「廣設陸軍，名曰自強，然軍備愈增，多數之民悉瀕於危險之境，則陸軍之結果，不過為鎮壓民黨及戕賊弱種計耳」。劉師培的結論是：「蓋西人物質文明均宜效法，惟宜用之於無政府之世。若處有政府之世，為人民幸福計，則有不若無。至於西人之政治，一無可采。故吾人之意，惟望中國革命之後，即行無政府，決不望於革命以後另立新政府，以採用歐美日本偽文明。」[22]

22　何震、劉師培：《論種族革命與無政府革命之得失》，《天義報》1907年第6、7

三、他批評了民生主義的主張。民生主義是孫中山提出的革命綱領之一。孫中山針對當時歐美各國資本主義充分發展，社會矛盾日益尖銳的社會現象，提出解決土地問題以避免歐美各國社會革命。其主要辦法是平均地權，以核定地價的方式有償地將土地收歸國有。劉師培則認為：「土地、財產國有之說，名曰均財，實則易為政府所利用。觀于漢武、王莽之所為，則今之欲設政府，又以平均地權愚民者，均漢武、王莽之流也。」[23]他反對土地國有之說，反對政府幹預經濟活動。

無政府主義思想一方面使劉師培認識到了當時中國革命的深刻性，認識到中國革命是民族、政治、經濟乃至倫理思想的全面變革，使他從國粹思想限制中暫時超脫出來，看到了未來社會與現實社會和傳統社會的巨大差異，另一方面也使劉師培對當時民族民主革命的現實手段和現實目標產生錯誤認識，他試圖跳過改造社會現實的必經階段，而一步達到他所理想的社會狀態，空談廢除私有財產，打倒一切強權、消滅階級、實現人人平等。這種思想模糊了他對民族民主革命的認識，也不利於他積極探索正確的民族民主革命方略。

劉師培在政治文化諸方面表現出對封建制度的誤解和迷戀。他甚至認為中國傳統政治和文化思想有著深刻的無政府主義因素。中國最容易實現無政府主義。

其一，從政治制度上說，中國數千年之政治偏於放任，視人治為

　　期，《辛亥革命前十年間時論選集》第二卷下冊。
23　劉師培：《西漢社會主義學發達考》，《天義報》第5卷。

甚輕。「中國自秦代以後，惟西漢酷吏之治民，東漢朝廷之察吏，稍存開明專制之風。自東漢末年，以迄於今，悉為放任之時代。雖明永樂，清之雍、乾，克以一己之威力，專制全國，然法律之所及，僅臣僚及士子耳。而對於多數之民，其放任自若也。」[24]在中國古代社會，君主以不明察為治，大臣亦以不明察為治。而法律不過虛文，官吏僅同虛設，人民之於官吏，無依賴之心。官吏之於朝廷，以虛誣相飾。致舉國之中，無一有權之人，亦無一奉法之人。劉師培說：「謬者不察，妄謂中國政府不負責任，為極端腐敗之政府，不知中國人民正利用其政府之腐敗，以稍脫人治之範圍，而保其無形之自由。」[25]這樣高度地評述中國古代政治制度，等於將民主革命以推翻封建君主專制的目標否定無遺，也顯然不符合中國古代政治的實際情況。

其二，從階級分別上說，中國古代早就消滅了貴族。「若中國去封建時代已數千年，為之民者，習於放任政治，以保無形之自由，貴族之制既除，富民之威未振，舍君主官吏專制外，貴賤貧富，治以同一之法律，其制本屬差公。」[26]劉師培認為在周末封建崩潰之後，中國等級制度就不十分嚴格。比起西方貧富懸殊，中國古代顯得更加平等。這顯然也不符合中國古代歷史。

其三，從學術文化上說，中國歷來就有重農抑商的傳統。自三代至秦漢，學術思想都是「以弭兵抑商為宗」，「雜霸之談，商賈之行，

24　何震、劉師培：《論種族革命與無政府革命之得失》，《天義報》1907年第6、7期。
25　何震、劉師培：《論種族革命與無政府革命之得失》，《天義報》1907年第6、7期。
26　劉師培：《論新政為病民之根》，《天義報》第8—10卷。

為學士所羞稱」。中國古代學術思想反對商業和戰爭，推尊自給自足的農業，其宗旨「迴勝於今」。[27]而且中國自三代以後，皆篤信孔子性善之說，輕政刑而重德禮，故漢代以下之儒，多醉心刑措之風，以為用德教化民，則民德自進。此種思想，「較之白人視政法為神聖者，固不同矣」。況中國自古迄今，多遁世之民，春秋戰國有陳仲無親戚君臣上下，三國時期有郭泰、管寧，天子不能臣，諸侯不能友，魏晉時期，嵇康、阮籍、劉伶之徒，雖身列朝籍，亦以放誕為高，置身禮法之外，還有古代僧徒，亦不守國法，不為帝王所屈。與歐美教授受國家保護者不同。總之，古代學術文化思想也滲透著反政治的個人無政府主義傾向。

既然中國古代社會有種種優點，邏輯的結論也就成為中國古代制度反而比西方資本主義制度要優越。劉師培轉而認為一切改革都是病民之根。比如廢科舉、興學堂，劉師培指出：「夫學堂善於科舉，夫人而知，然按其實際，則學堂之制，便於紳士富民，貧民鮮蒙其益，遠不若科舉之公。」[28]因為科舉之制，制文至為淺陋，雖貧亦可自修，學費豐絀，不用考慮，及僥倖獲選，就貧富同升。而學堂則莫不索費，故享學校出身之榮者，均富民子弟。結果將使富者日智，貧者日愚。又如實業。「昔之中國之貧民，多自由營業，以自食其力，男耕女織，持以易食。為工人者有作息自由之權。為小商者，賃屋市廛，以售其貨，均無困乏之虞。今也實業漸興，工廠日增，給使貧民，以供己役。」而貧民更加貧困。「況實業既興，佐以資者，均悉

27　劉師培：《廢兵廢財論》，《天義報》第2卷。
28　劉師培：《論新政為病民之根》，《天義報》1907年第8—10期合卷。

富民，凡民生日用之物，其生產機關，握於少數富民之手，壟斷市利，致小民自營之業，多被兼併。」將來的結果是捨資本家而外，殆無一而非勞動之民。其他如以法治國說、地方自衛說等等，都是擾民之說。故「所謂新政者，是為利民之具耶！抑為害民之具耶！毋以所利者在於少數人民，而所害則在於多數人民乎？」[29]在劉師培看來，「今日欲為人民謀幸福，舍實行無政府制度外，別無改造世界之方。……若處政府擅權之國，而欲變法維新，舉國憲政，曾不若專制之為良。蓋維新之害，固較守舊為尤甚也」[30]。劉師培宣傳了一通無政府主義之後，復古思想逐漸抬頭，對中國古代社會和學術文化的認識反而不如早期正確，找不著評價古代社會與學術文化的真正標準。

無政府主義思潮在20世紀中國的出現反映了小生產者的要求。中國半殖民地半封建社會是一個小生產者有如汪洋大海的社會。「這些人數眾多的城鄉小生產者，在帝國主義和封建勢力的壓迫下，迅速地陷於破產或半破產的悲慘境地。他們對帝國主義和封建勢力的專制和強權懷著強烈的仇恨，渴望有一天將它們掃除乾淨。而小生產者的地位又使他們不可能凝聚成為一股巨大的集體力量，而是渴求和夢想獲得絕對自由。這一切，都因他們瀕於破產的境遇而發展到狂熱的極端的地步。……（但）他們所鼓吹的絕對的個人平等和自由，要求掃蕩一切權力，取消一切政府等等，不僅是無法付諸實行的空想，而且還起著敗壞和渙散集體意志的消極作用。」無政府主義在中國近代史上的功勞是：「他們最先在中國人自己的論著中要求人們把注意力集中

---

29   劉師培：《論新政為病民之根》，《天義報》1907年第8—10期合卷。
30   劉師培：《論新政為病民之根》，《天義報》1907年第8—10期合卷。

到社會問題上來，鼓吹工人農民才是社會的主人，主張土地財產均歸公有，人人作工人人勞動。」[31]

3.3　國粹主義文化思路的動搖

劉師培熱衷於宣傳無政府主義，與當時國粹派文化觀點的變化有很大關係。

1906年6月，章太炎出獄，孫中山派人迎接他到日本主辦《民報》。7月15日，在東京留學生歡迎會上，章太炎發表演說，認為「近日辦事的方法」，最緊要的是：第一，用宗教發起信心，增進國民的道德。第二，用國粹激動種性，增進愛國的熱腸。其中說到國粹：

> 為甚提倡國粹？不是要人尊信孔教，只是要人愛惜我們漢族的歷史。這個歷史，是就廣義說的，其中可以分為三項：一是語言文字，二是典章制度，三是人物事蹟。[32]

8月，他在東京成立國學講習會。《民報》第7號載有《國學講習會序》，其中說：

> 吾聞處競爭之世，徒恃國學固不足立國矣，而吾未聞國學不興而國能自立者也。吾聞有國亡而國學不亡者矣，而吾未聞國學先亡而國

31　金沖及、胡繩武：《辛亥革命史稿》第2卷，上海：上海人民出版社，1985年版，第259—260頁。
32　章太炎：《東京留學生歡迎會演說辭》，《民報》第六號。

仍立者矣。故今日國學之無人興起，即將影響於國家之存滅，是不亦視前世為尤岌岌乎！[33]

　　所以他要創設國學講習會，為人宣講中國語言文字製作之源，典章制度所以設施之旨趣，古來人物事蹟之可為法式者。這時的章太炎以國粹自任，試圖繼續從中國傳統歷史文化中找到民族民主革命的基點，與《國粹學報》社諸君基本一致。1906年連載於《國粹學報》8—9號的《諸子學略說》是章太炎國粹思想的鮮明表現。其中以民主觀念為核心，對儒家、道家、縱橫家、法家都做出了新穎的評價。

　　但隨著章太炎與在日本的中國革命者的接觸增多，他不能不考慮《民報》所提出的革命綱領。早在1905年，孫中山就認識到社會革命與種族革命、政治革命的聯繫。1905年7月30日（古曆六月二十八）在中國同盟會籌備會上，孫中山演說曰：

　　現代文明國家最難解決者，即為社會問題，實較種族、政治二大問題同一重要。我國雖因工商業尚未發達，而社會糾紛不多。但為未雨綢繆計，不可不杜漸防微，以謀人民全體之福利。欲解決社會問題，則平均地權之方法乃實行之第一步。本會系世界最新之革命黨，應立志遠大，必須將種族、政治、社會三大革命，畢其功於一役。[34]

　　雖然章太炎早在1902年就於日本與孫中山討論過均田法的問

33　《國學講習會序》，《民報》第7號。
34　馮自由：《革命逸史》第二集，第138頁。

題[35]，但只有到主辦《民報》時，他才真正體會到革命的複雜性，他才從早年片面鼓吹排滿以光復舊物的思想中超越出來，去認真探索政治革命、民族革命、社會革命的種種問題。一方面他懷疑國粹論者的古學復興口號可能提不出解決現實問題的有效方案；另一方面，他以民族歷史為基點的思考問題的角度又使他不能完全同意孫中山等提出的具體主張。在主持《民報》期間，他同日本著名的社會主義和無政府主義活動家幸德秋水、堺利彥、山川均、大杉榮等過從甚密。這些交往，使他受到施蒂納無政府主義及幸德秋水等「直接行動派」鬥爭方式很深的影響。正是在他們的相互交流中他對西方的代議制度，對資本主義制度下的民主平等的虛偽性都有了更深的認識，並提出了強烈的批評。章太炎從而表現出對國粹主義文化觀的重大調整。一方面他更加認識到必須依據中國歷史文化的特點來謀求革命道路、設計革命藍圖。另一方面，他也解釋不清中國近代的發展趨向，因而也架不起歷史與現實相溝通的橋樑。

章太炎作為國粹派幹將的上述思想變化對劉師培和《國粹學報》的進一步發展產生了影響。1906年12月5日（光緒丙午年十一月二十日）《國粹學報》第11號（總23期）出版，此期載有章太炎與劉師培討論「樸學報」（即《國粹學報》）的通信。信中肯定了鄧實、劉師培辦《國粹學報》振興古學的做法，但主要是批評《國粹學報》在小學、經學、史學研究方面的不足。如其論小學研究，云：

其治小學，重形體而輕聲類，徒以江戴段王陳義己具，不欲承其

35　章太炎：《訄書》重印本《定版籍》。

末流，故轉以本字本義為職。以此教兒童識字，非無近效；若守此不進，而欲發明舊籍，則沾滯而鮮通。[36]

《國粹學報》在此之前已發表《小學發微補》等研究文字的著述。在這些著述中，大多以社會學理論解釋文字的意義，從而證明古代社會的演變過程，並說明古代社會狀況。章太炎此時認為應該再進一步，去研究文字的聲類，認為這才是文字研究真正有學術價值的東西。

又如其言經學：

經說諸條，學兼古今，非專守十四博士之陋者。抑自周孔以逮今茲，載祀數千，政俗迭變，凡諸法式，豈可施於挽（晚）近。故說經者所以存古，非以是適今也。[37]

《國粹學報》經學篇發表了不少經學研究的文章，大都主張「以今義通古義，以今制通古制」，並且還刊載過廖平《公羊春秋補證後序》和《公羊驗證補證凡例》等闡發經學微言大義的論述，體現出《國粹學報》編輯同仁從傳統經學中尋找經世致世良方的苦心。章太炎一方面肯定《國粹學報》經學研究突破家法限制的長處，另一方面又反對將經學研究與致用聯繫起來。他曾舉例說，像《禮經》在當時就不通行，對今天也無用，不可能效法推行。至於經典中的有些論述

36　章太炎：《與人論樸學報書》，《國粹學報》1906年第11號。
37　章太炎：《與人論樸學報書》，《國粹學報》1906年第11號。

有的說得相當透徹，但人事萬端，變易未艾，或是或非，只有等時間來證明，豈可定一尊於先聖。至於《春秋》三統三世之說，本來就不可周知。哪有百世以前，發凡起例，等待後人遵其格令者。所以經學不能致用，致用之經學即非經學。

對於《國粹學報》運用西方學術原理來分析中國歷史文化的做法，章太炎也作了批評。他說：

中西學術，本無通塗，適有會合，亦莊周所謂射者非前期而中也。今乃遠引泰西以征經說，甯異宋人之以禪學說經耶！夫驗實則西長而中短，談理則佛是而孔非。九流諸子，自名其家，無妨隨義抑揚，以競取捨。若以疏證六經之作而強相皮傅，以為調人，則祇形其穿鑿耳。[38]

最後，章太炎指出：「稽古之道，略如寫真，修短黑白，期於肖形而止，使立者倚則失矣，使倚者立亦未得也。」也就是說，國粹研究應該將歷史文化的客觀真實性擺在第一位，而不必去尋求歷史文化的現實意義。這顯然是章太炎在反思國粹研究狀況後，所提出的對於國粹派發展方向的預計，體現出國粹派文化觀的重新調整。

章太炎此後曾多次致書劉師培，闡明他對國粹研究的看法。1906年《國粹學報》第12號載其致劉光漢書，對《學報》錄《公羊》諸說，「時有未喻」，以為廖平「耳食歐書，驚其瑰特，則又旁傳鄒氏，

38　章太炎：《與人論樸學報書》，《國粹學報》1906年第11號。

通其說於赤縣神州」,「荒謬絕倫」。「鄙意提倡國學,在樸說而不在華辭。」[39]敦促劉師培「筆其精粹,以示後生」,將《左傳》學發揚光大。1907年,章太炎又致書劉師培,其中對國粹研究中「學無繩尺」、「徒知派別」的作風進行了嚴厲的批評,說:「學名國粹,當研精覃思,鉤發沈伏,字字征實,不蹈空言,語語心得,不因成說,斯乃形名相稱。若徒摭舊言,或張大其說以自文,盈辭滿幅,又何貴哉!」[40]在1906年間,章太炎還曾致書王鶴鳴,其中也說:

　　經術致用,不如法吏明矣。《周官・九兩》曰:儒以道得名。鄭君曰:儒,諸侯保氏有六藝以教民者。今顏、李所治六藝云何?射御猶昔,禮樂即已疏陋,其言書數,非六書、九章也,點畫乘除以為盡矣。販夫販婦以是鉤校計簿,何藝之可說?僕謂學者將以實事求是,有用與否,固不暇計。求六藝者,究其一端,足以盡形壽,兼則倍是,泛博以為用,此謂九能之士,不可言學。近世翁同龢、潘祖蔭之徒,學不覃思,徒捃摭《公羊》以為奇觚,金石刻畫,厚自光寵,然尚不敢言致用。康有為善傅會,張以據亂之說,又外竊顏、李為名高,海內始彬彬向風,其實自欺,誠欲致用,不如掾史識形名者多矣。學在辨名實,知情偽,雖致用不足尚,雖無用不足卑,古之學者,學為君也,今之學者,學為匠也。為君者南面之術,觀世文質而已矣,為匠者必有規矩、繩墨,模形惟肖,審諦如帝,用彌天地,而不求是,則絕之。韓非說:「炳燭尚賢,治則治矣,非其書意。」僕

39　章太炎:《與某書》,《國粹學報》1906年第12號。
40　章太炎:《與人論國粹學第二書》,《國粹學報》1907年12號。

謂學者宜以自省。[41]

　　侯外廬先生曾經指出，章太炎在1906年—1907年間提出了學術研究的科學性與革命性的關係問題。「他以歷史為人類知識的寶庫，治經在『存古』，而『存古』則非謂舊章可永遠遵循。乃謂據此文明制度流變之學問而『灌溉吾民』。治經不能以歷史為芻狗，而歸結於某一人的唯心所造。乃謂六籍與歷代史書同時並重，所謂『斟酌古今，未有不資于史』。」[42]章太炎深深體會到學術文化理論和方法上的某些侷限，他希望解決這一問題，但又找不到有效的方法。他認為如將國粹研究變成一種所謂純粹求真的學術，淡化學術研究的政治傾向，就有可能解決這些問題。

　　劉師培受了章太炎的影響。1908年孟春他為《國粹學報》三周年寫了以下祝辭：

　　昔虞卿棄相，窮愁著書，子雲草玄，寂寞自守，不以學術為適時之具，斯能自成一家言。蓋舍祿言學，其業斯精，以學殉時，於道乃絀，惑者不察，妄援仕學互訓，鄰書之粹言，官師聯職，周廷之成法，是則學古為入官之階梯，變通乃趨時之捷徑。道衰學敝，恒必由之。[43]

　　他也反對過分強調學術的經世功能，並列舉古代學術發展狀況加

41　章太炎：《與王鶴鳴書》，《國粹學報》1909年第1號。
42　侯外廬：《中國近代啟蒙思想史》，北京：人民出版社，1993年版，第157頁。
43　劉師培：《國粹學報三周年祝辭》，《左庵外集》卷十七，《遺書》第57冊。

以證明。他說「凡功令所崇，學官所肄，雖成風尚，鮮克昭垂」。如西漢儒學在漢武之前，頗能光大舊訓，而漢武之後，掇彼片詞，竟言致用，致《洪範》啟小臣言事，《春秋》詔酷吏舞文。儒學走向衰敗。「由是而言，學術甫萌之世，士以勵己為歸，學風丕振之時，說以徇人為美。」而勵己之學甘守湛冥，學祈自得。徇人之學則中懷躁進，說涉模棱。學術致用的結果往往成為策士幹時之捷徑。劉師培似乎認識到了過分強調學術經世反而給一些學者進行政治投機提供了藉口。

在祝辭中他還批評了學者惟西方之學是從的風氣。他說：「或謂中邦書籍，學與用分，西土之書，學與用合，惟貴實而踐虛，故用夷以變夏。」[44]這種做法實際上並不真正理解中國學術的成就。他們「校理舊文，亦必比勘西籍，義與彼合，學雖絀而亦優，道與彼歧，誼雖長而亦短」[45]。其結果是「理財策進，始崇《管子》之書，格物說興，乃尚墨家之學。甚至竺乾秘編，恥窮源於身毒，良知俗說，轉問學於扶桑。飾殊途同歸之詞，作弋譽梯榮之助」[46]。劉師培認為這種狀況必須改變。

劉師培指出，當今之世，「吏矜竭澤，民痛屯膏，世崇歂、莽之謀，臣獻孔、桑之策。既舉世之混濁，複生民之多艱。饑來趨我，低徊北門之章，旅食依人，托命東陵之上。世綱既嬰，倡優同蓄」[47]。要做專精的學術確乎其難。但他希望「有志之士，共秉此忱」，雖

44　劉師培：《國粹學報三周年祝辭》，《左庵外集》卷十七，《遺書》第57冊。
45　劉師培：《國粹學報三周年祝辭》，《左庵外集》卷十七，《遺書》第57冊。
46　劉師培：《國粹學報三周年祝辭》，《左庵外集》卷十七，《遺書》第57冊。
47　劉師培：《國粹學報三周年祝辭》，《左庵外集》卷十七，《遺書》第57冊。

「晦明艱貞，守雌甘符於老氏，然離世特立，興起不待文王」。[48]

劉師培自1907年初開始，就逐步轉變文風，較少運用西方進化原理和社會學原理來研究中國歷史文化，把精力轉移到諸子典籍的校釋和經學沿流的整理方面。而國粹派的代表刊物《國粹學報》在1908年前後，革命色彩逐漸黯淡下去。像《莊子解詁》《晏子補釋》這類純學術研究的文章逐步增多。前期宣導的「發揚國粹」、提倡民族民主的宗旨也不大提起。甚至學派諸人最重視的「反滿」口號在《國粹學報》上的表達方式也降調為刊載幾篇如《愛國隨筆》、《明史雜著》等一類記述明末遺老們佚事佚著的文章。到1909年《國粹學報》第13號（總第62期）討論「明年撰述大旨」，明確提出「力避浮華而趨於樸學，務使文有其質，博而旨要，非關於學術源流、有資考古者不錄」。並將體例擬改為內外二篇。「內篇則錄現世海內鴻碩新著，外篇則兼收前人未刊之著作及已刊而系孤本、世所罕睹者，上至明末國初諸儒，下逮咸同。……志在上包國朝二百餘年學術流派，下盡近數十年海內名家之著作。」[49]學報完全以學術研究自居，完全背離了早期「古學復興」的旗幟。

國粹派文化觀點的動搖充分顯示出中國近代民族民主革命的實質是一場徹底的反帝反封建運動，它所期望實現的社會性質與中國傳統社會有著巨大的反差。它既要推翻清政府的腐朽統治，又要反對帝國主義的侵略壓迫，還必須根治中國社會政治、經濟、文化各個方面的歷史積弊。在這樣一場巨大的社會歷史變革面前，國粹論者朦朧地意

48　劉師培：《國粹學報三周年祝辭》，《左庵外集》卷十七，《遺書》第57冊。
49　《國粹學派明年之特色》，《國粹學報》1909年第13號。

識到國粹似乎不能為它提供實質性的幫助，朦朧地感受到社會變革醞釀著對傳統社會的全面反叛，於是他們重新調整文化觀點，一方面堅信中國未來的社會必然以中國傳統社會的特點為基礎，另一方面又要求將中國歷史文化的研究與對中國革命前途的預計區別開來。

當時國粹派陣營的發展呈現出兩種典型的發展趨向。一種是向傳統回歸，完全不談中國文化的未來，在劇烈的社會變革面前重新回到傳統。《國粹學報》到後來，聚集了像鄭孝胥、簡朝亮、張謇、陳三立等作者和支持者。一種是激烈反傳統，不顧中國革命的歷史和現實，提出十分激進的革命主張。如章太炎、劉師培等都一度迷信無政府主義。章太炎散佈了大量無政府論調。1907年9月25日他在《民報》16號發表《五無論》，10月25日又在《民報》17號發表《國家論》，宣傳「國家之自性，是假有者，非實有者」，「國家之作用，是勢不得已而設之者，非理所當然而設之者」，「國家之事業是最鄙賤者，非最神聖者」，只有達到「無政府、無聚落、無人類、無眾生、無世界」，才能算是最「圓滿的民族主義」。這種極端的無政府觀點自然暗含對中國民族民主革命目標的全面否定。但國粹派文化觀調整之後的兩種發展傾向又往往相互交叉。越是激烈地反傳統的國粹主義者，又往往對傳統社會歷史和文化抱有更強的信念。如章太炎1908年10月所發表的《代議然否論》，就把西方議會政黨制當成是中國封建時代貴族世卿制的變相，如果實行它，就是開歷史的倒車，並認為代議制還不如專制政體。劉師培也認為中國古代社會自由放任，階級觀念淡薄，貧富懸殊不大，比近代西方資本主義國家更有合理之處；如果學習西方的民主、法制以及其他實業策略，反而會加劇社會的混亂。國

粹派文化觀點的左右分化和搖擺，表明他們在民族民主革命越來越深入的過程中，仍然沒有找到切實的理論支點，對未來的幻想與對傳統的景仰成了一對難以調和的矛盾。

3.4 黎明前的歧路

一、同盟會的分歧

1907年，革命派與立憲派的論戰已基本趨於尾聲。革命成為當時大多數進步知識份子的共識，革命陣營也空前壯大起來。但與此同時，革命派內部的分歧也逐漸加劇。1907年，同盟會內部就出現了兩次比較突出的衝突。

第一次衝突發生在這年二月孫中山和黃興之間。兩人因國旗問題發生爭論：黃興「以井田為社會主義之象徵」，孫中山以為用「井」字作旗幟，既不美術，又嫌有復古思想，[50]主張用青天白日作旗幟，並說「僕在南洋，托命於是旗者數萬人，欲毀之，先擯僕可也」[51]。而黃興則認為「以日為表，是效法日本，必速毀之」[52]。這次爭論雖然沒有升級，但大體可以看出同盟會之間在認識上有很大的不一致。以孫中山為代表在海外受過比較系統的資產階級教育的知識份子與黃興、章太炎為代表在國內受過傳統教育長期影響的知識份子有思想認識上的衝突。

50　胡漢民：《胡漢民自傳》，《革命文獻》第3輯。
51　章太炎：《太炎先生自訂年譜》，《近代史資料》1957年第1期。
52　章太炎：《太炎先生自訂年譜》，《近代史資料》1957年第1期。

第二次衝突起因於這年三月孫中山離開日本之時，接受了日本政府和神戶股票商鈴木久五郎的資助，卻只留了2000元給民報社作為出版費用。章太炎原以為孫中山只得到鈴木久五郎的資助，後來聽到日本政府還有資助，頗為憤慨。他將掛在民報社的孫中山的照片也撕了下來，批了幾個字「賣《民報》之孫文應即撤去」，寄給孫中山。劉師培和張繼也隨章太炎哄鬧起來。

1907年3月，潮州、惠州起義失敗的消息傳到日本，同盟會內部反對孫中山的力量更借此發作。他們甚至提出要撤換孫中山的總理職務，改選黃興以代之。

1907年同盟會內部的爭論，表面上是旗幟問題、經費問題以及革命武裝起義的地點問題，實質上則是不同知識結構的革命知識份子對於革命的不同認識問題。特別是以章太炎為代表的傳統知識份子，在革命初期本來就採取了與孫中山不同的革命思路，他們傾向於從民族歷史文化角度揭示革命排滿的必要性，對於民族民主革命路線的思考缺乏像孫中山那樣的明確性。當革命逐漸深入，兩種不同知識結構的知識份子在進一步認識近代西方社會制度以及中國社會現狀之後，對於如何避免西方資本主義的禍害，如何來平均地權，產生了更大的分歧。孫中山主張避免資本主義的禍害，但他贊成發展資本主義工商業，希望中國工業化。他主張平均地權，但在公開發表的言論中卻從來沒有把平均地權與中國農民的土地問題聯繫起來。他當時所宣傳的平均地權，實際上僅僅限於解決城市的土地問題，而沒有提到解決廣大農民的土地問題。而章太炎、劉師培等也力圖避免資本主義的禍害，但他們與孫中山不同，較多地反映了中國農村小生產者的思想傾

向。他們反對在中國發展資本主義，反對實行議會制度，同情農民和工人，注意解決農民的土地問題。如劉師培贊成西方物質文明，但強烈反對在中國發展資本主義，攻擊議會制度是以暴易暴；說天下田主皆大盜，主張實行農民革命來消滅土地所有現象，實現無政府的共產主義。章太炎雖沒有提出用農民革命的手段來消滅封建土地所有制，但他反對在中國發展資本主義工商業，說代議制還不如專制政體完美，同情農民，主張解決農民的土地問題。劉師培、章太炎的思想都具有濃厚的復古色彩。這些越來越劇烈的分歧，表明革命派在民族、民權、民生三大問題上，都各有自己的主張。

劉師培、張繼、章太炎在1907年到1908年上半年就試圖提出系統的革命理論，他們選擇了無政府主義。正如日本人竹內善朔所說：

到了明治四十年（一九〇七年），張繼、劉光漢等優秀青年才受到社會思想的刺激，因而改變了過去指望通過「大陸浪人」取得日本朝野較著聲望的政治家們對中國革命提供援助那種想法，轉而希望自己去掌握科學的、哲學的、條理清楚的革命原理，用以喚起人民大眾的覺醒。據我看來，他們正是為了實現這個目的才開始面向社會主義的研究。而恰恰在這點上，恐怕正是孫文和章炳麟及其他青年革命黨員之間發生裂痕的原因所在。[53]

劉師培、張繼、章太炎宣傳無政府主義，其本意並非為了分裂同

53　《明治末期中日革命運動的交流》，轉引自楊天石、王學莊《同盟會的分裂與光復會的重建》，《近代史研究》1979年第1期。

盟會，而是為了探索一種在他們看來比孫中山三民主義更加高明的革命理論。但正如前節所說，這種理論既不是對國粹主義文化觀的合理發展，更不是對當時革命問題提出的切實可行的方略。它僅僅反映了當時革命的複雜性，卻沒有真正對革命路線的探索提供有益的幫助。

二、章、劉交惡

章太炎與劉師培情同手足，從1903年癸卯定交後，章太炎對劉師培的政治思想和學術研究都起了指導作用。往往是章太炎提出對某一問題的基本論點，劉師培憑藉他自己對傳統經史典籍的豐富知識予以充分發揮。他們共同提出了國粹主義的文化觀，在1907年又共同對國粹派文化觀作了大體相近的調整。但1908年上半年，章、劉的矛盾愈演愈烈。

兩人反目起因是一件小事。據汪東回憶，劉師培與妻子何震在東京時，與其表弟汪公權同住。何震行為不檢，與汪公權關係隱晦。章太炎於無意中發覺此事，便於1908年4月私下告訴劉師培。劉師培的母親聽了，非但不信，反大罵章太炎造謠離間人家骨肉。[54]從此劉師培與章太炎結下私仇。

何震當時正在辦《天義報》，以大量篇幅揭露中國婦女在封建社會所受的種種壓迫，並且認為：在資本主義社會中，婦女結婚、離婚自由，有和男子同受教育、同入交際場的權利。這些地方，較中國封建社會為勝。但是婦女只獲得了肉體上的解放，而沒有獲得精神上的

54　汪東：《辛亥革命前後片斷回憶》，蘇州市《文史資料選輯》總第六輯。

解放。她鼓吹男女一切平等，並宣佈所有的男子都是女子的大敵，倡議女子復仇論，聲言要「革盡天下壓制婦女之男子」，也要「革盡天下甘受壓制之女子」。對女子「甘事多妻之夫」者，要「共起而誅之」。[55]何震所鼓吹的「男女革命論」，雖然揭示了男女不平等的種種社會現象，但並沒有找到產生男女不平等的真正原因。她所提出的女子復仇論，並不能得到大多數革命者的同情。據現在有關回憶資料，何震在當時給人的印象不佳，多稱之為交際花。章太炎出於好意，提醒劉師培注意家庭關係，雖然所言何震與汪公權關係曖昧之事不一定真實無疑，但用心是好的。

可是劉師培在其母親和妻子的浸潤下，誤解了章太炎的用心，並用行動反誣章太炎與清朝政府關係曖昧。他指使人偽造了章太炎與錫良電，又於1908年5月24日，在上海《神州日報》偽造《炳麟啟事》，說：「世風卑靡，營利競巧，立憲革命，兩難成就。遺棄世事，不攖塵網，固夙志所存也。近有假鄙名登報或結會者，均是子虛。嗣後閉門卻掃，研精釋典，不日即延請高僧剃度，超出凡塵，無論新故諸友，如以此事見問者，概行謝絕。特此昭告，並希諒察。」意思是說，章太炎對革命沒有信心，準備不理世事，精研佛學，出家做和尚。凡近來所進行的種種活動都系子虛烏有。

劉師培對章太炎的上述誣衊也並非毫無根據的臆想。自1907年初以來，章太炎對革命的前途的認識確實有些模糊。1907年以來，他與劉師培等一起散佈了大量無政府主義思想，導致對民族民主革命的現

55　何震：《女子復仇論》，《天義報》第2卷。

實目標的懷疑和否定。加之他對孫中山抱有成見，頗以同盟會趨於腐敗而擔憂。1907年2月，日本政府將驅逐孫中山出境，在孫中山離開日本之前，得到日本政府和股票商鈴木久五郎贈款，[56]以2000元留作《民報》經費。章太炎聞孫中山得到日本賄賂，又只留2000元以作《民報》經費，頗為不滿。他認為同盟會領袖品格不堪作為楷模。無政府主義思想與他對同盟會的成見相混合，使他曾一度產生到印度去做和尚的想法。據蘇曼殊1907年10月在上海的《致劉三書》：「前太炎有信來，命曼隨行，南入印度。現路費不足，未能預定行期。」[57]1907年冬，劉師培夫婦回國，章太炎還曾寫信給他們，請求他們代為籌措旅費。所以劉師培指使人製造啟事，也是事出有因。

章太炎對與劉師培的交誼曾一度想予以挽救。他在接到孫詒讓《周禮正義》後，於1908年6月1日致書孫詒讓，一面感謝孫詒讓惠寄著作，一面懇望孫詒讓出面勸劉師培「弗爭意氣」，其中說：

儀征劉生（舊名師培，新名光漢，字申甫，即恭甫先生從子），江淮之令，素治古文《春秋》，與麟同術，情好無間，獨苦少年氣盛，熹受浸潤之譖。自今歲三月後，譖人交構，莫能自主，時吐謠詠，棄好崇仇，一二交遊，為之講解，終勿能濟（以學術素不逮劉生故）。先生于彼，則父執也。幸被一函，勸其弗爭意氣，勉治經術，以啟後生，與麟戮力支持殘局，度劉生必能如命。屢屢陳述，非為一身毀譽之故。獨念先漢故言，不絕如線，非有同好，誰與共濟？故敢

56　日人贈款數字，馮自由《革命逸史》說是15000元，孫中山給吳稚暉的信中說是50000元，鈴木的妻子回憶說30萬元。
57　蘇曼殊：《致劉三書》，《曼殊全集》第1冊，第197頁。

盡其鄙陋，以浼先生，惟先生少留意焉。[58]

章太炎仍希望劉師培與他重歸和好，共同把古文經學的研究推向深入。

但章太炎也終於被劉師培夫婦的不斷的攻擊所激怒。1908年6月10日，他在《民報》第二十一期刊登《特別廣告》，對劉師培等在《神州日報》捏造的啟事予以否認。說：「僕於陽曆五月二十四日，赴雲南獨立大會，時本社人員亦俱往赴。僕歸後即不見印章一方，篆書『章炳麟印』，知是偵探乘間竊去。以後得僕書者，當審視筆跡，方可作準。其印章『章』字上畫闕者，可信為真，完具者即非真也。」他將劉師培所說他將赴印度學做和尚一事完全當為誣衊，說劉師培還盜走了他的一枚印章，並攻擊劉師培夫婦是清朝政府的偵探。

劉師培、何震採取了更加激烈的反攻。他們將章太炎要他們和端方等聯繫籌款赴印度的五封信影印寄給黃興。這五封信的具體內容，據章太炎自己在1912年給浙江統一黨支部的電報所云，純系太炎籌款遊印度事宜。電報全文如下：

浙江統一黨支部鑒：電悉。同盟南北報皆舉端方事件，以為攻僕之詞，其實不值一哂，請為諸君道其原委。僕自抵東辦報，親戚故舊，音問俱絕。後見同盟會漸趨腐敗，憤欲為僧，以求梵文於印度。又與安南、朝鮮諸學生立亞洲和親會，聞印度革命黨才高志堅，欲裹

58　轉引自湯志鈞：《章太炎年譜長編》，北京：中華書局，1979年版，第261—262頁。

糧以從之，得所觀法。於時假貸俱絕，惟南皮張孝達有一二之舊遊，後在東京關於文學教育諸事，亦嘗遺書獻替。張於革命黨素無惡感，不得已告貸焉。其書囑長崎領事卞某（即卞糸字昌）帶歸。卞即（張）之婿也。卞回國後，不敢請通，私與語端方。（端方）遂居為奇貨，反囑卞來告。其言十萬金五萬金者，皆憑虛餌人之語。僕亦欲達初志耳，何論出資者為端為張！而端遂欲之鼓山（福建島）、普陀等處，僕遂決意不受。對敵之言，自有開合張弛，同盟會人遂雲僕作偵探，然則黃興出洋留學，亦端方特與官費，其偵探耶非耶？同盟會業成而歸者，亦多仕宦，或為將弁、幕府之屬，其偵探耶非耶？誣人之言，以（心）所不可。《天鐸》、《民權》諸報，市井醜談，未脫南洋、美洲口吻，夫何足致辨哉！[59]

　　可見章太炎確實為籌措赴印度的旅費曾經向張之洞求助，後來轉而與端方聯繫。端方答應提供資金，但要求章太炎在鼓山、普陀山學做和尚。章太炎不同意，此事乃作罷。在劉師培夫婦回國期間，章太炎也確實托劉師培與端方磋商過具體事宜。

　　劉師培將章太炎通信五封影印寄給黃興，對章太炎的政治形象起了極壞的作用，並加劇了同盟會內部的進一步分化。自1906年章太炎在日本《革命評論》第十號刊登《鄒容傳》，批評吳稚暉在《蘇報》案中有告密行徑之後，吳稚暉與章太炎展開了激烈的相互攻擊。1908年10月，《民報》被封禁。同年秋，陶成章赴南洋作革命宣傳和籌款時，頗受同盟會會員的阻撓。在網甲島之檳港，幾乎被誣為保皇黨而

59　章太炎：《致浙江統一黨支部電》，《越鐸日報》，1912年6月6日。

遭暗殺。陶成章、章太炎、李燮和等寫有《七省同盟會員意見書》，給孫中山羅織十二條罪狀，要求撤換其同盟會總理之職。因黃興不予發表，遂由陶成章的朋友用藥水印刷百餘張，郵寄中外各報館。黃興遂將劉師培影印的章太炎書信寄孫中山，而孫中山轉寄吳稚暉，吳稚暉於是在《新世紀報》大肆誣衊章太炎為清政府的偵探，刊登其所謂與端方合謀，賣革命黨之信件。章太炎的威信大受動搖，與同盟會的分歧也越來越深，導致在1910年2月，光復會從同盟會中分裂出來，在東京重立山頭。

　　章、劉交惡的另一個直接影響是劉師培積極向清政府靠攏。1907年6月創刊的《天義報》在刊行19期後於1908年4月停刊。為避免日本政府注意，劉師培改出《衡報》，於4月28日在東京秘密出刊，託名在澳門發行，繼續宣傳無政府主義。《衡報》共出11號，10月被日本政府禁止。劉師培夫婦回到上海。大約在這年冬天，劉師培正式向端方投誠。

三、叛變革命

　　劉師培投靠端方，有一些客觀因素。在與章太炎發生分歧之前，劉師培與同盟會其他骨幹有矛盾。他一到東京，就對東京同盟會會員的渙散和空虛深表不滿。與章太炎用宗教鼓舞革命者的道德意識相呼應，劉師培在1907年3月23日（5月5日）出版的《民報》十三號發表《利害平等論》。其中說：中國人囿於學行學術，一向諱言利己，自戴震提出理寓於欲，惟給民之求，遂民之欲，斯能推己及人，然後利己之說稍興。晚近以來，人們多倡利己之說。而利己之說，以利他心

為利己心之變相，此說一昌，民意趨利，由是蓄於心者為功利，行於世者為強權。人們考慮問題，往往過於關注自己的切身利益。實際上利與害無所謂區別。[60]年初，他還發表《王學釋疑》，不同意章太炎低估王陽明學說的價值。所有這些，都表明劉師培與章太炎一樣，希望用一種理論來煥發革命鬥志，提高革命者的道德自覺。1907年3月，孫中山離開東京，同盟會本部更加渙散，內部分歧疊出，繼而有章太炎揭民報社孫中山照片事件，有張繼與劉揆一在民報社互相揪打事件。劉師培與章太炎一度都有用黃興取代孫中山的地位之打算。劉師培還積極作了革命理論的探索，提出了與孫中山有別的革命目標和革命策略。雖然改組同盟會的活動終因黃興顧全大局沒有發生嚴重後果，但劉師培已給大多數同盟會會員造成了不好印象。而劉師培也自視甚高，不願意改變這種印象。隨著章太炎與劉師培之間的分歧越來越大，劉師培覺得沒有什麼革命力量可以依靠，於是他的眼光就盯住了端方。

端方，字午橋，托忒克氏，滿洲正白旗人，由蔭生中舉人，入貲為員外郎，不久提拔為郎中。光緒二十四年（1898年）北京創設農工商局，他主管局務，旋被任命為陝西按察使、布政使。八國聯軍攻入北京時，慈禧太后和光緒皇帝西奔，他因護駕有功，被調任河南布政使和湖北巡撫。光緒二十八年（1902年）攝湖廣總督。光緒三十年（1904年）調江蘇，攝兩江總督。不久任湖南巡撫。1905年，改任閩浙總督，但沒有到任，被派往美、德、俄、意、奧等國考察政治。回國後獻《歐美政治要義》。1906年移督兩江，設學堂、辦員警、造兵

60　劉師培：《利害平等論》，《左庵外集》卷14，《遺書》第54冊。

艦、練陸軍，聲聞益著。[61]端方是滿洲貴族中具有改良思想的成員之一。他希望通過改良政治以鞏固清統治，據傳1905年夏天，端方由湖南晉京陛見，慈禧太后問他：新政已皆舉行，當無複有未辦者。他回答說：尚未立憲。慈禧太后素聞立憲為民主之義，變色說：立憲會怎樣？端方曰：立憲則皇上可世襲罔替。慈禧哂笑他說：吾今乃聞天子亦有世襲罔替之目。[62]端方與頑固的慈禧太后不一樣，他感到了清王朝統治的危機，並希望通過君主立憲等方法來避免清王朝的顛覆。在出國考察之後，他和其他幾位大臣（載澤、尚其亨、李盛鐸、戴鴻慈）上折奏請宣佈立憲，要求清政府「特降綸音，期以五年，改行立憲政體」，「開館編輯大清帝國憲法，頒行天下」。並請清政府宣示宗旨，公佈地方自治制，制定集會言論出版之律，以樹預備立憲的基礎。他提出憲法請仿行日本，兵農工商請仿日、德兩國。為了皇權永固，端方很注意拉攏具有改良甚至革命思想的知識份子。1906年7月他移調兩江總督之後，採取了一系列很有改良色彩的政治措施，使得許多革命黨人得間重聚上海。如前所述，他還有意提供章太炎出家做和尚的資金。劉師培也因其表弟汪公權的關係，大約在1906年得以認識端方。1907年冬他短期返國時，還帶過章太炎的幾封信件。但對於在國內發動武裝起義的革命黨人，端方的處置也很嚴厲。1906年夏，他在上海捕獲革命黨人葉仰高，審訊涉及到浙江徐錫麟，徐錫麟倉促起義，最後被他鎮壓。雖然他感到革命黨人防不勝防，難以撲滅，但他終究服務於滿洲貴族的統治政權，對起事的革命黨人厲行鎮壓。

61　趙爾巽等：《清史稿》卷四六九《端方傳》。
62　魏元曠：《堅冰志》，《中國近代史資料叢刊·戊戌變法》第4冊，第313頁。

劉師培投靠端方後所做的第一件事就是誘捕陶成章。徐錫麟刺殺恩銘後，清政府十分迫切地希望捕捉浙江革命黨領袖陶成章。劉師培曾在上海碼頭查察陶成章的行蹤，但終究未能如願。接著，劉師培又參與了破壞浙江革命黨發動武裝起義的計畫，1908年秋天，安徽熊成基領導了安慶新軍起義。這次起義對清朝政府震動很大。起義失敗後，清政府大事搜捕。而浙江革命黨準備再次起義。王金髮、張恭、竺紹康、陳其美等人準備在上海天寶棧開會，商量浙江起義事。劉師培知道後，即密告端方，並暗導捕役逮捕革命者，但碰巧只抓到了張恭。張恭被解往江寧監獄。上海的革命黨得知是劉師培告密之後，準備將他嚴懲。王金髮即挾槍來到劉師培寓所。據說劉師培夫婦尚未起床。王金髮宣告劉師培的死刑之後，要開槍擊斃他。劉師培以自己的生命保證張恭的安全，王金髮才放過了他們，並警告他們趕快離開上海，以後不得再有不利於革命黨的行為。劉師培夫婦當即離開了上海，而張恭也由於劉師培夫婦在端方前力為保全，沒有被處死。

　　劉師培自此離開上海到南京。唯有汪公權仍在上海繼續破壞革命活動。1909年夏，王金髮在上海將汪公權擊斃。[63]章太炎得知汪公權被擊斃後，還致書劉師培，說：

　　　　與君學術素同，蓋乃千載一遇。中以小釁，翦為仇讎，豈君本懷，慮亦為人詿誤。兼以草澤諸豪，素昧問學，誇大自高，陵蔑達士，人之踐忿，古今所同，鋌而走險，非獨君之過也。天美其衷，公權隕命，君以權首，眾所屬目，進無搏擊強禦之用，退乏山林獨善之

63　　《續暗殺與進步》，《新世紀》，1909年7月24日，第105號。

地。彼帥外示寬弘，內懷猜賊，閑之遊徼之門，致諸幹揪之域，臧谷扈養，由之任使，賃舂執爨，莫非其人，猜防積中，菹醢在後，悲夫悲夫！斯誠明哲君子所為嗟悼者也。[64]

在此信中，章太炎對劉師培投靠端方的行為予以諒解，將劉師培政治上的失足歸結於被人誘惑以及「草澤諸豪」的凌辱，並指出劉師培處境的艱難，希望劉師培「先迷後複」，「翩然如反」，重新回到革命陣營，同他一起振興國學。但劉師培執迷不悟，一意孤行，沒有悔改的表示。

就在1909年，端方改調直隸，劉師培也旅寓天津。不久，慈禧太后梓宮奉安，端方輿從橫沖神路，被農工商部左丞李國傑彈劾，被免官。繼而禦史胡思敬又彈劾其貪橫十罪，端方受到清政府的呵斥。直到1911年，才被任命以侍郎身份督辦川漢、粵漢鐵路。劉師培也隨之入川。端方嚴厲推行鐵路國有政策，主張對四川等地的保路運動嚴厲鎮壓。他於10月13日趕到重慶。但這時武昌起義已經爆發，11月波及四川。在端方所率領的新軍中，有不少革命黨人。11月27日，端方和他的表弟端錦在資州被嘩變的新軍殺死。劉師培也被革命軍拘捕。

劉師培叛變革命，從激進的民族民主革命者一變而為清貴族的附庸，這是劉師培一生致命的汙點，也是當時和後來人們所不能不感到迷惑的問題。正如竹內善朔說：「這個曾經鼓吹過無政府主義的劉光漢，竟然會甘充端方的幕僚，這是一件令人非常難以理解的事。」[65]

---

64 章太炎：《再與劉光漢書》，《太炎文錄初編》文錄卷二，《章太炎全集》第4冊。
65 《本世紀初日中兩國革命運動的交流》，《國外中國近代史研究》，1981年第2

劉師培變節，正如人們指出的那樣與其內在的迷戀功名利祿的劣根性有必然的聯繫。他出身書香門第，18歲中秀才，19歲中舉，20歲參加會試，本是一個獵取功名、走光宗耀祖傳統道路之人。因受革命風潮影響，主張排滿革命，但其性務名，他希望獲得革命領袖的殊譽。他自稱是「激烈派第一人」，表現得異常激烈。甫到日本，他就試圖利用章太炎、陶成章、張繼與孫中山的矛盾，改組同盟會，並援引日本人北一輝和田三郎為同盟會本部幹事，[66]想提高自己在同盟會中的地位。而一旦爭奪同盟會領導權之策不成，又與章太炎等形同水火，他就難免被端方高官厚祿收買黨人的做法所迷惑，他最終成為端方的幕僚，就是順理成章的了。

但劉師培變節最根本的原因還是他思想上的錯誤認識。他到日本之後，在日本無政府主義影響下，過分誇大了近代西方社會所存在的弊病，又對中國近代資本主義的初步發展所導致的農村自然經濟解體、傳統手工業遭到破壞、社會貧富更加懸殊的社會現象深惡痛絕。他由此懷疑民族民主革命的目標，並試圖提出新的革命目標和革命策略，使中國超越資本主義的發展階段直接達到絕對平等的無政府社會。但這些主張缺乏現實性，缺乏實現它的現實途徑。他所宣傳的理想到頭來連他自己也未必相信真能實現。相反，對現實極端不滿所誘發的懷古情緒甚至影響了他對社會發展基本趨勢的判斷。錯誤的思想與務名的性格相糾合，加之革命隊伍的渙散，導致了劉師培鋌而走險，成為清貴族的附庸。

期。
66　陶成章：《浙案紀略》，見《陶成章集》下編。

劉師培變節與章太炎等革命領袖的人格矛盾也有一定關係。劉師培「尤佩仰章太炎學術」[67]。在「蘇報案」後，他賦有《歲暮懷人》詩一首，懷念章太炎，說「牧叔說經王戴倫，海濱絕學孤無鄰」[68]。在此後的革命生涯中，劉師培以章太炎為楷模，幾乎是一步一趨，相得益彰。但1907年前後，章太炎在思想上也產生了一些錯誤認識，與孫中山之間矛盾的處理也有失分寸。特別是他在劉師培1907年冬回國期間，托劉師培夫婦充當自己與端方間的聯絡人。這與章太炎口頭上所說的「革命道德」形成反差。當時劉師培年僅24歲，畢竟是少更世事的青年。不難想像，章太炎的這一錯誤行為給劉師培帶來了多大的打擊。劉師培夫婦攻擊章太炎的首要證據就是章太炎與端方有書信來往。特別是1908年10月《民報》被封後，章太炎在處理與日本政府關係以及與黃興、宋教仁關係上的失誤，也無疑使劉師培更加動搖了對革命領袖和革命前途的信念。

劉師培的變節不但使他從此脫離了革命隊伍，而且使他喪失了對於學術發展的理論探討的興趣，對他的學術生命造成了重大損失。它表明，國粹主義的文化思路的發展，不可能依靠無政府主義理論。章太炎在與劉師培發生衝突後不久，就明確認識到無政府理論給革命和學術帶來的危害。1908年6月，他作《排滿平議》，宣告「無政府主義者，與中國國情不相應」。他與無政府主義徹底決裂，重新探索國粹文化理論的發展方向。而劉師培則越來越向傳統回歸，落入乾嘉學術的窠臼。

67　馮自由：《劉光漢事略補述》，《革命逸史》第3集。
68　劉師培：《歲暮懷人》，《警鐘日報》，1904年10月2日。

第四章

悽愴乖舛的餘生

4.1　漂泊的餘生

1911年10月10日，辛亥革命在武昌首先爆發，旋接湖南、陝西、山西、雲南、江西新軍起義，東南各省相繼獨立，西南華南各省光復，江浙聯軍攻克南京。1912年元旦，孫中山在南京就任臨時大總統，宣告中華民國臨時政府成立。

辛亥革命如此迅速地在全國各地發生，這是劉師培所未能想到的。即使當時的同盟會領袖，也沒有料到這麼快就取得了革命的初步勝利。1911年初夏，同盟會黨人意氣頹喪，黃興甚至說：「同盟會無事可為矣，以後再不問黨事，惟當盡個人天職，報死者于地下耳。」但革命終於大規模爆發。面對革命形勢的節節勝利，劉師培墮入了複雜的心理糾纏之中。他眼睜睜地看到自己曾經為之奮鬥的事業蒸蒸日上，而他已經不是這一事業的參與者；相反，他還成了他所鼓吹的事業的革命對象。命運捉弄了劉師培。

辛亥革命爆發後，章太炎於10月26、28、31日檳榔嶼《光華日報》論說欄發表《誅政黨》，對康有為、蔣智由等七類抵制革命的立憲分子進行討伐。但對於劉師培，章太炎尚曲意寬容。12月1日《民國報》第二號刊登章氏《宣言》九則。其第五則云：

今者文化陵遲，宿學凋喪，一二通博之材，如劉光漢輩，雖負小疵，不應深論。若拘執黨見，思複前仇，殺一人無益於中國，而文學自此掃地，使禹域淪為夷裔者，誰之責耶？

但章太炎當時並不知劉師培已被四川資州軍政署囚拘。1912年1月11日，《大共和報》刊出《求劉申叔通信》，他與蔡元培試圖以報紙尋詢方式取得與劉師培的聯繫。其中說：

劉申叔學問淵深，通知今古，前為宵人所誤，陷入範籠。今者民國維新，所望國學深湛之士提倡素風，任持絕學。而申叔消息杳然，死生難測。如身在地方，尚望先一通信於國粹學報館，以慰同人眷念。

這封通信在報刊載多天。

1912年1月25日，資州軍政署電告南京國民政府，請示處置劉師培的辦法。29日，國民政府教育部和總統府分別致電四川都督府和資州軍政署，請將劉師培釋放。教育部電文云：

四川都督府轉資州分府：報載劉光漢在貴處被拘。劉君雖隨端方入蜀，非其本意，大總統已電貴府釋放。請由貴府護送劉君來部，以崇碩學。教育部。宥。[1]

總統府電文為：

四川資州軍政署鑒：劉光漢被拘，希派人委送來寧，勿苛待。總

1　《臨時政府公報》第一號。

統府。宥。[2]

劉師培的釋放，章太炎、蔡元培在其中起了重要作用。

但劉師培並沒有按照章太炎、蔡元培的意願來到南京。他接受了四川國學學校（前身為存古學堂）的邀請，來到成都，任教職。

四川存古學堂開辦於宣統二年（1910年）七月，意在保存國學，尊重蜀地碩儒。辛亥革命時，學生散佚。民國建立，重新恢復，改名國學學校，召集新舊學生近百人學習經術，旨在保存和發展傳統學術。

劉師培早在1909年就曾上書端方，建議在南京設存古學堂，書云：

守禮即所以保邦，為學首基於植本，自外域之學輸入中土，淺識之士昧其實而震其名，既見彼學足以致富強，遂謂國學為無用，端倪雖微，隱憂實巨，道衰學弊，職是之由。[3]

他建議在寧垣之地，設兩江存古學堂，廣延績學之士分任教師，以振興國學。劉師培現在接受成都國學學校教職，也是順理成章之事。

在四川國學學校，劉師培教授經學、小學，他試圖證明其生存的

2　　《臨時政府公報》第一號。
3　　劉師培：《上端方書》，《左庵外集》卷十六，《遺書》第56冊。

意義，因而在教學期間，他窮心竭力，將自己樹立成為經學研究的大師。他有一封信給廖平，典型地反映出他此時的心境。信中說：

　　某不敏，進思黃髮之詢，而退懷索居之恥，常恐隕歿，犬馬齒窮，既竭吾才，仰鑽官禮，深惟大義，欲罷不能，每用悼心，坐以待旦。[4]

　　如前所說，劉師培自其曾祖父劉文淇起，就以《左傳》學名家。《左傳舊注疏證》乃是劉氏世代未竟之宏業。但劉氏家學又不侷限在《左傳》一經。劉毓崧研究過《周易》、《尚書》、《毛詩》的古注，劉師培的父親研究過《禮記》古注。而劉師培此時，不但要繼續完成《左傳》舊注的疏證工作，而且還考證《尚書》古經、《儀禮》古經，尤其對《周禮》下了精深的功夫。他慨然以繼承和發展揚州學派為己任，希望在學術上做出一番出人頭地的成績。他的孤心苦詣確實使他在經學研究中取得了成果，但也正是因為他要將自己打扮為揚州學派的傳人，他此時期的經學研究也具有很大的侷限性。

　　四川成都國學院的一年多教學是劉師培餘生中值得他眷念的歲月。在這裡，他慢慢地調整了心境，提出了學術研究的一些新觀點、新看法。他還與廖平建立了誠摯的友誼，開始真正瞭解今文經學大師的志業。他曾與廖平討論天人之學，並對廖平的學術作出了高度評價。1914年他為廖平諸弟子所輯師說《廖氏學案》作序，其中說：

4　劉師培：《與廖平書》，《左庵外集》卷十六，《遺書》第56冊。

廖氏學案者，井研廖平諸弟子所輯師說也，書凡四卷。序其耑曰：……廖氏德亞黃中，智膺天挺，綜緒曲台，聞風石室，慨洙泗之邈遠，悼禮樂之不舉，退修玄默，專心六學，即《王制》而甄三傳，援官禮而徵七觀。嗣複景跡韋編，宣靈始際，契坤乾于殷道，協雅頌之得所。覃精三紀，成書百帙，以為綿古芒昧，綱紀陵夷，九流之軫未宣，六書之明翳察。孔子推集天變，卻觀未來，爰作六經，以俟後聖。托小見大，守約知詳。始於《春秋》，終於《詩》、《易》。老墨綰其初終，皇霸樞其始極。推放准于四海，制法通於百世。……信乎蠲曆世之疑，極尊聖之軌者矣。若夫周合群籍，沙汰眾學，探綜圖緯，銳精幽贊，抗六典之崇奧，齊百家之雜語，執節掌握之間，正度胸臆之際，釋彼鈞鍵，通其流貫，各有部居……昔北海箋經，洽比周官之誼，洪休稽古，耀光魯壁之文，咸通六藝之歸，用成一家之業，以此方之，其詣一也。……5

　　他讚揚廖平能夠言之有據地將龐大的經學典籍條分縷析為一個有機的思想體系，認為廖平的這一才能簡直是天生的。這表明劉師培已經能夠用一個學術型的經學家的眼光來估價今文經學所取得的成就，雖然他這時期的經學研究確宗漢詁，謹守家法，但他不糾纏於經學今古文之爭。

　　劉師培在成都國學院一直居留到1913年夏。在離開成都國學院時，他寫了一封感動人心的《與成都國學院同人書》，其中說：

5　　劉師培：《廖氏學案序》，《左庵外集》卷十七，《遺書》第57冊。

猥以寡薄，越在西土，受性暗弊，無以補益，徒以方志，廢不尋修，顧惟闕遺，順是邦請，諮於耆長，僉惟敬同，不敢康寧，竭盡頑弊，思自屬策，得展萬一，以達二三君子之末。彭耽之業，不在片言，天若假年，庶無大過。何圖期月，迄用無成，益以邇來沈綿痼疾，志意衰落，發白早凋，凤夜悼心，若涉淵水。常恐殞沒，犬馬齒窮，永銜罪責，入於裔土，企心東望，每用依依。一得生還，日見江海，不勝狐死首丘之情，惟留神裁察幸甚。[6]

在這封信中他說本來想在四川國學院兢兢業業重振國學，但他力不從心，加之沉綿痼疾，發白早凋，他十分企望回到家鄉。

劉師培離開四川後，回到上海，但他並沒有停留在家鄉，而是來到了山西太原，任閻錫山的高級顧問。他住在南佩蘭家。南佩蘭系劉師培在日本期間的至交。他們在山西期間創辦了《國故鉤沈》。山西都督閻錫山又將他推薦給袁世凱。劉師培遂於1914年初來到北京，成為袁世凱的掛名參議。

來到北京的結果是劉師培費了很大力氣來稍微平息的憤懣與焦慮的心緒又一次激劇地氾濫開來。當時中華民國的形勢急劇惡化。自1912年3月10日袁世凱宣佈在北京就任中華民國臨時大總統以來，一大批立憲黨人得到重用，1913年3月又發生了宋教仁案。這年7月孫中山決定發動反對袁世凱的第二次革命，9月二次革命失敗。袁世凱統一南北，獨裁統治得以加強。梁啟超、熊希齡等洋洋得意，組織所謂

6 　　劉師培：《與成都國學院同人書》，《左庵外集》卷十六，《遺書》第56冊。

名流內閣（又稱第一人才內閣）。10月10日，袁世凱正式就任大總統職，11月下令解散國民黨，撤銷國民黨人議員資格。1914年5月，袁世凱正式公佈獨裁專制的《中華民國約法》。而袁世凱的美國政治顧問古德諾，在1914年—1915年間先後拋出《論新憲法》、《共和與君主論》等文，公開鼓吹帝制，為袁世凱復辟帝制鳴鑼擊鼓。劉師培試圖下一賭注，依靠袁世凱復辟來改變自己的命運。

1915年8月23日，在袁世凱的授意下，楊度、嚴復、孫毓筠、胡瑛、李燮和、劉師培等人發起組織以「籌一國之治安」為目的的所謂「籌安會」。該會自稱其宗旨是「研究君主民主國體，二者何適於中國」。它標榜「專以學理之是非，與事實之利害，為討論之範圍」。[7] 討論的題目有：中國數千年，何以有君主而無民主？世界共和國家，何以有治有亂？籌安會掛出招牌僅一個禮拜，即於8月29日發表第二次宣言，說本會「全體一致主張君主立憲」。「我國撥亂之法，莫如廢民主而立君憲，求治之法，莫如廢民主專制而立君主立憲。此本會討論之結果也。」[8] 劉師培隨後發表了《君政復古論》、《聯邦駁議》等文以及《告同盟會諸同志書》，宣稱「天生烝民，無主則亂」。說什麼「大寶之位，必屬大德之君，鬥筲之器，不經棟樑之任，藪澤之夫，弗希雲龍之軌」。他將中華民國以來的政治混亂歸結為民無定主，人人以為「神器可以力征，而天鈞可由竊執」。認為只有君政復古，才能挽救世弊。而君政復古的最佳人選乃是袁世凱：「天祚有聖，纂作民主，懸三光於既墜，揚清風於上列，萬姓廓然、蒙慶更

7　《籌安會宣言》、《籌安會章程》，《護國文獻》，貴陽：貴州人民出版社，1985年版，第1033—1034頁。

8　《籌安會第二次宣言》，貴陽：貴州人民出版社，1985年版，第1034—1036頁。

生，誠宜踵跡靈區，扶長中夏，顯章國家竺古之制，以拒間氣殊類之災。」[9]他反對聯邦制，認為聯邦不符合中國歷史，「至於宰製之說，分治之規，考之古法，不應經義，稽之時宜，亦又違眾，推而行之，蠻貉之道也，何則？中夏長吏，鮮或專土，蒙古而外，惟土官耳。是以由分而合，則易土歸流，以合為分，則改流從土。宅基瓦解之餘，建極土崩之會，竊恐酋豪之政，由是而興，種落之風，緣斯而熾，既慚式古之效，徒滋入幽之惑，是非先王經國之義，亦非應俗適世之道也」[10]。這些言論完全迎合袁世凱的口味。劉師培又一次逆歷史潮流而動。

籌安會的出籠，標誌著袁世凱帝制活動的公開化。1915年12月12日袁世凱接受「民意」，準備於1916年元旦「登極」，改民國五年為「洪憲」元年，似乎辛亥革命成果完全被抹殺。但復辟帝制的行為遭到全國人民的唾斥。1916年3月22日，袁世凱宣佈取消帝制，6月6日在全國人民的唾棄聲中他一命嗚呼，結束了可恥的一生。

劉師培又一次被歷史嘲弄。袁世凱一死，北京政府下令通緝帝制禍首。南方護國軍在護國運動甫起，就已提出過一張十三人的名單，包括「六君子」和「七凶」。「六君子」指籌安會楊度、孫毓筠、嚴復、劉師培、李燮和、胡瑛六人。「七凶」指為袁氏籌備登極的朱啟鈐、段芝貴、周自齊、梁士詒、張鎮芳、雷震春、袁乃寬七人。劉師培、嚴復因李經羲以「人才難得」保免，故7月14日，北京政府以總統黎元洪的名義發表的懲辦帝制禍首命令中，嚴復和劉師培都從名單

9　　劉師培：《君政復古論》上，《左庵外集》卷十五，《遺書》第55冊。
10　　劉師培：《聯邦駁議》，《左庵外集》卷十五，《遺書》第55冊。

中剔出來了。劉師培由北京移居天津。雖然劉師培沒有被北京政府公開通緝，但這一次，他受到了比1911年辛亥革命更加嚴重的打擊。

在寓居天津期間，劉師培生活非常困難。蔡元培念及故舊之情，特聘其為北京大學教授。他又由天津遷回北京。這時的劉師培已是英雄末路，酸辛苦辣，五味俱全。他的身體狀況日益惡化，人也變得十分孤傲。整天蓬頭垢面，不修邊幅，看上去活像一個瘋子。他當時住在北京白廟胡同大同公寓。據說有一天教育部舊同僚易某去看他，見他一邊看書，一邊咬饅頭，面前擺著一碟醬油，卻因專心看書，把饅頭錯蘸在墨水匣裡，送到嘴裡去吃，把嘴和臉都塗得漆黑一片。[11]他重新將精力放在古文經學的沿流的研究之中，試圖在學術研究中樹立起他的尊嚴。但這種急躁的心緒更加影響了他越來越壞的身體狀況，他連北京大學的中古文學史講稿也無力大聲宣講。而他的孤傲也使得他越來越與時代脫節。1919年3月他主持出版《國故》月刊。1919年五四新文化運動爆發，劉師培與黃侃、林紓站在一起，共同反對新文化運動。

1919年11月20日（陰曆九月二十八日），劉師培的生命到了最後一刻。他派人把黃侃叫來，並吃力地對他說：「我一生應當論學而不問政，只因早年一念之差，誤了先人清德，而今悔之已晚。」並希望黃侃將他的學術繼承下來，把它再傳給後代。是日劉師培氣絕身死，年僅36歲。

11　陶菊隱：《籌安會"六君子"傳》，北京：中華書局，1981年版，第128頁。

4.2　劉師培後期思想

在劉師培漂泊的餘生中，命運是他考慮得最多的問題。他試圖追溯人生中最根本的動因，以及它的運行法則。他提出了一種徹底的宿命論。

1913年他發表《定命論》，其中說：

無命之說，鄙人於數載以前力持此論，近始知其可疑。[12]

他認為人事成敗禍福，頃刻萬變，今觀人世，禍與福總是與人的平日積行不相應，這就值得深入討論。但劉師培不因禍福與積行不相應而反對有命，相反，他從中還得出命運之說是人生至理的結論。

他說，「人無智愚，咸有趨福避禍之心，顧成敗禍福或出於不可知」。人總是很難知道將來的結果會怎樣。中國古代思想家在解決這一問題時，按照劉師培的論斷，有三種不同思路。第一種是墨家，他們認為鬼神福善禍淫。但這實質上與列子所謂「使力同者，果必同」並無二致，都是肯定禍福僉出人為。劉師培說，既然善有善報，惡有惡報，那麼為什麼人世間總是舛差乖錯？他輕易地否定了事在人為的觀點。第二種是陰陽家。他們認為吉凶可依術數趨避。人世間的禍福成敗，都是客觀存在的必然，但這種必然性可以借助陰陽五行原理加以破譯，只要掌握了這些原理，依據一定法則，就可以轉禍為福，趨吉避凶。但劉師培說，陰陽家之說，在東漢為王充《論衡》所駁，頗

12　劉師培：《定命論》，《左庵外集》卷十五，《遺書》第55冊。

中其微，也不能完全相信。第三種乃是孔子所說。劉師培認為只有孔子之說，乃合符命運真諦。

所謂孔子之說，在劉師培看來，主要是孔子提出了萬事有命，但這命不由鬼神作主，禍福也不由人造。他說：「古說不言命，言命乃孔子新說。」舉凡《尚書》、《詩經》中所載孔子以前關於命的論述，都是說禍福與積行相應，畀自鬼神，不由命定。而孔子《論語》卻明確地說死生有命，五十而知天命，可見孔子以為有命。而且墨家引《詩》《書》非命攻孔子，讖書出自孔子，也可旁證孔子有命之論。但孔子言命有兩個特點，一是孔子堅信上天出自無心而賦予人之命，二是孔子認為人力不能掌握天命。在孔子看來，只有人力不能掌握天命這一點乃是可知的。故孔子言五十而知天命。「命自道分，處底行流，數有定次，百世可知。元聖不能預，天鬼喪其靈，蓋慎終追遠，所以慎德，非以邀胡福，克己復禮，所以昭仁，匪以必天祥。……此乃儒家之杓秉，孔庭之綴旒也。」[13]

劉師培的意思是想說，人世間的一切吉凶禍福都是預定的，是人力不可能預知，也不可能改變的，但人也不能胡作非為，還是要慎終追遠，好自為之。這種理論是一種徹頭徹尾的宿命論，最典型地反映在劉師培為他投靠端方受到歷史嘲弄所作的辯解。

劉師培在流寓四川和北上太原時，曾分別作有《述懷一百四十韻示蜀中諸同好》以及《癸丑（1913年）紀行六百八十八韻》，這恐怕是劉師培一生中作得最長的兩首詩。在這些詩中，劉師培一方面說

13　劉師培：《定命論》，《左庵外集》卷十五，《遺書》第55冊。

「漢業暉天德，乘時豈異人，蛟螭頻失水，雕隼競離塵，浩蕩新機轉，棲遑往跡陳，吾身富憂患，壯志豈沈淪」[14]，為自己少年壯志和革命事業感到自豪。另一方面，又歎「自分同朝槿，何心慕大椿，淚漸泉客溢，材謝匠師掄。……風絮琴三疊，滄桑鏡一晌，彭殤原自定，不必問嚴遵」[15]，為自己失足感到幽憒。他無法理解他的人生歷程，更不能正視他思想和行動的錯誤，不能反省他政治失足的深刻原因，只好求之於命運，用宿命論來消解他內心的失意與憤懣。

在四川期間，劉師培對佛教開始產生了濃厚的興趣，他甚至相信佛教非常通俗的因果報應和輪回說。他認為佛教在解釋命運時有極高明的地方。佛教將宇宙形形色色的事物放在六道輪回體系中加以理解，認為只有超出了輪回法則的佛才能自由自在，而處在六道輪回中的事物，其中的因果報應異常複雜。人有前生、本生和來生。雖然總的原則是自作自受，但現實的禍福吉凶則不可究詰。這很容易得到劉師培的認同。如果能將他自己的現實境遇追溯到他的前生，那麼他1908年投靠端方的嚴重性就大大淡化，劉師培迫切需要這樣的理論來撫平心靈的緊張。佛教、道教成了劉師培餘生中的重要成分。1914年，他在《四川國學雜誌》刊有《與圓承法師書》，信中說：

蜀都於役，獲親玄軫，從容雅論，寔會神衷，每餐法音，千理承響。啟玄管於靈門，契鐘律於冥會，雖道安忘形於鑿齒，雁門酬響於

14　劉師培：《述懷一百四十韻示蜀中諸同好》，《左庵詩錄》卷三，《遺書》第61冊。
15　劉師培：《述懷一百四十韻示蜀中諸同好》，《左庵詩錄》卷三，《遺書》第61冊。

嘉賓，弗是過也。弟子少耽丘索，長涉九州，契闊艱夷，邅徊哀樂，既睹焦原之慘，備觀砥柱之峻。用是仰研玄旨，歸信靈極，懷誠抱向，屏除愛著。……用是標撮領會，搜聚貞實，撰《心感論》、《餘慶餘殃論》數首，期存妙典之真，兼祛俗觀之惑。[16]

劉師培感到佛教開啟了他的智慧之門，他要闡揚佛教教義，歸信「靈極」。

《心感論》和《餘慶餘殃論》今均存於《劉申叔先生遺書》第55冊。《餘慶餘殃論》是用佛教教理反對「積善之家必有餘慶、積惡之家必有餘殃」的認識。他認為「神識遷流，未始有屆，形氣轉續，靡弗有初。至於肖形天地，稟靈川嶽，窮思幽極，綜情古今，雖稟氣而成生，實循業而揭跡」。也就是說，人之為人主要是業報的結果，父子夫婦之間不可能有因果報應，人所造之業只能由自己承擔。《心感論》主要解釋受報的主體，既然人總是自作自受，輪迴受報，那麼什麼是輪迴的主體？劉師培認為這是心識。劉師培對佛教的認識並不深刻，但由於摻和著他自己的人生體驗，他覺得佛教因果報應說跟他的生命十分相契。

對於命運的關切使劉師培完全喪失了積極探索政治、人生真理的志氣。他越來越關心個人的立身處世。舉凡修身、治國策略，他也越來越偏激地向傳統回歸。他在生命的最後時期曾寫有《信義論》，但其中所談的做人的基本準則「信」與「義」被他抽象為一種空泛的道

---

16   劉師培：《與圓承法師書》，《左庵文集》卷十六，《遺書》第56冊。

德精神。他例舉申包胥哭於秦庭乞師救楚，公孫杵臼和程嬰保存趙氏孤兒，以及豫讓、要離、荊軻、聶政之事，說這些人「徒感一言，效之以死，白刃不能蕩其守，千乘不能移其情，榮利顯於當時，勳效傳於百世，是誠至德要道，通於神明，明堂可登，金石可勒」[17]。而晚近「民德浸衰，至誠道息，巧言有屢盟之刺，穀風有棄遺之歎，咎在俗弊，後世因之。不意邇來淩遲彌甚，輕易捷於反掌，迴圈迅若波瀾，久要棄而若忘，永貞替而弗竺，百爾安其所習，後生視若固然」[18]。劉師培對近世之人屢變屢化深感不滿。他主張「改薄從忠，以順三教，滌澆浮之靡俗，宣淳厚之洪風」，這樣施政才會有永年之功，而國家也有包桑之固。這種空泛的道德論調，不具體考慮道德的對象，要求人們謹守信義，就難免有點宗教化傾向。劉師培晚年致力於儒家道德倫理的宗教化典籍《白虎通德論》的研究，恐怕潛意識裡就有這種因素在內。

對於國家政治原理和政治措施，劉師培再也提不出新的東西，他完全沉浸在儒家的傳統思想之中。他洋洋灑灑的《君政復古論》，駁斥民主憲政，認為只有專制政治才是最好的政體。其《聯邦駁議》，又反對地方自治。他所考慮的是立廟、祭天等等專制帝王的儀式，而尤其反對民國法律的積極性成分。他曾說：

中國自三代以來，禮教刑律互為表裡。故出禮入刑，古有明訓。迨清末葉，改訂新律，條文雖具，未及頒行。民國成立，百端草創，

17　劉師培：《信義論》，《左庵外集》卷十五，《遺書》第55冊。
18　劉師培：《信義論》，《左庵外集》卷十五，《遺書》第55冊。

定為暫行刑律。法庭承用，三載於茲，禮之與刑既弗符合，政之與法又複參差。考方今功令，凡孝子節婦，行義卓絕者，均由內務部匯請褒揚，刑律之文，宜與相准，庶彰善癉惡，賞罰相符。乃新律條文，尊尚齊等，施之族黨，弗足戢犯上陵長之風，至於懲艾姦淫，保障貞節，章條既簡，科罰尤輕。數載以來，民德淪喪，越禮敗度，職此之由。[19]

劉師培不是肯定民國法律的平等觀念，相反，他要求用宗法倫理來制約民風，並使宗法倫理在法律上得以體現。這種議論恰可與滿清遺老相媲美。有了這些腐朽思想在腦海裡作怪，他後來反對新文化運動，就不是偶然的了。

4.3　劉師培與辛亥革命後的國粹派

辛亥革命爆發後，《國粹學報》只出了第82期。此期為1911年第9—13號合刊。其中刊有國學保存會《擬推廣本會之志願》及《古學彙刊略例》。前文寫道：

今者滿清退位，漢德中興，海內識微之士，多謂本會為精神革命之先河。同人等固未敢自居文字之功，然硜硜自守，抱其素志，毋敢少渝。中間雖屢經官家之注目，始飴以金資，繼加以威哧，同人不為少動中止，乃延一線至今日。際茲民國成立，言論結社得以自由，同

19　劉師培：《刑禮論》，《左庵外集》卷十五，《遺書》第55冊。

人等固當不懈而益勤，思以發展其素抱。

　　它所擬定的「推廣條例」包括：一、刊印先哲遺書；二、停辦《國粹學報》，另組《古學彙刊》；三、設古物流通處、金石採訪處及古學研究所；四、推廣藏書樓；五、設考古展覽會。《古學彙刊》由繆荃孫為總纂，鄧實仍為主任。定每兩月出一編，分上、下二篇，上篇刊前人遺著，下篇刊近人新著。宗旨在「發明絕學，廣羅舊聞」[20]。內容是「專主經史、雜記之有關係而足資考訂者，欲使讀者得此足以增益見聞，助長學識」[21]。後來《古學彙刊》從1912年6月至1914年8月，共出12編24冊後停刊。而國學保存會的「推廣本會志願」並未實現。

　　《國粹學報》的停刊標誌著國粹派陣營的流散。自1907年以來，國粹派進行文化理論的調整。調整的結果是章太炎和劉師培因不同原因放棄了用無政府主義理論來發展國粹派文化理論的企圖，並在所謂力避浮華，覃精求實，探索歷史文化典籍的客觀面貌上達到了默契。1909年《國粹學報》第13號（總第62期）刊有編輯社所謂「明年之特色」，其中歸納出《國粹學報》歷年的撰述大旨就是：「力避浮華而趨於樸學，務使文有其質，博而寡要，非關於學術源流，有資考古者不錄。庶幾韓子所雲惟陳言之務去者。至於保存古物，不遺故聞，訓釋周秦諸子之書，使盡可讀，引申乾嘉諸儒之學，不絕其緒，詮明小學，以為求學之門徑，謹守古誼，以毋越先民之訓，五年於茲。」

20　《古學彙刊略例》，《國粹學報》第82期。
21　《古學彙刊略例》，《國粹學報》第82期。

²²這與其說是對《國粹學報》前五年的總結，不如說是對《國粹學報》發展方向的預計。1909年前後，章太炎以音韻訓詁為基，以周秦諸子為極，亦講釋典。而劉師培則致力於典籍的校釋，都好像不願引西證中，不願再去討論玄言妙理。但辛亥革命爆發之後，面對紛至沓來的種種現實問題，章太炎也不可能做「使魏晉諸賢尚在，可與對談」的純粹學術研究，劉師培在孤心苦詣，以經師自期的同時，也要用宗教來化解內心的幽憤。而國粹派陣營也就因喪失一個統一的奮鬥目標和宗旨漸形消散。流散的國粹派成員，在政治主張上漸歸於消極。鄧實在上海「以金石書畫自娛，厭倦文墨，無複當年豪興」²³。黃節雖一度出任廣東高等學堂監督，但不久即退歸北大任教。他對理想破滅，國事日非，深感失望，為人寫字常鈐「如此江山」印章。他們的共同特點就是不滿現實，尤其是對民國建立以來的種種社會弊端深惡痛絕，認為民國社會跟他們所理想的社會相差甚遠。

在消沉的國粹派陣營中，章太炎仍然堅持了對中國文化命運的理性思考。他提出用儒家思想來解決時弊。1914年，章太炎在北京被袁世凱軟禁，「始玩爻象，重籀《論語》諸書，然若有悟者」²⁴。他一改早年孔不如老、中年孔老不如佛的看法，完全從正面肯定儒學的價值。說孔子忠恕之道，融歸納與演繹為一體，推己及人，「退藏於密，處虞機以制辭言，不以一型錮鑄」²⁵，比佛教道教要高明得多。雖然佛教關於人生問題的分析較儒學精微，但「居賢善俗，仍以儒術

22　　《明年之特色》，《國粹學報》1909年第13號。
23　　胡樸安：《餘墨》，《樸學齋叢刊》第4冊。
24　　章太炎：《檢論》卷三，《訂孔》下。
25　　章太炎：《檢論》卷三，《訂孔》下。

為佳，雖心與佛相應，而形式不可更張」[26]。至於西方哲學，雖然邏輯清楚，解析精微，但在個人體驗上不如東方哲學。「大抵遠西學者，思想精微，而證驗絕少。康得、肖賓開爾（叔本華）之流，所論不為不精至。至於心之本體何如？我與物質之有無何如？須冥絕心行，默證而後可得，彼無其術，故不能決言也。」[27]他認為儒家學說是民族文化的真正精華。章太炎晚年對於中國歷史文化的重新評價，乃是他對國粹理論的可貴探索。雖然他沒有找到解決問題的根本途徑，但他思考問題的角度以及認識的深入，直接引發了20世紀20年代前後一個新的「本土文化主體論」陣營的產生。這就是逐漸集合在以《學衡》為核心的「學衡」派。

劉師培後期也表現出對於傳統的迷戀。但他與章太炎等人不同。袁世凱復辟帝制，章太炎「以大勳章作扇墜，臨總統府之門，大詬袁世凱的包藏禍心」，雖因此遭禁錮，「而革命之志，終不屈撓」。[28]劉師培卻參加籌安會，鼓吹帝制。黃侃、馬敘倫曾當面怒斥劉師培。[29]黃節曾兩次致書劉師培，責其解散籌安會。[30]但劉師培一意孤行，愈演愈烈。劉師培後期既未能真正理性地思考傳統文化中的優秀成分，也沒有關切國粹派理論的前途。這時期他的思想與國粹派諸人特別是章太炎相較，不可同日而語。

26　章太炎：《與吳承仕書》，載《章炳麟論學集》。
27　章太炎：《與吳檢齋書》，載《國故月刊》1919年第2期。
28　魯迅：《太炎先生二三事》，《魯迅全集》第6卷，北京：人民文學出版社，1981年，第547頁。
29　馬敘倫：《鼓吹民族革命之國粹學報》，《石屋余沈》，上海：上海書店，1984年，第192頁。
30　劉韶清：《黃晦聞之生平及其政治學術思想舉例》，《廣州文史資料》，1963年，第10輯。

4.4　劉師培死後是非

劉師培死後，他的學生於1920年將他的靈柩護送到揚州，安葬於劉氏祖塋中。他流星一般的生命得到了安息。他與何震結婚後只有一女，生下來幾個月即夭折。死後，他的叔叔劉顯曾將孫子劉葆楹過繼給他作為兒子。何震在劉師培死後，打算訪名山作比丘尼，不久也因精神病發作而死。劉師培留給後人的就是一些著作和難解的人生之謎。

人們大多肯定他的學術成就，非議他的政治活動。陳鐘凡《劉先生行述》云：「（劉師培）生平精力，奪於著述，世變紛綸，匪所能悉，而以貧病，故不能亡情爵秩，時時為僉壬牽引，致不退不遂，入於坎陷，非深知先生者孰能諒之。」[31]其叔父劉富曾《亡侄師培墓誌銘》云：「夫物忌過盛，侄得名太早，厥性無恒，好異矜奇，悁急近利。」[32]尹炎武《劉師培外傳》云：「揚州學派盛於乾隆中葉……師培晚出，席三世傳經之業，門風之勝，與吳中三惠九錢相望，而淵綜廣博，實龍有吳皖兩派之長，著述之盛，並世所罕見也。……體素羸弱而無談功，雖淵靜好書而心實內熱，時乃盡棄所學，以詭隨流俗，以致晚節末路，不能自脫，傷哉。」[33]

甚至1936年，陳鐘凡、劉文典搜集劉師培遺書，錢玄同加以整理，南佩蘭出資印行時，蔡元培作《劉君申叔事略》，也云：「所著書……凡關於論群經及小學者二十二種，論學術及文辭者十三種，群

31　陳鐘凡：《劉先生行述》，《遺書》卷首。
32　劉富曾：《亡侄師培墓誌銘》，《遺書》卷首。
33　尹炎武：《劉師培外傳》，《遺書》卷首。

書校釋二十四種，詩文集四種，讀書記五種，學校教本六種，除詩文集外，率皆民元前九年以後十五年中所作，其勤敏可驚也。向使君委身學術，不為外緣所擾，以康強其身而盡瘁於著述，其所成就寧可限量？惜哉！」[34]

劉師培的政治活動與學術研究是否可以分裂，這在本書第五章後將詳細論述。淺見以為學術研究與社會現實相聯繫，乃是揚州學派，特別是劉師培家學得以發展的原因，也是劉師培學術取得巨大成就的原因。劉師培對於中國學術史所作的貢獻，在很大程度上取決於他的民族民主革命思想開闊了他的學術視野，更新了他的學術研究方法。隨著他的民族民主革命思想的萎縮，他雖然在經學、子學研究中取得了一些成績，但他已不能提出具有啟示意義的學術命題，其學術研究也只有景仰乾嘉樸學的風格，重新回到過去的堡壘之中。

劉師培自稱在流寓四川時作有《書揚雄傳後》詩一首，詩云：

荀孟不復作，六經秦火餘，篤生揚子雲，卜居近成都。文學窮典墳，頭白勤著書，循循善誘人，門停問字車。《法言》象《論語》，《太玄》開潛虛，反騷吊屈平，作賦比相如。《訓纂》辨蝌蚪，《方言》釋蟲魚，雖非明聖道，反復推通儒。紫陽作《綱目》，筆削更口誅，惟劇美新文，遂加莽大夫。吾讀《華陽志》，雄卒居攝初，身未事王莽，茲文得無誣。雄志本淡泊，何至工獻諛，班固傳信史，微詞雄則無。大純而小疵，韓子語豈疏，宋儒作奇論，此意無乃拘。吾讀揚子

34　蔡元培：《劉君申叔事略》，《遺書》卷首。

書，思訪揚子居，斯人今則亡，吊古空躊躇。[35]

　　此詩據詩意很可能是劉師培在袁世凱帝制失敗後作。從中可見劉師培是多麼希望後人能像韓愈評價揚雄那樣去評價他。他自許「大純而小疵」，並且相當自負他在學術研究中的貢獻，但事實證明，他的個性和政治品格都有嚴重缺陷。他爭強好勝，過於孤傲，為了絲許小事可以與相知最深的師友斷絕關係，受小人迷惑甚至反目成仇。為了獲得心理的暫時平衡，他可以認敵為友，背叛自己的政治主張。在師友好意勸其懸崖勒馬的時候，他越走越遠，忽視安身立命的大節，而重個人尊嚴的小節。結果是大節既失，小節也不能保。後來為袁世凱復辟帝制鼓噪，成了專制思想的傀儡。他政治上的失足也使他不可能把握住時代的脈搏，從而也不可能以發展的眼光來謀求劉氏家學以及揚州學派的轉機。他後來謹守家法，在民國時期，卻要做乾嘉時期的學問，實際上也背離了劉氏家學以及揚州之學在近代的發展趨勢。

　　劉師培的悲劇在於：他和章太炎等提出了將乾嘉學術傳統轉變為近代新的學術形態的重要課題，但由於他個人品格和主觀認識的缺陷，他從一個革命者變成了革命的反對者，由此導致他喪失了探索學術革命的勇氣，並導致最後對他自己所提出的課題的否定。

_____

35　轉引自陶菊隱：《籌安會「六君子」傳》，第129頁。

第五章

劉師培學術研究的觀點與方法

5.1　中國近代學術研究的發展趨勢

鴉片戰爭前後，中國近代學術醞釀著一次歷史性的轉折。龔自珍、魏源等深感清王朝統治的危機，對學術研究經世精神的貧乏進行了抨擊。他們認為清代所謂漢學與宋學，都沒有契中當時的社會現實問題。漢學家「考證於不必考之地」，置天下安危治亂於不顧，「但求名高於天下，故術愈精而人愈無用」。[1]漢學捨本逐末，疲精勞神，畢生從事文字訓詁等工作，對於經世致用不屑一顧，其結果是「錮天下聰明智慧，使盡出於無用之一途」[2]。而宋學家們雖然標榜心得，卻崇尚空疏，對於各種實際問題不聞不問，同漢學研究一樣無用。他們提出要改變這種學術狀況。他們提出了如下辦法：一、重新認識傳統學術研究的真正精神實質，二、緊密關注社會現實問題。龔自珍、魏源等人做了大量的對傳統學術精神的發掘工作。如龔自珍深入考察歷代學術的演變沿流，指出古代學術與政治是合一的整體，魏源條理西漢今文經學家的師法，指出儒學的真傳是以學問切人事。龔、魏還把自己的學術研究與當時的社會現實問題緊密結合。龔自珍針對當時社會貧富不均、政治基礎不穩的現實問題，研究古代宗法和井田制，提出設「農宗」以緩和土地兼併和穩定社會秩序，強化血緣關係和宗族感情。他還對當時西北和東南沿海所面臨的現實危機，提出《西域置行省議》，提出只有在西域置行省，鞏固西部邊防，才能真正抵禦西部外敵入侵。對東南沿海的歷史地理，龔自珍也很關注。魏源研究清代軍事歷史，著《聖武記》，其目的就是要從歷史中找到抵禦列強

1　　沈垚：《與孫愈愚》，《落帆樓文集》卷八。
2　　魏源：《武進李申耆先生傳》，《魏源集》。

覷覥的辦法。他研究元史，著《元史新編》，也是試圖從元朝政治的特點和元朝滅亡的教訓來提醒清王朝所應該注意的問題。他研究外國史地，著《海國圖志》，就是要瞭解西方的歷史和地理狀況，「諸其底蘊」，「以資控制」。[3]

鴉片戰爭前後學術研究的經世意識和時代感、現實感，帶來了當時學術研究的新局面。在傳統經學史研究領域，出現了一個重要的新動向：今文經學開始興盛起來。隨著人們對學術經世精神的強調，樸學客觀平實的長處淡化，而其短於致用的弊病卻越來越鮮明地暴露出來。人們反省樸學所標榜的漢學旗幟，發現樸學所實踐的漢學乃是東漢古文經學，而西漢之學，特別是西漢今文經學並沒有被乾嘉樸學者們所深入研究。而西漢之學，特別是西漢今文經學以《周易》決疑，以《洪範》占變，以《春秋》斷事，以禮樂服制興教化，以三百五篇當諫書，以經術為治術，才是真正的經學學術精神。而且西漢今文經學，去古未遠，又有師承，比東漢之學更得孔學真傳，更符合儒家經學的原意。在這種狀況下，乾嘉時期本不受重視的個別學者關於西漢經學微言大義的研究受到了高度評價。莊存與、孔廣森、劉逢祿在經學研究中的地位得到了廣泛的認同。

傳統史學研究領域，也出現了由考史注史到著史的轉變。鴉片戰爭以後，一大批史家一改清中期不事著述的風氣，收集史料，致力於元、明、清史和邊疆史地的研究。如徐鼒1861年寫成《小腆紀年附考》，1862年寫成《小腆紀傳》，夏燮1873年寫成《明通鑒》，李元度

3　　魏耆：《邵陽魏府君事略》。

著《國朝先正事略》，李桓輯《國朝耆獻類征初編》，夏燮著《中西紀事》、《粵氛紀聞》，王闓運著《湘軍記》，王定安著《湘軍志》，王之春撰《國朝柔遠記》等。還有一些史家將視野伸展到域外史地，如王韜著《法國志略》、《普法戰紀》，黃遵憲著《日本國志》等。

但經學、史學研究的上述變化並沒有完全像龔自珍、魏源等人所預想的那樣，成為對古代學術精神的復古，它沒有固守傳統學術的樊籬，而是以復古求解放，體現著學術研究的近代意識。主要表現為以下三個方面。

一、經學史研究在復歸傳統經學精神時導致對傳統經學的超越。

鴉片戰爭後，今文經學觀點的勃興主要表現在經學的變易觀和主體思想。西漢今文經學的「微言大義」主要是「天人感應」和「三統」、「三世」說。漢儒所架構的陰陽五行模式以及天人關係論，隨著古代天文、曆法等自然科學知識的進步，已被證明是主觀比附。所以晚清經今文學的研究重點不在漢代天人之學，而在其變易之學。劉逢祿、宋翔鳳、王闓運都重視《公羊》之學，試圖以公羊釋《論語》，戴望認為「欲求素王之業，太平之治，非宣究《公羊》之義不可」，都表明晚清今文經學的重心是在將以《公羊》為代表的經學變易觀去詮釋儒家經學體系。其發展結果正是這樣。廖平、康有為把儒家經學體系進行分解，將較少涉及變易觀的經學成分視為古文派。廖平將此視為是孔子早年不成熟的思想，而康有為乾脆將之視為劉歆的偽學。這樣，公羊傳所闡發的「存三統、張三正、異內外」的三科，就成了儒家經學的正統，它真正反映了孔子對於歷史過程的系統看法

以及對不同歷史發展階段的政治理想。而孔子也被打扮為有著深遠政治抱負的素王、有救世宏願的教主。經學研究的這一結果，一方面突出了學術的主體意識，另一方面也引發了對於歷史發展規則的探討。學術主體意識的突出，大大沖淡了經學教義對於學術研究的羈絆。學術被看做是學者社會理想的寄託。只有有了對於社會的獨特看法，才會有獨特的學術風格。正如康有為在《孔子改制考》中論諸子無不為改制、倡教而起，未來的學術必然以其標新立異而大放光彩。經學的主流並不在於闡明歷史發展的線索。經學較為注重歷史道德本質的探討。可是經過廖平、康有為等人的研究，經學的主體思想就是探討歷史變易。而康有為等人在闡明經學歷史變易論時，又將自己對於歷史的認識摻入其內。如康有為《春秋董氏學》、《禮運注》諸篇，就把公羊的三世說解釋為據亂世、升平世、太平世即所謂小康、大同的發展階段，並說它們分別代表君主制、君主立憲制和民主共和制三種政治制度。他試圖借三世說暗示中國必須變法維新，走君主立憲道路乃是順應歷史發展的必然趨勢。這種變易觀已經超越了傳統經學的範圍。

二、中外歷史比照和西方社會學理論的傳播豐富了人們對於學術哲學思想的思考。

鴉片戰爭後，一些史家從外國歷史與中國歷史的對比出發，根據西方歷史的某些現象來瞭解和分析中國歷史，對中國歷史發展的不同階段作了初步劃分。如王韜根據西方政治情形，把政治分為三種：一曰君主之國，二曰民主之國，三曰君民共主之國。他依此對中國歷史作了研究，提出中國歷史已經經歷了三代之道與郡縣之道兩個階段，

中國歷史發展的前途是君主立憲之道。稍後，黃遵憲也從西方歷史和政治現狀出發，把中國歷史分為封建之世、郡縣之世、共和之世三個時期：秦統一中國以前是封建之世，秦至清是郡縣之世，共和之世尚未到來，是當時有待實現的政治理想。王韜、黃遵憲等人對歷史發展階段的論述以及對於當時社會發展特徵的描述，使得在經學思想體系分解之後，有可能產生一種新的學術哲學思想。

1896年，嚴復翻譯出版了英國自然科學家赫胥黎的《天演論》，宣傳物競天擇、適者生存的社會進化論。他在宣傳進化論的同時，還介紹西方的天賦人權論，作為批判君權、伸張民權、實行君主立憲的思想武器。依據天賦人權理論，他否定君主專制的絕對權威，宣傳主權在民。社會進化論和天賦人權理論使醞釀已久的經學三世變易說和王韜、黃遵憲等人的歷史三階段說找到了可資統一的理論前提，它很快成為當時學術研究的指導思想。

三、學術方法在調整和會通中得到發展。

鴉片戰爭後，學術研究表現出考據與義理相結合的特色。這一時期的經學、史學著作都試圖在繼承乾嘉樸學嚴密的考據方法的基礎上來研究經、史的意義。如經學史研究中的《今古學考》、《新學偽經考》、《孔子改制考》，史學研究中的《小腆紀年附考》、《元秘史地理志考證》等。史學著作中還有一些著述既繼承和發展了乾嘉考據學的某些具體方法，又吸取西方某些方法。如洪鈞的《元史譯文證補》，就把史料對勘比較法擴大到中西史籍異同的比較，用西文元史資料對照中文的有關記載，或以漢文證西文之誤，或以西文證漢文之

誤，或中、西文互補。他還用音韻法輔助考證蒙古史料中有不記載的人名、地名、族名。考據與義理的結合，既強化了學術研究的主體意識，也強化了學術主體意識的邏輯基礎，反映出晚清學術研究立足於乾嘉樸學求自身發展的整體趨勢。

19世紀末，嚴復在宣傳進化論和天賦人權理論的同時，還宣傳了自然科學的經驗法和歸納法，並據此對舊學方法的侷限進行了批評。他認為中國學術以古書成訓為準則，而西學則與此相反，「一理之明，一法之立，必驗之物物事事而皆然而後定之為不易」，「方其治之也，成見必不可居，飾詞必不可用，不敢絲毫主張，不得稍行武斷」，因而他們所得出的結論具有科學性。而「舊學之所以無多補者」，在於其推論的大前提是「心成之說」，而推論時又不按邏輯，雖然「持之似有故」，「言之似成理」，實則多模糊兩可之說。缺乏嚴密的推理和歸納，乃是「中國學術之所以多誣，而國計民生之所以病」的原因。[4]嚴復的這些論點，號召人們反省傳統學術研究的方法論，學術的科學化被進一步提上日程。

經過鴉片戰爭到19世紀末長時期學術思想和學術方法的醞釀，20世紀初年，中國學術革命的口號終於提了出來。

在經學研究領域，信奉今文經學觀點的梁啟超和夏曾佑等，開始嘗試用民權理論來重新審視經學體系；信奉古文經學的章太炎等人，也開始細緻地整理古、今文經學的發展源流，將經學研究與民族民主革命相結合。在史學研究領域，梁啟超、章太炎等通過對西方歷史和

4　嚴復：《穆勒名學》部乙，篇四，第五節按語。

政治學、哲學、社會學著作的廣泛涉獵，提出了研究中國歷史的哲學認識。如梁啟超，他在20世紀初年，連續發表《亞裡斯多德政治學說》、《盧梭學案》、《法理學家孟德斯鳩之學說》、《政治學家伯倫知理之學說》和《樂利主義泰斗邊沁之學說》，相當廣泛地宣傳西方特別是近代西方關於國家、法權和倫理的學說，豐富了他對於歷史哲學的認識。與此同時，對於西方近代學術方法的研究也蔚為風氣。如梁啟超曾先後發表《培根學說》、《笛卡兒學說》、《近代文明初祖二大家之學說》和《論學術勢力左右世界》等文章，對西方學術方法進行積極宣傳，並提出西方近代與上古、中古的主要差別是思維方法和世界觀的差別，培根的經驗歸納法和笛卡爾的演繹推理法是西方近代文明的基礎。章太炎也根據他對歸納法和演繹法的認識，提出古代學術方法只有墨子和荀子的邏輯實證方法最有發展前途。

在此基礎上，梁啟超、章太炎等人對傳統學術研究的弊端作了尖銳抨擊，提出了近代學術發展的具體目標。

一、他們批評傳統學術經世理想主要為專制政權服務，民主意識淡薄，對國民的重要性缺乏認識，提出要將國民作為學術研究的價值中心。

就經學研究而言，廖平、康有為早就將東漢以後的經學視之為偽學。而20世紀初年的學術研究，進一步認為凡秦漢以後的經學都是專制之學，都違背了孔子學說的真正精神。其中章太炎甚至對孔學政治思想的消極性深表不滿，導啟了近代對於孔子經學思想的猛烈批判。至於傳統史學，梁啟超將之視為帝王家譜，認為它所堅持的正統觀

念、書法觀念都是為了專制帝王的政治要求服務，反映出古代學術研究的奴隸根性。而近代學術，應該反映社會群體的創造過程以及國民道德和理性的進步狀況，應該將研究重點轉移到國民歷史。當時民史的呼聲甚囂塵上。一些學者對於如何建設以國民為價值標準的學術體系作了理論思考。

　　二、他們批評傳統學術研究歷史進化觀念貧乏，從中看不到歷史發展的趨勢，提出要熔冶哲理，研究歷史發展的基本規則。

　　整體而言，雖然經學體系中有今文經學的歷史變易觀，但東漢的古文經學卻長期佔據經學研究的統治地位。而古文經學，據廖平、康有為的研究，它不重視歷史變易。在20世紀初年，梁啟超等人對經學研究歷史的這種狀況深感不滿。他們對孟子、荀子的歷史觀念作了進一步的研究。而傳統史學，在梁啟超、章太炎看來，幾乎沒有一種體裁表現出歷史進化的思想。像典志體一類的史學著作，雖然標榜「條源析流」、「綜貫百代」，但實際上也只是編纂史料，並沒有歸納出每一類史實演變的原理。所以，傳統史學多因襲而不能創作，既看不出歷史事實內部的演變規則，更感受不出中國歷史發展的線索，缺乏歷史發展觀和歷史程式感，乃是傳統學術研究最嚴重的不足。

　　梁啟超曾經指出：「善為史者，必研究人群進化之現象，而求其公理、公例之所在。」[5]學術研究最關鍵的是要體現學術對象的演變規則，他曾將公羊三世說和西方進化論揉合而為「三世六別說」以代替古代歷史迴圈史觀。認為只有「綜觀自有人類以來萬數千年之大

5　　梁啟超：《新史學》。

勢，而察其方向之所在」⁶，才能看出國民智慧之嬗進、社會內容之變遷。章太炎也指出近代學術需要以社會進化之理為指導，應該使讀者從學術研究中「知古今進化之軌」⁷。

三、他們對傳統學術方法的陳舊表示不滿，對學術研究的因果關係乃至學術成果的表現方式都提出了更高的要求。

20世紀初年，梁啟超、章太炎等人都對學術研究中的因果關係予以高度重視。他們認為以傳統學術研究與近代西方學術相比較，就會發現，西方學術比較講究推理過程，講究事物之間的因果關係。相反，傳統學術更多的是只注意研究對象表面上的聯繫，不深入研究現象之間的前因後果，從而給正確認識歷史和現實造成非常消極的後果。夏曾佑就曾指出，如果我們還像過去那樣，不研究歷史中複雜的因果關係，我們就不可能對中國社會的現狀有真實的理解，從而也不可能提出解決中國現實問題的有效辦法。⁸

對於學術成果的表述方式，20世紀初年的新史家也主張進行契合現實需要的改變。特別是對史學著作的體例，當時還展開了熱烈的討論。章太炎主張結合典志體和紀傳體的長處來表述對於歷史的認識，而大多數史家則習慣於採取章節體。總之，他們提倡創作反映研究者心得的著作體例。

20世紀初年的學術革命思潮是鴉片戰爭後中國學術思想發展的必

---

6 梁啟超：《新史學》。
7 章太炎：《訄書》重刻本《哀清史》附《中國通史略例》。
8 夏曾佑：《論變法必以歷史為根本》。

然結論。近代學者對古代學術所展開的激烈批評代表著近代學術研究者對古代學術的第一次清算。在批評傳統學術的不足時，學者們提出了建設為國民提供借鑑的、具有總結歷史發展規則特色的近代學術目標，並提出了建設這一新的學術目標的基本方法。可以說，20世紀初年的學術革新思潮，標誌著傳統學術向近代中國學術的真正過渡。

5.2　劉師培對於學術革新的認識

錢玄同於1937年曾說：

最近五十餘年以來，中國學術思想之革新時代，其中對於國故研究之新運動，進步最速，貢獻最多，影響於社會政治思想文化者亦最巨。此新運動當分為兩期：第一期始於民元前二十八年甲申（1884年），第二期始於民國六年丁巳（1917年）。第二期較第一期，研究之方法更為精密，研究之結論更為正確。……黎明運動中最為卓特者，以餘所論，得十二人，略以其言論著述發表之先後次之，為南海康君長素（有為）、平陽宋君平子（恕）、瀏陽譚君壯飛（嗣同）、新會梁君任公（啟超）、閩侯嚴君幾道（複）、杭縣夏君穗卿（曾佑）、先師余杭章公太炎（炳麟）、裡安孫君籀膏（詒讓）、紹興蔡君子民（元培）、儀征劉君申叔（光漢）、海寧王君靜庵（國維）、先師吳興崔公㦜甫（適）。此十二人者，或窮究歷史社會之演變，或探索語言文字之本源，或論述前哲思想之異同，或闡演先秦道術之微言，或表彰南北劇曲之文章，或考辨上古文獻之真贗，或抽繹商卜周彝之史值，或表彰節士義民之景行，或發舒經世致用之精義，或闡揚類族辨

物之微旨，雖趨向有殊、持論多異，有壹志於學術之研究者，亦有懷抱經世之志願而兼從事於政治之活動者，然皆能發舒心得，故創獲極多。[9]

　　他認為1884年到1917年是中國學術革新的黎明時代，在這一時代先後出現了康有為、宋恕、譚嗣同、梁啟超、嚴復、夏曾佑、章太炎、孫詒讓、蔡元培、劉師培、王國維、崔適等重要學術人物，他們對傳統經學、史學、子學、小學、文學所作的開創性研究構成了中國近代學術中最有價值的一頁，成為傳統學術研究到近代學術研究的橋樑。

　　而劉師培在這一學術過渡時期具有其特殊重要的作用。「劉君最初發表著述之時，對於康、梁、嚴、夏、章、孫諸先生之作，皆嘗博觀」[10]，他比較清醒地認識到了近代學術所發生的轉折以及其發展方向。同時，他「著述所及，方面甚多」，其中有的論古今學術思想，有的論小學，有的論經學，有的為校釋群書。而其中每一門類，都不乏新義。尤其是他1908年秋以前的學術研究，「識見之新穎與夫思想之超卓，不獨為其個人歷史中最宜表彰之一事，即在民國紀元以前二十餘年間有新思想之國學諸彥中亦有甚高之地位」[11]。可以說，劉師培的學術研究是中國傳統學術向近代學術過渡的重要仲介之一。

　　劉師培對於學術研究的本質有獨立的認識。他曾這樣概定學術的

9　　錢玄同：《劉申叔先生遺書序》，《遺書》卷首。
10　錢玄同：《劉申叔先生遺書序》，《遺書》卷首。
11　錢玄同：《劉申叔先生遺書序》，《遺書》卷首。

含義，說：

> 學也者，指事物之原理言也；術也者，指事物之作用言也。學為術之體，術為學之用。如陰陽家流，列九流之一，此指陰陽學之原理言也。陰陽若五行、蔔筮、雜占，列於術數類中，則指其作用之方法言矣。[12]

也就是說，學術是原理與方法的有機統一，如果只有原理沒有方法不可稱為學術，同理，只有方法沒有原理，也不可稱為學術。而所謂原理和方法，在劉師培的學術思想中又包含了兩種具體涵義。其一是指純粹科學研究的原理與方法，其二是指救世濟民的理論與方法。在1908年以前，劉師培認為這二者是相輔相成的。

依據他對學術本質的認識，劉師培批評了傳統學術研究對於學術本質的偏移。第一，他批評傳統學術研究偏離了救世濟民的遠大抱負。他指出在傳統學術研究中，有一種傾向就是要將學術變為純粹考據，這在清代學術發展過程中表現得最為突出。如乾嘉時期的漢學，其特徵可以用「考證」二字概括之。漢學泥古墨守，以吳派最為典型。他們研究經典，不外摭拾校勘，「掇次已佚之書，依類排列，單詞碎義，博采旁搜……考訂異文，改異殊體，以折衷古本」，他們或篤於信古，或膠執古訓，總之是守一家之言而不能出其靈性。[13]劉師培指出：「考古不能知今，則為無用之學。」[14]如果學術離開了救世

12　劉師培：《國學發微》，《遺書》第13冊。
13　劉師培：《南北學派不同論》，《遺書》第15冊。
14　劉師培：《爾雅蟲名今釋》，《遺書》第11冊。

濟民的旨意，那就不是真正意義的學術。他曾用很多篇幅來論證學術的生命力在於經世致用。他一度推崇龔自珍、魏源、戴望關於學術精神的觀點，認為在中國古代，學術與政治合二為一，學術滲透著經世精神。第二，劉師培也批評了傳統學術研究在原理與方法兩方面都缺乏高度自覺。他指出中國古代學術研究大多在原理與方法上不能達成統一。如宋明理學家們商談性命道德之說，但卻缺乏牢固的方法論基礎，他們解釋儒家經典，「不軌家法，悉憑己意所欲，出以空理相矜」[15]。因而其理論也不能完全可信。而漢學實事求是，有比較嚴格的方法論程式，但卻沒有闡發所研究事物的原理，缺乏哲學概括。

劉師培在批評傳統學術研究中所提出的第一個基本觀點是，中國近代學術必須加強經世意識，必須堅持理論與方法的統一。

劉師培還敏銳地認識到學術研究在不同歷史時期具有不同的特點。他提出中國近代學術的發展目標是建設為民族民主革命服務的學術經世途徑，探索新的學術理論，嘗試新的學術方法。

劉師培說，中國古代學術雖然也不乏經世致用的抱負，但就其主流而言是君學與異學的混合。在中國古代學術中浸透著君權神授和三綱說，因而學者總是把專制君主當作學術研究的價值中心，往往置國家和民族於不顧。如經學研究，漢代提出三綱說，鼓吹君為臣綱、父為子綱、夫為妻綱。其實三綱之說，「本於緯書，莫可究詰」[16]。但兩千年來，這種思想深入人心，成為習性，使人們安於上下尊卑等級

15　劉師培：《漢宋章句學異同論》，《遺書》第15冊。
16　劉師培：《攘書》，《遺書》第18冊。

名分，不敢反抗。以致宋儒倡說，「以權力之強弱，定名分之尊卑，於是情欲之外，別有所謂義理，三綱之說，中于民心，而君上之尊，遂無複起而抗之者矣」[17]。待到晚近，清朝統治者猶崇理學，籠絡一批理學家，稱他們為「理學名臣」，給予高官厚祿，規定科舉考試以朱注為主，擢拔重用者多為理學家流，理學成為統治人民的精神支柱。劉師培認為，自清初湯斌、陸隴其「以偽行宋學」而「配享仲尼」以後，理學就變成了君學與異族之學的混合。清朝理學最為重視的命題，叫做「存理滅欲」，其目的就是要維護民族壓迫和專制統治，防止人民的反抗鬥爭。

傳統史學研究也是如此。鄧實批評古代史書汗牛充棟，但無非是君史。王者一舉一動，有起居注實錄，一言一語，有「詔令」、「制誥」、「寶訓」分別記敘之。史家腦海僅有一帝王，舍帝王以外無日月風雲。將相儒林，無非攀附奔走於帝王者，相反，「人群之英雄、社會之豪傑、政治之大家、哲學之鉅子」，真正體現群體利益的人物，盡遭刊落。[18]劉師培也深有同感。至於方志，其「外紀」錄「皇恩慶典」，「年譜」紀「官師訖除」，「考」著「典籍法制」，「傳」列地方「名宦」，還有「忠義」、「列女」之屬，無非宣揚綱常名教，劉師培認為急宜改造。

劉師培指出，不同時期的學術經世方式不會完全一致。而傳統經史之學的經世方式已經不可能適應當時現實的需要。應該打破以正統觀念為指導的傳統學術體系，使學術思想為民族民主革命開闢道路。

17　劉師培：《中國民約精義》，《遺書》第16冊。
18　鄧實：《史學通論》（三），《壬寅政藝叢書》，史學文編卷一。

社會需要建設新的學術哲學和新的學術方法論。

5.3　劉師培學術革新的具體方法

　　劉師培指出，要建設新的學術哲學和方法論體系，首先需要對古代學術的生命力認真地反思，進一步明確學術的精神在於經世致用。

　　劉師培曾用很多篇幅來論證傳統學術的生命力在於經世致用，在於獨立發展的社會批判精神。他非常推崇章學誠和龔自珍關於學術本質的論述。章學誠在其《文史通義》中曾說：「古人本學問而發為文章，其志將以明道。」[19]又說：「古人以學著於書，後人即書以為學。」[20]並認為「古之所謂經，乃三代盛時典章法度，見於政教行事之實，而非聖人有意作為文字以傳後世也」[21]。龔自珍在《古史鉤沉論》中曾將章學誠的上述觀點加以發展，指出以史學為代表的傳統學術精神在於批判性的經世意識：

　　史之材，識其大掌故，主其記載，不吝其情，上不欺其所委贄，下不鄙夷其貴遊，不自卑所聞，不自易所守，不自反所學，以榮其國家，以華其祖宗，以教訓其王公大人，下亦以崇高其身，真賓之所處矣。……古之世有抱祭器而降者矣，有抱樂器而降者矣，有抱國之圖籍而降者矣。無籍其道以降者，道不可以籍也。……《易》曰：「窮則變，變則通，通則久。」恃前古之禮樂道藝在也。故夫賓也者，生

19　章學誠：《文史通義》外篇三《與吳胥石簡》。
20　章學誠：《文史通義》外篇三《與林秀才》。
21　章學誠：《文史通義》內篇一《經解》上。

乎本朝，仕乎本朝，上天有不專為本朝而生是人者在也。[22]

　　龔自珍認為古代學術的主體—史官具有學術尊嚴。他們以道統為根本準則，對每一王朝的政治禮俗進行批評指導，但絕不使學術成為王朝的奴僕，學術有獨立性。劉師培認為這個認識很得古代學術本質之真面目，學術就是應該具有這種批判性的經世精神。他曾作《古學出於官守論》以及《補古學出於史官論》，申言章學誠、龔自珍的學術起源論的某些觀點，證明學術要有社會批判意識。

　　其次，劉師培還指出，要建立新的學術哲學和方法論體系，尚需要學習西方社會學、哲學、法學、政治學等各種理論方法，培養學術研究的敏銳識見和方法素養。

　　劉師培積極投入學術革命的洪流。他將社會進化論思想貫穿於其學術研究。他的《中國歷史教科書》「於徵引中國典籍外，複參考西籍，兼及宗教、社會之書，庶人群進化之界可以稍明」[23]。該書敘述遠古至西周的歷史，將這個時期的歷史劃分為上古及古代兩個時期。在劉師培看來，這個時期的歷史是一個逐漸進化的過程。遠古時代曾經是一個沒有君主的時代，後來雖然產生了君主，但君由民立，君主「咸為民興利」，「權利輕而義務重」。到了西周，天子之權漸尊。與君權演化相似，倫理由家族倫理進到國家倫理，再進到社會倫理，也是一個進化歷程。劉師培還特別考察了社會經濟「進化」過程。在

22　龔自珍：《古史鉤沉論四》，《龔自珍全集》，上海：上海人民出版社，1975年版，第28頁。
23　劉師培：《中國歷史教科書·凡例》，《遺書》第69冊。

《中國古用石器考》一文中，他寫道，古代生產工具由石器時代進到銅器時代，再進到鐵器時代。「近世以來，西人言社會學者考社會進化之次序，分為三級，一曰石器時代，二曰銅器時代，三曰鐵器時代，推之殊方異俗，莫不皆然。或謂中國古籍，鮮解石器，實則不然。」他利用有關記載，證明中國古代經歷了石器時代。[24]生產工具之外，社會經濟生活也由漁獵進至遊牧，再進到農業時代。土地制度，原始時代，「黃帝行共田之法」；三代時，「夏行井田之法」，「田受於公，非民之所得而私」；春秋時，「廢井田，開阡陌，固勢之所必趨也」。[25]總而言之，中國社會的政治、經濟、文化、風俗都是一個產生和發展的過程。社會進化應該是學術研究的一個基本的認識論前提。

劉師培還認為，學術革命應該以國民為價值標準。其《中國歷史教科書》與舊史敘事「詳於君臣而略於人民，詳於事蹟而略於典制，詳於後代而略於古代」「稍殊」。[26]政治方面，敘述王朝變遷興衰概況、帝王世系、君主制產生發展過程，分封制起源、變遷及封國情形，等級制度，地方自治制度，家族宗法制度，官制、刑法，國內民族關係。地理方面敘述疆域、行政區劃、交通、水利。軍事方面，分析戰爭的起源，介紹兵制、兵器、兵禮。思想文化，介紹古代倫理、宗教、文學、哲學、史學、美術、禮俗、風俗、教育、學術。自然科學，介紹古代的數學、曆法、天文、醫學、地理學。經濟方面，敘述古代的農業，包括土地制度、賦稅、生產工具和技術的進步、農業政

24　劉師培：《中國古用石器考》，《國粹學報》1907年第2號。
25　劉師培：《古政原始論》，《國粹學報》1905年第4期。
26　劉師培：《中國歷史教科書‧凡例》，《遺書》第69冊。

策、手工業政策、農業水準、手工業水準，乃至建築、飲食、商業等等。這種文化整體觀反映出劉師培研究學術是關國家盛衰，系生民休戚，不再以君主為記載中心。

　　劉師培還主張學術應該採用新的研究方法。對於西方社會學、地質學、考古學的種種方法，劉師培都主張積極吸收，洋為中用。《周末學術史序》是劉師培學習西方學科分類的證據，全書將周末學術史分為16類：心理學史、倫理學史、論理學史（邏輯學史）、社會學史、宗教學史、政法學史、計學史（財政學史）、兵學史、教育學史、理科學史、哲理學史、術數學（天文、曆譜、五行、蓍龜、雜占、形法等）史、文字學史、工藝學史、法律學史、文章學史。他認為有必要根據近代認識水準對古代有關思想學術進行分類整理、詮釋和評價。對於古代學術的重心—經學，劉師培也主張運用新的研究方法。其《經學教科書》中有關《易經》的研究，就列有如下標題：《論易經與文字之關係》、《論易學與數學之關係》、《論易學與科學之關係》、《論易學與史學之關係》、《論易學與政治學之關係》、《論易學與社會學之關係》、《論易學與倫理學之關係》、《論易學與哲學之關係》、《論易經與禮典之關係》、《論易詞》、《論易韻》。[27]在劉師培的研究中，《易經》成了古代學術的寶庫，其中可以發掘古代自然科學和社會科學，找到了「社會進化之秩序，於野蠻進於文明之狀態」[28]。劉師培的其他著作，如《古政原論》、《古政原始論》闡述古代社會學，《兩漢學術發微論》闡述漢代政治學、民族學和倫理學，《倫

27　劉師培：《經學教科書》第2冊，《遺書》第66冊。
28　劉師培：《經學教科書》第2冊，《遺書》第66冊。

理教科書》闡述倫理學，《中國地理教科書》闡述地理學，《中國文學教科書》闡述文字學，《中國中古文學史講義》闡述漢魏南北朝文學史，都為中國學術的科學化作了有益的探討和嘗試。

5.4　劉師培後期學術思想的特色

　　1906年前後，學術革新的陣營發生重要分化，並由此導致對學術革新的目標進行調整。章太炎在撰寫《中國通史》的過程中發現西方社會學、政治學的某些原理不適合中國的具體歷史，他在深入研究進化論之後，提出俱分進化論，認為善亦進化、惡亦進化，進化之實不可非，進化之用無可取。即使它能夠解釋某些歷史現象，也不能為人們提供有益的借鑑。1908年，他又發表《四惑論》，甚至視進化為主觀幻象。在這種情況下，章太炎竭力回避他所提出的新學術必須「熔冶哲理」的主張，將「熔冶哲理」改為「熔冶名理」，並排斥「進化」一詞。[29]1907年他發表《社會通詮商兌》，對嚴復用甄克思社會學原理劃分中國歷史的做法作了批評，並指出「條例」與「成事」、理論與歷史事實的關係是：任何原理或理論都以一定的經驗作基礎，用之於學術研究，應該注意結合研究對象的不同特點，不能把特殊性的東西當作普遍原理。「……所謂條例者，就彼所涉歷見聞而歸納之耳。浸假而複諦見亞東之事，則其條例又將有所更易矣。……若夫心能流衍，人事萬端，斷不能據一方以為權概，斷可知矣。」[30]他1910年發

29　參見朱維錚：《訄書》重刻本附考，《章太炎全集》第3冊。

30　章太炎：《社會通詮商兌》，《太炎文錄初編・別錄》卷二，《章太炎全集》第4冊。

表，而實際作於1907年的《徵信論》，甚至提出史學研究不需要講究理論指導，「諸學莫不始於期驗，轉求其原。視聽所不能至，以名理刻之。獨治史志者為異。始卒不逾期驗之域，而名理卻焉」[31]。太炎對學術研究原理的排斥和懷疑，使得他把學術革命求得歷史發展規則的目標，僅僅當為求得每一類學術內容的演變軌跡。

同時，太炎對學術的經世功能也產生了懷疑。1906年，他批評《國粹學報》的學術宗旨，說：「抑自周孔以逮今茲，載祀數千，政俗迭變，凡諸法式，豈可施於晚近。故說經者所以存古，非以是適今也。」[32]1907年，他又致書劉師培，討論《國粹學報》的發展方向，說：「學名國粹，當研精覃思，鉤發沉伏，字字徵實，不蹈空言，語語心得，不因成說，斯乃形名相稱。」[33]太炎反對將學術研究與經世致用緊密聯繫起來，認為過於注重學術的經世效用，就會削弱學術的科學性。這反映出他已經改變了他所提出的學術必須為社會現實服務的認識。

章太炎還對西方學術方法在中國的傳播產生了懷疑。他認為應該對西方學術方法進行嚴肅思考。如西方學者對於上古文明的研究，多用地質年代學和古器物學。章太炎本人也曾研究中國上古所用器物的演變史，但後來他又認為由石器到銅器再到鐵器的演變歷程並不完全可信。對於古文字學，太炎更是明確反對，他說：「自管仲、孔子去古猶近，七十二家之書，猶弗能識什二，今人既不遍知文武周公時

31　章太炎：《徵信論》下，《太炎文錄初編》，《章太炎全集》第4冊。
32　章太炎：《與某論樸學報書》，《國粹學報》1906年第11號。
33　章太炎：《與人論國粹學報第二書》，《國粹學報》1907年第12號。

書，橫欲尋求鳥跡，以窺帝制，豈可得哉？」[34]他主張應該克服對於中國歷史典籍的虛無主義態度，不可輕視傳世文獻的學術價值，更應該充分認識傳統學術方法的長處。太炎特別反感當時學術界唯西方和日本學術風尚是從的學風，指出要改變「信神教之款言、疑五史之實錄、貴不定之琦辭、賤可徵之文獻，聞一遠人之言，則頓顙斂袵以受大命」[35]的局面。

章太炎在1906年到1914年間對學術革新運動的上述反思，反映了他對於民族民主革命前途的迷惑。他認識到西方民主政治的某些弊端，也意識到中國社會的一些特殊性質，由此而產生了對中國近代學術發展的參照系—西方近代學術思想和方法的懷疑。但他又找不到解決中國社會現實問題的出路，因而也提不出剖析中國學術的觀點和方法，模糊地意識到中國學術研究必須有中國特點。他客觀上提出了開創獨立自得地分析中國學術和歷史的特殊性的學術任務，但到底怎樣進行中國學術研究，太炎僅僅指出了依據乾嘉樸學的方向，也並未具體建立起一條清晰可循的方法程式。

劉師培的學術研究以1908年為界，可以分為前後兩期。錢玄同曾說：「劉君著述之時間，凡十七年，始民元前九年癸卯（1903），迄民國八年己未（1919），因前後見解之不同，可別為二期：癸卯至戊申（1903—1908）凡六年為前期，己酉至己未（1909—1919）凡十一年為後期。姑較言之，前期以實事求是為鵠，近于戴學，後期以竺信

34　章太炎：《信史》上，《太炎文錄初編》，《章太炎全集》第4冊。
35　章太炎：《信史》上，《太炎文錄初編》，《章太炎全集》第4冊。

古義為鵠，近于惠學。又前期趨於革新，後期趨於循舊。」³⁶整體而論，錢玄同對於劉師培學術研究的階段性劃分是正確的。劉師培也自覺意識到了其學術研究前後兩期的變化。他曾對陳鐘凡說，他早年在《國粹學報》所撰之文，都是率意之作，說多未瑩，只有民國元年（1912年）以後的著作才是「信心之作」，才真正代表他的學術成就。³⁷

姑且不論劉師培學術研究最有代表性的作品是在早期還是在後期，比照劉師培學術研究中的前後兩期，我們就可發現二者之間確實有所不同，其後期學術研究體現出以下變化。

第一，學術經世意識淡化，不涉及民族民主革命的時代主題。

劉師培後期發表了大量經學史研究著作，如《禮經舊說》、《西漢周官師說考》、《周禮古注集疏》、《春秋古經箋》、《春秋左氏傳時月日古例考》、《春秋左氏傳例略》等。在這些經學史研究著作中，再也看不到劉師培對於經學民族、民權思想的闡發，而是篤守漢儒舊說，不再與時代主題相呼應。對於古今學術思想，劉師培後期概不作研究，而沉醉於歷代典籍的校勘，不再闡發諸子思想的政治觀、教育觀。對於社會進化原理，劉師培既不明確反對，也不積極運用。他研究學術，旨在求得學術之真實，而不務求揭示學術內容演變的規則。

第二，學術方法的革新意識淡化，不涉及新的學術研究方法的運用。

36　錢玄同：《劉申叔先生遺書序》，《遺書》卷首。
37　陳鐘凡：《周禮古注集疏跋》，《遺書》第6冊。

在劉師培後期的學術研究中，他基本上喪失了早期對政法學、心理學、社會學、工藝學、哲學、倫理學等等各種學術研究方法的熱情。在經學研究中，他也重視專門之學的運用，但所用的方法乃是歷代相傳的天文曆算和古禮學，在校勘群籍時，所用之方法，皆賡續盧文弨《群書拾補》、王念孫《讀書雜誌》、俞樾《諸子平議》、孫詒讓《箚迻》所用的學術方法。

劉師培後期學術思想的這一變化無疑受到了章太炎學術思想變化的某些影響，受到了20世紀初年學術革新思潮的自我調整的影響，但主要的原因乃是由於他政治上的失足使得他已無法理性地思考學術革命的理論問題。他投靠清政府，使他的現實處境與他早期所持民族、民主革命思想發生尖銳的對立，他已不可能再在學術研究中繼續探討如何為時代主題服務的途徑。尤其是辛亥革命使清政府很快顛覆，劉師培受到歷史的無情嘲弄，政治上的悲劇制約了他對於現實問題的深入思考，而他關注得更多的乃是對於命運的消解。他期望以學術宗師的形象證明他存在的價值，而在學術研究中為人所不能、思人之所不思，越來越傾向於專精古奧。但這是政治失足之後所連帶的對於學術真諦認識和實踐的失誤。他已不可能像章太炎那樣逐漸認識到學術革新在當時所存在的問題並繼續進行探索，因而他後期學術思想的變化和刻意求古，也並不真正代表他對學術革新發展命運的理性思考。

1906年前後開始分化的學術革命陣營在辛亥革命後至20世紀40年代，逐漸形成了三大學術流派。它們是以章太炎、王國維、陳寅恪、陳垣、湯用彤、錢穆、柳詒徵為代表的學術守成派，梁啟超、胡適、傅斯年為代表的學術西化派以及以郭沫若、呂振羽、翦伯贊、範文

瀾、侯外廬為代表的馬克思主義學術流派。其中守成派主張在傳統人文道德基礎上開啟出現代學術價值論，將傳統學術方法與西方學術方法結合起來，特別要給傳統學術的體驗方法一定地位。西化派則主張學術仍然應以西方人生價值作為前提標準，在學術方法中要特別發揚西方學術的求真精神。馬克思主義學術流派以唯物史觀指導學術研究，要用生產力與生產關係、經濟基礎與上層建築的矛盾運動來剖析學術問題，提供預計未來的理論根據。雖然各有側重，但都是緊緊圍繞20世紀初年學術革命的目標，從不同角度對於中國學術的發展進行了理論建設和實踐。他們對於中國學術的進一步發展作出了不可磨滅的貢獻，可是在這股學術革命的潮流中，我們再也聽不到劉師培的呼聲，他留給人們的是惋惜和教訓。

第六章

劉師培與中國近代經學

6.1 晚清經學研究的基本傾向

　　鴉片戰爭前後，中國社會面臨著一次重大轉折。一些敏感的知識份子開始意識到學術研究也面臨著巨大的變更。他們有感於乾嘉考據學沉迷於訓詁，缺乏對社會問題的關切，試圖通過重新反省經學和史學的精神實質，煥發學術的生命力。如龔自珍說，在周代之前，一代之治即一代之學，學術與政治有著天然的聯繫。周代以後，政治與學術開始分離，但學術仍不失經世之旨。「及期衰世，在朝者自昧其祖宗之遺法，而在庠序者猶得據所肄習以為言，抱殘守闕，篡一家之言，猶足以保一邦、善一國。」[1]即使政治衰敗，學術還能夠保存治國的大法，經世策略還能從學術研究中找到線索。待到晚近，學術研究迷失了其本來的目的，「重於其君，君所以使民者則不知也；重於其民，民所以事君者則不知也」[2]。學術完全與政治脫節。魏源也說：

　　道形諸事，謂之治；以其事筆之方策，俾天下後世得以求道而制事，謂之經。藏之成均、辟雍，掌以師氏、保氏、大樂正，謂之師儒。師儒所教育，由小學進之國學，由侯國貢之王朝，謂之士。士之能九年通經者以淑其身，以形為事業，則能以《周易》決疑，以《洪範》占變，以《春秋》斷事，以《禮》《樂》服制興教化，以《周官》致太平，以《禹貢》行河，以三百五篇當諫書，以出使專對，謂之以經術為治術。[3]

1　龔自珍：《乙丙之際著議第六》，《龔自珍全集》第1冊。
2　龔自珍：《乙丙之際著議第六》，《龔自珍全集》第1冊。
3　魏源：《學篇》，《魏源集》第23—24頁。

在古代，學術與政治融為一體，知識份子研究先王政典，都志在救世。可是乾嘉樸學的主流卻不是如此。「以詁訓音聲蔽小學，以名物器服蔽三禮，以象數蔽《易》，以鳥獸草木蔽《詩》，畢生治經，無一言益己，無一事可驗諸治者乎。」[4]他們認為當務之急就是要改變當時學術研究的局面，提倡學術經世意識。

乾嘉樸學由明末清初的學術風氣肇端。明清之際，顧炎武、黃宗羲、王夫之等學者反省明王朝滅亡的原因，認為學術研究中的空疏和「異端」導致對儒家經典的誤解，是明朝滅亡的一個重要因素。因此，他們提出要探索一條客觀地研究儒家經學的方法。顧炎武提出和實踐過相當嚴密的歸納法。如《易》漸卦九三爻辭和上九爻辭都有「鴻漸於陸」，後人疑為錯衍。範諤昌將上九爻辭改為「鴻漸于逵」，朱熹亦表示同意，並依此對《易》進行解釋。顧炎武根據《易》之鼎卦卦象、象辭，《禮記‧表記》以及其他多種古文證明「古人讀義為我，讀儀為俄」，從而證明漸卦上九爻辭「鴻漸於陸，其羽可用為儀」是正確的，不能妄改，並根據原文對上九爻辭進行了合理的解釋。[5]像顧炎武的這種方法，運用起來可以避免對儒家經典的任意解釋，有利於糾正學術研究中的主觀臆想。這種學術方法得到了乾嘉學者們的普遍信從和發揚。乾嘉學者把這套方法還擴展到史學研究之中，並由此對古代經史典籍進行了大規模地整理。他們讀經史皆作箚記，心有所得，則條記於紙，積累了數量眾多的資料，然後歸納，得出結論。每一結論又須受到新的資料的檢驗。為了充分利用資料，他們還將視

4　魏源：《學篇》，《魏源集》第24頁。
5　顧炎武：《日知錄》卷一。

野伸及小學、輿地、金石、版本、音韻、天算等專門之學。不但擴充了中國傳統學術方法，而且獲得了經史典籍整理的巨大成就，對經史原貌獲得了更加準確的瞭解。但乾嘉樸學卻沒有繼承清初學者的學術經世意識。如顧炎武雖然主張用客觀的研究方法求得經、史原貌，但這種求實工作服務於他救國濟民的政治抱負。他曾經說：

孔子刪述六經，即伊尹、太公救民于水火之心，而今之注蟲魚、命草木者，皆不足以語此也。故曰：「載之空言，不如見之行事。」故《春秋》之作，言焉而已，而謂之行事者，天下後世用以治人之書，將欲謂之空言而不可也。愚不揣，有見於此，故凡文之不關六經之指、當世之務者，一切不為。[6]

他一再說，「士當以器識為先」，如果離開了對於現實和歷史的責任感，不關心國計民生，那麼也就不可能真正獲得學術上的重大突破。而乾嘉學者卻諱言學術經世。對於乾嘉樸學，魏源曾有如下評說：

自乾隆中葉後，海內士大夫興漢學，而大江南北尤盛。蘇州惠氏、江氏，常州臧氏、孫氏，嘉定錢氏，金壇段氏，高郵王氏，徽州戴氏、程氏，爭治詁訓音聲，爪剖　爪析，視國初昆山、常熟三顧及四明黃南雷、萬季野、全謝山諸公，即皆擯為史學非經學，或謂宋學非漢學，錮天下聰明知慧使盡出於無用之一途。[7]

6　顧炎武：《與人書》三，《亭林文集》卷四。
7　魏源：《武進李申耆先生傳》，《魏源集》，第358—359頁。

他認為乾嘉樸學片面發展的結果，使得學術與政事截然二途，致使清朝政治氣象甚至不如明朝。

乾嘉樸學以「漢學」相標榜。所謂「漢學」，它是一個與「宋學」相對立的概念。宋學主張依據個人的心得領悟經典的言外之意，而漢學則主張實事求是。事實上宋學與漢學並非截然對立。在江藩撰寫《漢學師承記》的時候，龔自珍就對江藩將清朝學術命名為漢學有所批評。他認為提出漢學的名稱，實質上是強調清朝學術與宋明理學的區別。但如果過分強調宋學的義理傾向和漢學的實證傾向，則不但影響對於學術精神的深入認識，也影響了對清朝初年學術宗旨的正確認識。龔自珍還指出，漢學本身非常複雜，「漢人不同，家各一經，經各一師，孰為漢學乎？」漢代有人利用陰陽五行搞神學，「漢人有一種風氣，與經無與，而附於經，謬以裨灶、梓慎之言為經，因以汨陳五行，矯誣上帝為說經。《大易》《洪範》，身無完膚，雖劉向亦不免，以及東京內典」。但清朝卻沒有這種漢學。而清朝學術所風行的「瑣碎餖飣，不可謂非學，不得為漢學」。[8] 而魏源進一步指出，乾嘉學者以漢學相標榜，自以為得到了孔學真傳，真正抓住了漢學的精神，其實他們最多只涉及了東漢許（慎）鄭（玄）之學，至於西漢之學，乾嘉學者們並沒有引起足夠重視。而西漢之學乃是孔學真傳，「西漢經師承七十子微言大義，皆以自得之學，範陰陽、矩聖學、規皇極，斐然與三代同風，而東京亦未有聞焉」[9]。所以要瞭解漢學，尚需對西漢之學進行研究。

8　　龔自珍：《與江子屏箋》，《龔自珍全集》。
9　　魏源：《兩漢經師今古文家法考敘》，《魏源集》。

西漢之學的主流即董仲舒等人的今文經學。今文經學的一個鮮明特點就是把孔子視作萬世垂法的先聖大師，因而非常注意探索經典中的微言大義。與東漢時期成為學術主流的古文經學相比較，它有三個比較重要的特徵：一是把孔子當作素王，因而「六經」也被視作孔子發揮自己思想的軀殼。也就是說重視學術研究的經世意識和學術主體的主觀意識。二是它尋求經典中的微言大義，十分重視歷史變易的過程，比如《春秋》經，西漢經師們就認為其中有所見世，所聞世，所傳聞世的分別，這種分別還反映了孔子關於歷史發展程式以及不同歷史時期不同的政治理想。三是它迷信天人感應，利用各種方式溝通天與人聯繫的橋樑。西漢今文經學的上述特點自然很容易受到鴉片戰爭前後知識份子的重視。學術的經世意識有助於學術與時代相聯繫，學術的主體意識有助於學術捕捉問題，提出創見。

因而對清朝前期個別人物關於西漢經學的研究，鴉片戰爭前後的學者給予了高度評價。在康熙、乾隆年間，與大多數學者唯東漢許、鄭之學是尚的風尚不同，莊存與提倡西漢經學。據阮元《莊方耕宗伯經說序》所說，莊存與的學術特點是：「於六經皆能闡抉奧旨，不專為漢宋箋注之學，而獨得先聖微言大義於語言之外。」[10]但在當時，莊存與並沒有多少影響。「所學與當時講論或鑿枘不相入，故秘不示人。通其學者，門人邵學士晉涵、孔檢討廣森、子孫數人而已。」[11]可是到鴉片戰爭前後，莊存與受到了重視。董士錫序其書，說：「不知者以為乾隆間經學之別流，而知者以為乾隆間經學之正匯也。」[12]

10　《味經齋遺書》卷首。
11　《味經齋遺書》卷首。
12　《董氏易說序》，《味經齋遺書》卷首。

魏源也說：

> 清之有天下，百餘年間，以經學名家者數十輩，獨先生未嘗支離
> 爪析，如韓（傅）、董（仲舒）、班（固）、徐（幹）四子所譏。是
> 以世之為漢學者罕稱道之。嗚呼！公所為真漢學者，庶幾在是。[13]

嘉道年間，劉逢祿（1776年—1829年）對莊存與的今文經學作了
進一步發揮。他說：「餘嘗以為經之可以條理求者，惟《禮・喪服》
及《春秋》而已，經之有師傳者，惟《禮・喪服》有子夏氏，《春秋》
有公羊氏而已。」[14]他特著《春秋論》上下篇，推崇東漢何休《公羊
解詁》。又作《公羊何氏釋例》、《公羊何氏解詁箋》、《發墨守評》、
《穀梁廢疾申何》諸篇，重提何氏經說。並作《左氏春秋考證》、《箴
膏肓評》，貶低《左傳》的價值。宋翔鳳在此基礎上做更加廣泛的溝
通工作，把公羊學與儒家其他經典聯繫起來。

本來，今文經學的重新受到重視，不過是學術經世的自覺要求。
人們重視西漢之學，為的是全面理解學術的濟世精神。正如後來皮錫
瑞所說：

> 乾嘉以後許、鄭之學大明……皆主實證不空談義理，是為專門漢
> 學。嘉、道以後又由許鄭之學導源而上：《易》宗虞氏，以求孟義；
> 《書》宗伏生、歐陽、夏侯；《詩》宗魯、齊、韓三家；《春秋》崇

13　《武進莊少宗伯遺書序》，《味經齋遺書》卷首。
14　劉逢祿：《公羊春秋何氏解詁箋敘》。

公、穀二傳。漢十四博士今文說，自魏晉淪亡千餘年，至今日而複明，實難述伏、董之遺文，尋武、宣之絕軌，是為西漢之學。[15]

西漢之學成為學術主流，乃是學者們深思經學之旨，「乃知漢學所以有用者，在精而不在博，將欲通經致用，先求大義微言」。可見晚清今文經學的出現是人們重新思考學術精神的結果。

為爭得今文經學的歷史地位，龔自珍、魏源等都曾對今、古文經學的關係有所論述。他們一方面把今文經看作是孔門嫡傳，尋究所謂家法與師承，另一方面對古文經頗有微詞，認為古文經缺乏真實性。所謂今文經與古文經本來是後代才有的概念。一般認為今文經是漢代學者所傳述的儒家經典，用漢代通行的文字（隸書）記錄，大都沒有先秦古文原本，而由戰國以來的學者師徒父子相傳，到漢代才一一寫成定本。它包括三家《詩》（申培所傳的《魯詩》、轅固所傳的《齊詩》、韓嬰所傳的《韓詩》），出於伏生的《尚書》（分為歐氏、大夏侯氏、小夏侯氏三家），出於高堂生的《禮》（分為戴德、戴聖、慶普三家），出於田何的《易》（分為施仇、孟喜、梁丘賀、京房四家），出於胡毋生、董仲舒的《公羊春秋》（分為嚴彭祖、顏安樂兩家）以及江公所傳的《穀梁春秋》。以上今文學各家，三家詩於文帝、景帝時最早立為博士，武帝時遍立五經博士，至宣帝時今文五經各家全部分立博士，成為「官學」。而古文經則指戰國時代用東方六國文字書寫的儒家經典。漢代古文經有三個來源：一是武帝末年魯恭王擴建宮室時在孔子舊宅壁中發現的《古文尚書》、《逸禮》，一是流

15　皮錫瑞：《經學歷史》。

傳於民間的《毛詩》，費直、高相所傳的《易》，一是秘府中所藏的《周官》和《春秋左氏傳》。以上古文經在西漢時並沒有立博士，王莽時才立《周官》、《春秋左氏傳》、《毛詩》、《逸禮》、《古文尚書》五家古文博士，東漢初即被取消。古文經學在西漢一直處於「私學」地位。在兩漢，研究今文經的學問稱為今文經學，研究古文經的學問稱古文經學。兩派表面上只是所據書籍抄本不同，實則對經書的理解方式有很大不同。今文家把孔子視為素王，六經皆孔子改制之作，古文家則把孔子視為歷史家、教育家，六經是孔子所整理的古代史料。今文家重微言大義，重視《公羊春秋》，因而很容易與緯書相結合，表現出濃厚的神學色彩。古文經學重在考究史實，重視《周禮》、《左傳》，因而向闡述古制、古文字的方向發展，表現出比較樸實的學風。為了證明古文經學比今文經學優越，古文派曾經在西漢末到東漢末與今文經派發生過激烈爭論，最後的結果是古文派勢力越來越壯大。東漢時出現了鄭眾、杜林、桓譚、賈逵、馬融等著名古文學家，今古文經學趨於融合。但古文經的真實性歷來就為人所疑。東漢初，範升就以《左傳》「不祖於孔子」，「無本師而多反異」等理由反對將《左傳》立為官學。至於《古文尚書》，自東晉偽《古文尚書》出現之後，所謂真《古文尚書》的原貌已很難尋究。乾嘉學者通過細緻地考證，推翻了偽《古文尚書》的真實性。因而古文經學的基礎很受威脅。為了證明今文經學比古文經學優越，龔自珍、魏源都曾利用歷史上的一些疑古資料，懷疑古文經的真實性。如龔自珍於《周禮》、《左傳》、《古文尚書》皆有微詞，認為《周官》晚出，劉歆始立，文章雖閎侈，但不是孔學真傳，而是出於晚周先秦之士。《左傳》一書經劉歆竄益，非復古本之舊。漢代秘府中所謂《古文尚書》，乃劉歆所

偽託，他還作《說中古文》，曆引十二條證據以證所謂真《古文尚書》亦不足信。魏源也作《書古微》、《詩古微》，懷疑真《古文尚書》和《毛詩》的可靠性。

在這種背景下，廖平於1883年提出平分今古文的主張，以調和矛盾。他認為應該把今、古文經學的差別追源到孔子思想體系之中。1886年他著《今古學考》，提出今、古文的差別的根本在於二者所說制度不同。今文經以《王制》為主，古文經以《周官》為主。而孔子的六經則統包二者。因為孔子一生學術有前後兩期的變化。「孔子初年問禮，有從周之意」，「至於晚年，哀道不行，假手自行其意，以挽弊補偏」。他說：

> 予謂「從周」為孔子少壯之學，「因革」為孔子晚年之意志者，此也。[16]

這就是說兩漢今、古文經兩派的分歧來源於孔子思想體系的前後變化，今古文之爭的歷史被延伸到春秋時期。但1887年，廖平「平分今古」的思想發生了重大變化。他在1887至1897年間著成《知聖篇》和《辟劉篇》，[17]認為古文經的範圍極小，而且皆有作偽跡象，只有今文經才能代表孔學的真正思想。可見，對今古文經學的研究，廖平亦受時代的潮流的影響。

16　廖平：《今古學考》卷下。
17　《知聖篇》與《辟劉篇》皆成於1888年，但初稿未及時刊行。前書遲至1902年才出版，後書增訂改名《古學考》，1894年作記，1898年刊行。

與廖平相呼應，康有為1884年寫成《禮運注》，1891年印行《新學偽經考》，1892年至1896年寫成《孔子改制考》，1897年刊行。其中明確提出：古文經皆劉歆偽造，自東漢以來的經學均是孔學的異化，只有西漢今文經才是孔學的真傳。特別是公羊春秋中「存三統、張三正、異內外」的三科九旨，集中地反映了孔子的歷史變易思想以及他關於據亂世、升平世、太平世的政治理想。

　　晚清今文經學的興起，是知識份子面對列強侵略和政治腐敗所提出的學術革命的反映。他們反觀當時知識界的狀況，不滿於把大量精力花在某些無關緊要的問題的考證之上，希望從學術中體現經世意圖，因此他們求助於漢學中的今文經學，高揚學術思想的創造性和經世性，並發掘經學「攘夷」和「改制」的微言大義，為現實政治問題謀求解決辦法，在當時確實起到了積極作用。即使其中論證多歧，一般知識份子也能體諒他們提倡今文經學的良苦用心。如湖南巡撫陳寶箴說：

　　此書（《孔子改制考》）大指推本《春秋公羊》及董仲舒《春秋繁露》。近今得此說者為四川廖平，而康有為益為之推衍。考證其始，濫觴於嘉、道一二說經之士，專守西漢經師之傳，而以東漢後出者概目為劉歆所偽造。此猶自經生門戶之習。逮康有為……援素王之號，執以元統天之說，推崇孔子以為教主，欲與天主耶穌比權量力，以開民智，行其政教。……其著為此書，據一端之異說，微引西漢以前諸子百家。旁搜曲證，濟之以才辯，以自成其一家之言。其失不過穿鑿附會。而會當中弱西強、黔首坐困，意有所激，流為偏宕之辭，

遂不覺其傷理而害道。[18]

　　康有為等否定古文經學，提倡今文經學，並非完全復古，而是在其中貫注他們對於現實問題的考慮，所以雖然立論不十分科學，人們也被他們所影響。

　　但晚清今文經學矯枉過正。廖平、康有為等把劉逢祿、龔自珍、魏源、宋翔鳳等人的觀點發展到極端，完全否定古文經的學術價值，把古文經一概說成是劉歆的偽造，甚至說劉歆為了作偽，遍偽諸經以及《史記》諸書，那些地下文物中可以印證古文經典制禮儀的資料也是劉歆偽造，在學術史上顯然有難以解釋的矛盾之處，很容易引起那些學術史基礎較深的學者們的反感。陳澧（1810年—1882年）在今文經學的興盛過程中就指出：近儒崇漢學，認為漢學中只有今文經講義理，其實古文經也講義理。古文經所講義理比今文經還要客觀真實。而且所謂今文經的《春秋公羊傳》也並沒有西漢今文家的言論。何休《公羊解詁》「多本於《春秋繁露》」，而「《春秋繁露》云王魯、絀夏、新周、故宋」，「公羊無此說也」。[19]春秋經宣公十六年（西元前593年）「成周宣榭災」，公羊傳注云：「外災不書。此何以書？新周也。」這唯一出現的「新周」一詞，並不能像劉逢祿等人所解釋的那樣，說成是孔子對東周的政治寄予了新的理想。實際上，「周之東遷，本在王城；及敬王遷成周，作傳者號為新周。猶晉徙于新田謂之新絳，鄭居郭鄶之地謂之新鄭，實非如注解」。[20]朱一新（1846年—

18　陳寶箴：《奏厘定學術造就人才折》，見葉德輝《覺迷要錄》卷一。
19　陳澧：《春秋三傳》，《東塾讀書記》卷十。
20　陳澧：《春秋三傳》，《東塾讀書記》卷十。

1894年）也說：

夫公羊大義，通三統故建三正，當周之時，夏正、周正，列國並用，本非異事，不待張惶也。古人所以重三正者，以其合於天運，天運三微而成著，故王者必法天以出治。五始之義，公羊子言備矣。……今乃舍其敬天勸民之大者，而專舉改制以為言。夫《春秋》重義不重制，義則百世所同，制則一王所獨。……今以六經之言，一切歸之改制，其巨綱細目散見於六經者，轉以為粗跡，而略置之。夫且以製作為事，而不顧天理民彝之大，以塗飾天下耳目者，惟王莽之愚則然耳。曾謂聖人而有是乎？故曰：以思無益，不如學也。[21]

他認為三統三正，並無深意，更不能把它與改制相聯繫。針對康有為《新學偽經考》中的一些觀點，朱一新一一加以反駁。他認為古文經不可能由劉歆所偽造，《史記》也不可能被劉歆所竄亂，因為：

當史公時，儒術始興，其言闊略，《河間傳》不言獻書，《魯恭傳》不言壞壁，正與《楚元傳》不言受詩浮丘伯一例。若《史記》言古文者皆劉歆所竄，則此二傳乃作偽之本，歆當彌縫之不暇，豈肯留此罅隙，以待後人之攻？[22]

《史記》中有許多傳記缺乏對古文經發現過程的交代，這主要是因為當時儒學還沒有受到高度重視，因此司馬遷在撰寫過程中，將這

21　朱一新：《答胡仕榜問董膠西歐陽永叔論〈春秋〉》，《無邪堂答問》卷一。
22　參見蘇輿：《翼教叢編》。

些他認為次要的史料刪去。如果《史記》受到劉歆的竄亂，劉歆不可能不把古文經的發現過程補充在《史記》有關傳記之中。章太炎於1891年—1896年間也曾集中精力對《春秋》和《左傳》進行研究，寫成《春秋左傳讀》，1902年他又另撰《春秋左傳讀敘錄》一卷，辨明《左傳》並非劉歆偽造。

可見，晚清今文經學的興起使得經學史研究出現了一個重要變局，今、古文經學的對立被更加鮮明地顯示出來。人們不但要將經學研究與時代脈搏相聯繫，而且要將今、古文經學的歷史面貌真實地展現出來。

劉師培乃四代經學世家子弟，自曾祖劉文淇起，就逐漸形成了研究經學的家世傳統。據說在道光八年（1828年），劉文淇與劉寶楠、梅植之、包慎言、柳興恩、陳立同赴南京應省試，談到十三經的舊有注疏不能令人滿意，於是商議各人分任新疏一經。劉寶楠治《論語》、柳興恩治《穀梁傳》、陳立治《公羊傳》、劉文淇則治《左傳》。後來各人的新疏皆成一時之選，而劉文淇的《疏證》更是其中的翹楚。他積四十年之功編成長編數十巨冊，晚年僅寫成《春秋左氏傳舊注疏證》一卷而沒。其子劉毓崧踵其業，也未果而卒。毓崧子壽曾繼承兩代遺志，在其兄貴曾、富曾幫助下續作此書，也未能完稿，僅及襄公四年傳（西元前569年）而止。《疏證》的特點是對《左傳》的漢人舊注進行了集大成的總結，每條經傳文之下有「注」和「疏證」兩部分。「注」採賈、服以及其他漢代古文家經說。「疏證」則廣征博引以補漢人舊注之不足，兼辨杜預、孔穎達之非。對前人成說的廣泛收集，使《疏證》得以言之有據地條理經學中《左傳》研究的源

流。同時，《疏證》在運用各類專門性知識注釋經文時，也取得了突出的成果。文中運用三禮，尤其是《周禮》解釋古代典章制度的地方很多。書中對古代曆算、日食晦朔的考證也語多精核，其文出自劉貴曾之手。劉貴曾曾向成蓉鏡學習《三統曆法》，著有《左傳曆譜》。書中其他有關服飾器服、姓氏地理、鳥獸蟲魚的考辨，論斷也相當精密。《疏證》還完全否定《春秋》義例的意義，認為《左傳》五十幾例，不過是左氏一家之義理，而杜預的《春秋釋例》更是自創科條，背離了《春秋》本意。可見，劉師培家世經學研究傳統是以《左傳》研究為核心，排杜崇漢，在收集前人舊注的基礎上重新認識《左傳》與「《左傳》學」的特點。這一家世傳統有助於劉師培很快抓住當時今古文經學產生爭端的要害，也有助於他依據豐富的原始資料，對經學研究提出其獨特的看法。

6.2　《讀左箚記》與劉師培經學研究的基本思路

1905年—1906年，劉師培在《國粹學報》連載《讀左箚記》，以《左傳》研究為核心，鮮明地表述了他對於當時經學研究的基本態度。

首先，他駁斥了今文經學家們對《左傳》的誣衊。

劉師培認為《左傳》並非劉歆偽造。他提出的第一個有力證據是：《左傳》在劉歆以前就存在學術傳承關係。他說：

近儒多以《左氏春秋》為偽書，而劉氏申受則以《左氏春秋》與《晏子春秋》、《鐸氏春秋》相同，別為一書，與《春秋》經文無涉。然《史記·吳泰伯世家》云，予讀古之《春秋》，即指左氏傳言。……又《漢書·翟方進傳》言：方進授《春秋左氏傳》。若以《晏子春秋》、《鐸氏春秋》例之，豈《晏子春秋》亦可稱《春秋晏子傳》，而《鐸氏春秋》亦可稱《春秋鐸氏傳》乎？[23]

劉師培認為《左傳》成書以來，相傳不絕，戰國時就有荀子、韓非子對它進行研究。西漢時也有賈誼、劉安、司馬遷、翟方進等人對它進行研究。他還特別寫有《司馬遷〈左傳〉義序例》的專篇論文，研究司馬遷《史記》的書法體例，證明《左傳》對司馬遷創作《史記》產生過重要影響。因此不能說《左傳》是遠在他們之後的劉歆所偽造。

劉師培的另一有力證據是：《左傳》所載歷史事實以及解釋《春秋》的語句在劉歆以前的歷代著作中不斷被人徵引。他說：

自劉申受謂劉歆以前左氏之學不顯於世，近儒附會其說，謂《史記》所引《左傳》皆劉、班所附益。此說不然。[24]

他曾作《周秦諸子述〈左傳〉考》、《左氏學行於西漢考》，一一引徵先秦諸子如《韓非子》、《荀子》、《呂氏春秋》以及西漢《淮南

23　劉師培：《讀左箚記》，《遺書》第7冊。
24　劉師培：《讀左箚記》，《遺書》第7冊。

子》、《春秋繁露》等書籍中對於《左傳》的直接或間接的引用，從而證明《左傳》早就存在。《左傳》有許多關於史實的獨特的描述，這些史實不斷被人徵用。像《呂氏春秋》引用《左傳》，有的全引《左傳》原文，有的與《左傳》原文小有不同。所以劉師培說：「則著《呂覽》者，曾親見左氏之書，昭然無疑。」又如《淮南子》一書，作於漢景帝、漢武帝之間，在司馬遷《史記》之前，但書中也多引《左傳》。如華周卻賂（左襄二十三年）、子罕獻玉（左襄十五年）咸見於《淮南子·精神訓》等等。如果《左傳》是劉歆偽造，又怎麼能夠被上述諸書所引用？

劉師培的上述兩個證據較為準確地批評了劉歆偽造《左傳》說的要害。

至於《左傳》與《春秋》的關係，劉師培也駁斥了《左傳》不傳《春秋》的觀點。他說：

自漢博士謂左氏不傳《春秋》（《漢書·劉歆傳》），范升謂左氏不祖孔子，而出丘明，師徒相傳，又無其人（《後漢書·范升傳》），晉王接遂謂左氏贍富，自是一家書，不主為經發（《晉書·儒林傳》）。近儒武進劉氏遂據此以疑《左傳》。[25]

劉師培認為《左傳》與《春秋》的關係，不但可以從孔子與左丘明的思想上得到證明，而且可以從傳習《左傳》的學人們的言行上得

25　劉師培：《讀左劄記》，《遺書》第7冊。

到證明。如前引司馬遷將《左傳》稱作古之《春秋》，翟方進稱《左傳》為《春秋左氏傳》，可見《左氏春秋》與《春秋》有著密切的聯繫，它不能視作《呂氏春秋》之類。劉師培還證明，《春秋》與《左傳》的聯繫在西漢得到過今文經師的承認：

漢《嚴氏春秋》引《觀周篇》云：孔子將修《春秋》，與左丘明乘如周，觀書于周史，歸而修《春秋》之經，丘明為之傳，共為表裡。《觀周篇》乃《孔子家語》篇名，而引於漢人，且引於公羊經師，則《左傳》為釋經之書，固公羊家所承認矣。劉向《別錄》云：左丘明授曾申。劉向素以《穀梁》義難《左傳》，而于《左傳》之傳授言之甚詳，則《左傳》為釋經之書，又《穀梁》家所承認矣。[26]

由此可見，漢初諸儒莫不以《左傳》為釋經之書，只有當劉歆提出立《左傳》於學官之後，才有一些經學家試圖否定《左傳》與《春秋》的聯繫。

劉師培認為《左傳》與《公羊》、《穀梁》相比較，確實有一些獨到之處，但這些獨到之處不影響它與《春秋》的聯繫。他曾進一步分析《春秋》與三傳的關係，說：

《春秋》者，本國歷史教科書也，其必托始於魯隱者，則以察時勢之變遷，當先今後古，略古昔而詳晚近，則《春秋》又即本國近世史也。雖然，以史教民，課本所舉，僅及大綱，而講演之時，或旁征

26　劉師培：《讀左箚記》，《遺書》第7冊。

事實，以廣見聞；或判斷是非，以資尚人。時門人七十，弟子三千，各記所聞，以供參考。而所記之語，複各不同，或詳故事，或舉微言，故有左氏、穀梁、公羊之學。然溯厥源流，咸為仲尼所口述，惟所記各有所偏，亦所記互有詳略耳。[27]

劉師培認為《春秋》作為一部簡明近代歷史教科書，在春秋時期人們可以從不同角度進行闡發。事實上，子夏等人據孔子所述之微言互相教授，形成公羊、穀梁傳，而左丘明亦受業孔門，《左傳》一書所記所陳，亦大抵出於仲尼之語，特左氏於孔子所講演者，複參考群書，傳示來世。因此《春秋》三傳的差別，導源於孔門弟子記錄的差別，導源於孔門弟子學術興趣的差異。並非只有像《公羊》、《穀梁》那樣的傳經方式才是解釋《春秋》的作品，《左傳》同樣是解經之作。

其次，劉師培研究了《左傳》的政治、文化思想，證明它與孔子思想存在一致性。

晚清今文經學非議《左傳》及其他古文經的一個根據就是它們缺乏改制精神，沒有歷史發展的觀點。如廖平就認為古學是孔子早年之學，有「從周」之意，而今學是孔子晚年之學，有「因革」之意。他們把孔子打扮為素王，認為今文經學才是孔子思想的精華所在。

劉師培不同意將孔子打扮為替萬世垂法的素王，但他認為孔子不僅僅是歷史家，孔子還是思想家。孔子所整理的歷史典籍包含著中華民族的立國精神。而所謂中華民族的立國精神即民族意識、民主意

27　劉師培：《讀左箚記》，《遺書》第7冊。

識。所以劉師培認為孔子的《春秋》之學，關鍵在於民族、民主思想。他認為，《左傳》與《春秋》在這一點上完全一致，與《公羊》、《穀梁》可以媲美。

一、從華夷之辨來看，「公、穀二傳之旨，皆辨別內外，區析華戎。《左傳》一書，亦首嚴華夷之界」[28]。劉師培例舉《左傳》僖公二十三年、二十七年的記載，說明《左傳》首重夷夏之防，具有民族主義思想。

二、從民主意識來看，劉師培認為今文經學所詡為獨發的君輕民貴之說，在《左傳》中比比皆是。他說：

晚近數年，皙種政法學術播入中土，盧氏《民約》之論，孟氏《法意》之編，咸為知言君子所樂道。複引舊籍，互相發明，以證種所言君民之理皆前儒所已發。由是治經學者咸好引公、穀二傳之書，以其所言民權多足附會西籍。而《春秋左氏傳》則引者闕如。[29]

而其實，《左傳》「責君特重而責民特輕」。比如《左傳》凡弒君稱君，表示君主無道，被弒是理所當然。可見《左傳》允許人民有反抗暴政的權利。又如《左傳》隱公四年衛人立晉，《左傳》釋曰：書曰衛人立晉，眾也。以證君由民立，與公、穀二傳完全相同。《左傳》承認人民有立君的權利。而且《左傳》「所載粹言，亦多合民權之說」。如左襄十四年傳，載師曠之言曰：「天之愛民甚矣，豈其使一

28　劉師培：《讀左劄記》，《遺書》第7冊。
29　劉師培：《讀左劄記》，《遺書》第7冊。

人肆於民上以縱其淫，而棄天地之性？必不然矣。」這些言論都體現《左傳》對孔子乃至國學的真正精神有很深的領悟。所謂左氏不知《春秋》之義的看法，是「真不知《春秋》之義矣夫！」

劉師培還反省了人們對於《左傳》產生誤解的原因，並且提出了一些解決問題的方法。

《左傳》本身並不違背《春秋》旨意，那麼為什麼會有人懷疑它的地位？劉師培認為主要有三個原因：一因卷帙浩繁，一因漢儒對《左傳》缺乏完整的注釋，一因後儒斥之為偽書。《左傳》比《公羊》、《穀梁》內容要贍富得多，可是由於它在西漢時期地位不顯著，沒有人給它作完整的注釋。東漢時，隨著古文經學地位的上升，《左傳》也受到一定重視，但賈逵、鄭眾等雖有注，也未完整地保存下來。只有晉杜預《春秋左氏傳集解》得以保存並留傳下來。而杜預的《集解》並沒有遵循《左傳》獨到的特點，受到《公羊》、《穀梁》學的影響，穿鑿附會，反而把《左傳》引入歧途，使《左傳》自身的特點不明。後來的儒家有些把《左傳》斥為偽書，大多是受杜預《集解》的影響，沒有真正認識到《左傳》的特點。像劉逢祿、廖平、康有為批評《左傳》，大多以杜預《集解》為根據。劉師培甚至認為杜預不是《左傳》學的功臣，而是《左傳》學的禍首。

所以，正本清源，要扭轉人們對於《左傳》的誤解，關鍵在於依據《左傳》學的特點，對《左傳》進行實事求是的研究。劉師培說：

今觀左氏一書，其待後儒之討論者約有三端：一曰禮、二曰例、

三曰事。[30]

　　所謂「禮」，就是說要研究《左傳》闡述的禮典和禮制。晚清今文經學認為《左傳》所闡述的禮制與《周禮》相合，與《王制》相異。劉師培認為這值得深入研究，看看是否與《王制》真正相背？如果相背，它又體現了什麼特點？而且，「左氏佚禮若能疏通證明，亦考古禮者所必取也」。搞清楚《左傳》的禮制，對於認識古代社會狀況也有很大幫助。所謂「例」，即《左傳》的書法體例。杜預認為《左傳》的凡例即周公之禮經，而劉師培則認為五十凡例，乃左氏一家之學，與《公羊》、《穀梁》不完全相同，「左氏自有其義」。對於《左傳》獨特的書法，只有實事求是地去加以研究，而不能依據《公羊》、《穀梁》的成法。所謂「事」，就是《左傳》的史實。劉師培認為如果我們理清了《左傳》所載史實的來源及其被引用的情況，我們就能對《左傳》的真偽心中有數。他認為禮、例、事「三書若成，則左氏之學必可盛興。若夫曆譜地輿之學，治左氏者多詳之，惟考證多疏，董而理之，殆後儒之責歟！」[31]

　　應該說劉師培所提出的關於《左傳》研究的課題，極為準確地抓住了《左傳》學自身的不足之處，有很高的學術價值。

　　《讀左劄記》反映出劉師培研究經學的一般思路。這種思路的特點是超乎今文經與古文經的爭論，實事求是地疏理古文經學的發展線索，並緊密聯繫民族、民主革命的現實任務，用新的眼光來解析經學

30　劉師培：《讀左劄記》，《遺書》第7冊。
31　劉師培：《讀左劄記》，《遺書》第7冊。

的命題，使之具有時代氣息。

6.3 劉師培經學史研究的新義

1905年—1908年間，劉師培在經學史研究中提出了一些重要的創見，對於當時和後來的經學史研究產生過重大影響。

第一，他明確指出漢代以前經無今古文之分，今古文經的差異主要是文字差異。

1906年—1907年，劉師培在《國粹學報》24至30號上發表《漢代古文學辨誣》，其中說：

> 今文古文為漢儒之恒言，猶今日所謂舊板書新板書也。漢代之所謂古文經，乃秦代之時，未易古文為秦文者也。其故本至漢猶存。[32]

在劉師培看來，今古文的差別起始於文字的差別。在孔子之時，六經作為教學課本，弟子各記所聞，必然會有詳略之不同，並因之而有一些發展方向的差異。但在春秋戰國時期，六經並未發生嚴重的門戶分歧。如《春秋》經，漢初以前，《春秋》三傳為治《春秋》者所並習。子夏是《公羊》、《穀梁》之先師，而《韓非子·外儲說》引子夏之言曰：「弒君稱君，君無道也。」這顯然是子夏常習《左傳》，其傳《春秋》，未嘗與丘明立異。而且戰國大儒荀卿兼通三傳，足證

---

[32]　劉師培：《漢代古文學辨誣·論今古文之分僅以文字不同之故》，《左庵外集》卷四，《遺書》第44冊。

《春秋》先師於三傳無所軒輊。又如《詩經》，荀卿之時，四家之詩仍未分立，其所以分立者，大概是荀子弟子各記所編。只有到了漢代，由於秦代之焚經，人們對經、傳的認識產生模糊，才開始形成六經傳注的不同派別。同時，受派別觀念的影響，那些不斷被發現的經書古籍又被視作另一經學流別。而其實不過是新發現的古籍的文字古老，沒有更換為新近流行的文字，恰如晚近有新版書之後，還流傳有一些古版書。

劉師培認為，「惟明今古文同出一源，則今之謬說不擊自破矣」[33]。只有明確了今古文的差別僅僅是文字上的差別，它們都導源於孔子六經，我們才能對古文經典的真實性獲得清醒的認識。同時，也只有認識到「諸經之分今文古文，分於西漢而非分于東周」，就不會把今古文之爭延長到孔子本身，從而把孔子支解為矛盾的組合。「所謂今古文者，以其由古文易今文有先後之殊，非以其義例有不同也。而今人以為古文系孔子早年之學，今文系孔子晚年之學，今文言改制，古文從周，立說本不相同，一若今古文之分始於孔子。乃今人複以今經皆孔子所作，古經多學古者潤色之詞。傳今經者皆受業弟子，傳古者不盡受業。今學出於春秋時，古學出於戰國時。嗚呼，何其附會而無據歟！」[34]

劉師培的這一見解，有助於認清今古文的歷史面目，既認識到經學在春秋戰國時期有傳注的差異，又認識到春秋戰國時尚無今古文之

---

33 劉師培：《漢代古文學辨誣・辨明漢代以前經無今古文之分》，《左庵外集》卷四，《遺書》第44冊。
34 劉師培：《漢代古文學辨誣・辨明漢代以前經無今古文之分》，《左庵外集》卷四，《遺書》第44冊。

爭。他的這一見解得到章太炎、王國維的進一步發揮。

第二，劉師培論證了古文經基本可信，西漢時期學者們多治古文學，西漢今文家也不廢古文。

劉師培認為漢代古文經基本可信。《左傳》的可信性已如前述。其他如《周官》，劉師培說：

自東漢何休治《公羊》，慮《周官》之說與之相異也，遂以《周官》為六國陰謀之書。及于宋代，道學之儒以王荊公行《周禮》而流弊也，遂並集矢于《周禮》。至於近代，方苞以《周禮》多劉歆所竄；毛西河亦以《周禮》為週末之書，謂孔子引經與春秋諸大夫及諸子百家引經，並無一字及此書；顧棟高亦曰：《周禮》六官所掌，春秋博學多能之彥，無一語及其書，孔子亦然。[35]

因此龔自珍等認為《周禮》不可信，其實是錯誤的認識。劉師培例舉了九條證據，證明《周禮》是真實的：《漢書・藝文志》並沒有把《周禮》視為晚出之書。《周官》與《左傳》相通者三十餘條。《孟子》圭田、國中什一使自賦，郊野九一而助等制度可以旁證《周禮》。荀子《正論》、《正名》、《大略篇》與《周禮》相似的材料極多。漢文帝時竇公獻魏樂章，此即魏文侯時的樂章，與《周官》大司樂相吻合。秦制與《周禮》有聯繫。毛詩用《周官》注解不下十餘則。叔孫通定朝儀，多採朝士、司士之禮。漢代官制亦多用《周

35　劉師培：《漢代古文學辨誣・論龔氏之說不足信》，《左庵外集》卷四，《遺書》第44冊。

禮》。由此可見，《周禮》不能被視為偽造。

又如秘府中所藏《古文尚書》。劉師培認為：「佚書之文引用周代古籍者，不下千百條，必系漢代古文尚書無疑。故梅氏所呈之《尚書》可以謂之偽，而孔安國所得之《尚書》不得謂之偽。」[36]因為，如果只有《今文尚書》二十八篇為真，那麼「周人所引之《書》在二十八篇之外者，均偽託之辭耶」[37]？

其他如佚禮、古《易》，劉師培均一一援引古籍，證明它們具有真實性，不可輕易懷疑。

劉師培還指出，在古文經典發現之後，就不斷有人研究。「秦漢之間，古文之學雖殘佚失傳，然未嘗一日絕也。」[38]如叔孫通懂《左傳》、《毛詩》多《周官》之文，賈誼《新書》可證《左傳》、《毛詩》之書均為賈生親見，即使《泰誓》在武帝以前，雖博士不傳，而民間未嘗無，婁敬引之于前，董仲舒引之於後。至於司馬遷，創作《史記》，援引《左傳》義例數不勝數。種種跡象表明，古文經在漢代初年也受到了學者們的研究。

劉師培還指出，西漢之初，無今古文之爭，說經者雜引今古文。及今文立於學官，然後所學定於一尊。「然舍古文而專說今文者，惟

36　劉師培：《漢代古文學辨誣・辨明漢代以前經無今古文之分》，《左庵外集》卷四，《遺書》第44冊。
37　劉師培：《漢代古文學辨誣・辨明漢代以前經無今古文之分》，《左庵外集》卷四，《遺書》第44冊。
38　劉師培：《漢代古文學辨誣・論西漢初年學者多治古文學》，《左庵外集》卷四，《遺書》第44冊。

末師俗儒則然耳。若今文大師則不然。」[39] 比如伏生《書傳》乃至東漢何休《公羊解詁》，多本古文說，又如許慎《五經異義》一書，「於今文古文辨之最嚴，於先儒之說，必著明某說為今文家言，某說為古文家言。今就其書所引者觀之，則今文之說同於古文，而古文之學同於今文者，計有九條」[40]。所以過分強分今、古文的派別，將西漢古文經學的成果一筆抹殺，不是科學地研究經學歷史的態度。

第三，孔子非素王，亦非宗教家。

1906年，劉師培在《國粹學報》發表《論孔子無改制之事》，駁斥把孔子當作素王和宗教家的觀點。他認為孔子改制之說的提出事出有因：

蓋改制之說，本於讖緯，董子纂其說於《公羊》，以《公羊》有「改周之文，從殷之質」一語，遂疑孔子不從周。又見《公羊》所言禮制與他經不同，遂疑為孔子所定新王之制，複因張三世、存三統之說以推之，而新周、故宋、黜杞之說生。夫張三世者，以存歷代之典章。若如董子之說，則春秋既從殷之質，何以又有故宋之詞？既以王魯為宗，何以又以新王即孔子？其說本扞格鮮通。……邵公繼興，于董子之說又變本加厲，然所說者惟公羊，未嘗牽合《公羊》之說以證六經也。自近儒孔廣森治《公羊》，始以《公羊》之說證《孟子》，然于王魯、新周之學則深斥其非。若淩曙、陳立之書，亦僅由《公

39　劉師培：《漢代古文學辨誣・論西漢今文家不廢古文》，《左庵外集》卷四，《遺書》第44冊。
40　劉師培：《漢代古文學辨誣・辨明今古文立說多同非分兩派》，《左庵外集》卷四，《遺書》第44冊。

羊》考古禮，以證殷周禮制之殊，未嘗有穿鑿之說也。自常州莊氏治《公羊》，始倡大義微言之說……劉、宋之徒均傳莊氏之說，舍古文而治今文，舍訓詁而求義例，並推《公羊》之義以強群經以就《公羊》。……凡群經略與《公羊》相類者，無不旁通而曲暢之。即絕不相類者，亦必鍛煉而傅合之……然斯時仍無孔子改制之說也。自變法之說盛行，主斯說者乃取《公羊》家改制之說，以古況今，又欲實行其保教之說，乃以儒教為孔子所創，六經為孔子所作，其有不言創教改制者，則為偽經。[41]

　　在劉師培看來，自董仲舒首創孔子為漢世垂法，人們在解釋《公羊傳》時就有意推究其中的微言大義。但在晚清以前，《公羊傳》的所謂微言大義還沒有與儒家的其他經典相混合，直到莊存與、劉逢祿、宋翔鳳之後，《春秋公羊傳》的微言大義之說始遍及諸經，從而有孔子改制之說和創教之說。

　　劉師培認為改制之說主要有三個方面的理由。其一是「蓋六經之書所言之制與他書不同，而六經所記之制，複此經與彼經互歧，即一經之中，亦或先後異辭」[42]。人們容易對此產生誤解。其二是《論語》有「其或繼周」之文，人們容易認為孔子承周之統。其三是《史記·孔子世家》言孔子據魯、親周、故宋。劉師培對上述三個基本理由一一加以駁斥。首先，從六經禮制前後差異來看，周代頒行之制未必普行於列國，古代舊政仍複並行，如晉啟夏政、宋襲殷官，魯備四代

41　劉師培：《論孔子無改制之事》，《左庵外集》卷五，《遺書》第45冊。
42　劉師培：《論孔子無改制之事》，《左庵外集》卷五，《遺書》第45冊。

之禮樂。列國之制，有用古代之制者，有用周制而稍參古制者，故制度互歧，其故一。且周代之制亦前後不同，其故二。何況列國之時，多更古制，禮制未能劃一，其故三。加以古代之制或因地而殊，或因事而殊，或因時而殊，至於孔子之時，古經殘缺，孔子編訂禮典，於《周禮》之外，間引古代禮文，亦所必然。所以「古禮異于《周禮》者，必明證某禮為某代之制，今之見於戴禮者是也；亦有舉古代僅存之禮而未引今禮以證其異同者，或系當時人士所共知，不必證明其因革，或系所錄之文，書缺有間，未能判決其是非」。總之「皆傳述之歧，非關改制之旨」。[43] 其次，從《論語》「其或繼周」一語來看，孔子本無承周統、革周制之意。因為承統之說與陰陽五行相聯繫，而《周易》不言五行，儒家言五行者，荀子斥為背師說。孔子並沒有陰陽五行和讖緯觀念，「其或繼周」一語並不表示孔子要「革周」改制。再次，從《史記》所載據魯、親周、故宋之語來看，據魯，以魯為主，親周，即新周，故宋，以宋為古國，其中僅僅表明《春秋》主要依據魯國史記，沒有別的含義。可見孔子改制之說，於古無徵。而且儒家素無帝王思想，儒書之王，悉指文王，周秦以前，無有稱孔子為素王者，緯書素王，不過指有道之人，孔子也不可被視為素王。

劉師培還指出：儒教非孔子所創，六經非孔子所作。孔子非宗教家，其證有三：一曰孔子以前中國久有宗教。二曰孔子未立宗教之名，沒有西方基督教的末日審判和靈魂觀念。三曰唐宋以前，孔教之名未立，人們以儒學或儒術稱孔學。儒術主要是一種「進身之術」，一種政治之術。所以孔子不創教。非但孔子不創教，諸子更不創教。

43　劉師培：《論孔子無改制之事》，《左庵外集》卷五，《遺書》第45冊。

且六經亦非孔子創作。孔子刪削古代典籍，只有取捨，沒有創作。以六經之制為例，六經所言儒服、親迎、立嗣、合葬、大一統、授時、井田、刑罰、選舉、封建、卿大夫、士食邑之法等十二個方面的制度，都有歷史根據，並非孔子憑空創造。

為徹底推翻孔子改制之說，劉師培於1907年發表《王制篇集證》，對今文經學家的寶典《王制》進行研究。他通過具體分析，指出《王制》是孔子之後大賢所記先王之事，它作於秦漢之際。《王制》之偶與公、穀合者，乃《王制》本於公、穀，非公、穀本於《王制》。且《王制》中也有古文說，切不可顛倒本末，將《王制》當作六經之核心。

劉師培的上述觀點對於澄清經學史上的疑案有重要的啟示意義。

第四，劉師培還試圖依據社會進化觀點對儒家經典進行新的詮釋。

劉師培將社會學的某些觀點用之於經學研究，他提出，早期儒家經典反映了上古中國社會的歷史面貌。而這種歷史面貌並非儒家所謂歷史的黃金時代，相反，從母系氏族到父系氏族再到三代禮制社會，中國歷史經歷了一個相當長的發展階段。在這一階段中，宗教觀念、國家觀念、倫理觀念都在不斷發生變化。而這些內容變化的過程，參照西方典籍，我們可以從經學中追尋出來。比如古代之民，稱天以制君，而後世之君，稱天以制民。周易說「聖人神道以設教化」，就應該從這一角度給予解釋。劉師培在1905年—1908年間，花了巨大精力研究儒家經典所反映的上古歷史狀況，最後提出了上古歷史發展為禮

制文化的觀點（參考下章史學部的有關論述）。這表明經學即史學的觀點在劉師培身上開始得到了新的發展。

劉師培還不時提出對儒家經典的嶄新看法。如對於《周易》，他曾經視之為社會學著作：

　　吾觀《周易》各卦，首列象象，繼列爻詞。象訓為材（材料），即事物也。象訓為像，即現象也。爻訓為效，即條理也。今西儒社會學必搜集人世之現象，發見人群之秩序，以求事物之總歸。……而《大易》之道，不外藏往察來，探賾索隱。[44]

他的這種觀點似乎對章太炎有所影響。收入《檢論》中的《易終始論》，未必不是劉師培上述觀點的進一步發展。非但如此，劉師培一度又將《周易》當為古代的字典：

　　吾觀焦理堂先生《易話》論《易經》假借之義甚詳……而西人拉克伯裡著《支那太古文明論》，以《易》卦為古文，於一字之中包含眾多之義……以證《周易》為古文之字典。其說與焦氏合。……即此例以推六十四卦，大約皆然。[45]

拉克伯裡將《周易》離卦各爻詞的文字解釋為「離」的不同含義。而劉師培則據此來解釋坤、屯二卦，證明《周易》各爻詞都在說

44　劉師培：《週末學術史序‧社會學史序》，《遺書》第14冊。
45　劉師培：《小學發微補》，《遺書》第11冊。

明各卦主詞的各種引伸義,《周易》起了古代字典的作用。1903年—1908年初,劉師培的經學研究與當時民族、民主革命的時代課題緊密聯繫起來,他非常注意闡發經學中的「攘夷」和「民權」思想,對經典也作了許多新穎的解釋。這些研究都表明劉師培試圖突破傳統經學研究的限制,將經學研究引向新的天地。

1905年—1908年間,劉師培關於經學歷史的研究顯示出了如下特色:其一,他堅持古文經學的真實性,批評晚清今文經學對於古文經學的誣衊,但並不固守古文家法,而是充分吸取和參照今文經學家研究經學的觀點和方法。劉師培不同意將孔子打扮為改制的素王和教主,也不同意今文經學家加在古文經學頭上的不實之詞,但他能夠寬容今文經學家的學術精神。《國粹學報》在1906年7期載有廖平《公羊春秋補證後序》、《公羊驗推補證凡例》、《春秋孔子改制本旨三十問題》,還載過王闓運關於經學和文學的一些看法,並因此而引起章太炎的批評。[46]由此可見,劉師培既認識到今、古文經學的歷史應該忠實,同時又認識到必須依據新的觀點和方法來研究經學,否則經學研究就不可能有所進步。其二,他提出了要煥發經學研究的生命力首先必須對經學本身的歷史進行認真探索的觀點。這一觀點的要害在於求善必須以求真為基礎。如果所依據的經學材料不真實或者是錯誤的結論,那麼,由此引伸的觀點就不可能真實。劉師培堅信要從經學中顯現救世的意旨,但又期望經學經世意旨的呈現以經學歷史為基礎。

但真正要做到創新與求實的統一是極其困難的。劉師培這一時期

46　章太炎:《與劉光漢書三》,見《遺書》卷首。

的經學歷史的研究雖然飽含創新的意圖，但他並沒有真正找到經學與時代命運的有機聯繫。他尚不能完全解剖經學的社會歷史背景，不明白經學與歷史結構的內在關係，因此，他雖然在還原經學歷史線索的方面取得了一些成績，但他沒有把經學與當時社會歷史的聯繫解剖出來。因而劉師培主觀上希望排除經學研究的非歷史主義的態度，但常常陷入非歷史主義而不自覺。他力求創新，可提出的許多關於經學的新觀點、新認識又往往是西方某些學說的簡單比附。似乎近代西方的學說就是中國古聖先賢所言，而且中國的這些學說還要早於西方，中國古代制度更有精意。這就容易引導人們過於關注傳統文化，混淆了古代制度與近代西方民主制度的根本不同。也容易引導人們不去積極思考時代變革的具體問題，提不出積極有效的方案和策略。

章太炎較早地認識到了當時經學研究的某些缺陷。《國粹學報》1906年第11號（總第23期）載有他的《某君與某論樸學報書》，其中主要針對劉師培的小學和經學研究提出商榷，其說經部分云：

> 經說諸條，學兼今古，非專守十四博士之陋者，抑自周孔以逮今茲，載祀數千，政俗迭變，凡諸法式，豈可施於晚近，故說經者所以存古，非以是適今也。先人手澤，貽之子孫，雖朽蠹粗劣者猶見寶貴，若曰盡善，則非也。……故知通經致用，特漢儒所以幹祿，過尊前聖，推為萬能，則適為桎梏矣。[47]

章太炎一方面肯定劉師培研究經學歷史的認真態度，另一方面又

47　章太炎：《某君與某論樸學報書》，《國粹學報》1906年第11號。

認為「通經」與「致用」不能聯繫過密，主張「稽古之道，略於寫真，修短黑白，期於肖形而止，使立者倚則失矣，使倚者立亦未得也」。[48]眾所周知，章太炎也曾經從經學中求得解決現實問題的方法。他的《訄書》初刻本中就有分解經學，發掘其中積極因素的成分。但經過實踐，他較早地意識到「通經」與「致用」尚有差別。如果過分強調「致用」，就有可能曲解經學。所以他主張經學研究以求實為主，儘量恢復經學歷史的原貌，而不必穿鑿附會。如本書第三章所說，章太炎的這種思想反映了國粹派文化觀點的侷限，當時國粹派不可能將經學研究的時代脈搏科學地體現出來。劉師培經學研究中的新因素也面臨著發展中的危機。

6.4　劉師培後期經學史研究

1908年，劉師培因與章太炎小有齟齬，受其妻何震影響，脫離革命知識份子群體而投靠清政府。其經學研究也發生了一些變化，早年民族、民主革命的因素被削弱，經學的門派因素反而得到加強。1911年，辛亥革命爆發，劉師培所投靠的清政府被打倒，這位曾經是革命闖將的學者在命運的嘲弄面前悽惶孤傲，他的經學研究越來越精深古奧。他悲歎早年投身政治，有累先人清德，試圖重振家學舊業，以經學家自居。1914年前後，他曾經寫信給廖平，其中說：

　　某不敏，進思黃髮之詢，而退懷索居之恥，常恐隕歿，犬馬齒

48　章太炎：《某君與某論樸學報書》，《國粹學報》1906年第11號。

窮，既竭吾才，仰鑽官禮，深惟大義，欲罷不能。每用悼心，坐以待旦。[49]

充分表明劉師培晚年是在一種悽愴的心境下試圖對經學提出超越前人的見解。

綜觀劉師培晚年的經學研究，它體現了一個重要特點，這就是：以《左傳》研究為核心，全面疏理古文經學的歷史線索。劉師培主要做了以下幾個方面的工作。

第一，他全面論述了古文經的真實性，並做了細緻的輯佚工作，試圖恢復古文經的原貌。

（1）《古文尚書》

如前所述，從吳、朱熹開始，經吳澄、梅鷟等不少學者的努力，自北宋至清初長達五六百年之久的對偽古文《尚書》的辨疑運動，已到了相當成熟的階段。閻若璩撰《尚書古文疏證》，運用梅鷟在《尚書》研究中所開創的搜集證據的方法，從文獻證據和歷史事實的證據兩方面來考定梅賾所上孔安國本《尚書》之偽。偽古文《尚書》被推翻之後，出現了兩個問題：一是保存在偽孔本中的今文二十八篇的文字錯亂、章句歧異、晦澀難懂的問題，二是真古文的本來面目的問題。清代學者有的做了大量搜集材料和校勘的工作，把漢代今文、古文《尚書》的有關材料收集起來，並從語言、文字、音韻、訓詁、詞

49　劉師培：《與廖平書》，《左庵外集》卷十六，《遺書》第56冊。

彙、語法等方面進行研究，如江聲《尚書集注音疏》十二卷附二卷，王鳴盛《尚書後案》三十卷，段玉裁《古文尚書撰異》三十二卷，孫星衍《尚書今古文注疏》三十卷，都試圖對今、古文經學之《尚書》學進行整理。

但漢代秘府中的古文《尚書》的真面目尚有待研究。關於漢代古文《尚書》有三種說法，一是皇室「中五經秘書」所藏，二是《漢書‧藝文志》說，在武帝末年，魯恭王欲廣其宮室，壞孔子舊宅，於壁中得《尚書》、《禮記》、《論語》、《孝經》數十篇，皆蝌蚪文字。博士孔安國，本孔子後裔，既盡得其書，與伏生所傳者相校，多得16篇，遂加分析，成24篇。三是杜林所得漆書。雖然已經證明東晉梅賾所上《尚書》為偽，但這些古文是否存在？引起了人們不同解釋。

魏源曾作《書古微》十二卷，其序中說：

《書古微》何為而作也？所以發明西漢《尚書》今古文微言大誼，而辟東漢馬、鄭古文之鑿空無師傳也。[50]

他認為孔安國從歐陽生受業，曾經以今文讀古文，又以古文考今文，所以西漢今古文《尚書》本是一家。所謂古文《尚書》是杜林所得漆書古文，東漢時馬融曾為之作傳、鄭玄為之注解，因此得以流傳。但東晉偽古文出，馬、鄭本古文尚書亦被廢。他認為清朝學者只知攻東晉晚出之偽古文，而以馬、鄭本為真，其實馬、鄭本古文《尚

50　魏源：《書古微‧序》。

書》也不可信。

龔自珍撰《說中古文》一文，對《漢書・藝文志》所謂漢代皇家「中五經秘書」所藏《古文尚書》提出十二點懷疑。他認為如果中秘有《尚書》，不必遣晁錯往伏生受二十九篇，也不應孔安國獻孔子壁書，始知增多十六篇。中秘既是古文，皇帝必頒為定本，不應聽古文家今文家異議紛紜。

廖平則進一步認為西漢壁中古文《尚書》為偽。1894年他寫有《古學考》，認為古文《尚書》是劉歆的偽造。康有為《新學偽經考》承廖平之說，指出古文經皆由劉歆偽造。

劉師培在《漢代古文學辨誣》中曾經力言《古文尚書》之真。1916年他又作《中古文考》，詳細考辨《古文尚書》的狀況，其中說：

仁和龔自珍作《說中古文》，立十二證謂班《志》中《古文尚書》亦《百兩》之流，或並無此書，劉歆作偽。其說不然。中古文者，即安國所獻《古文尚書》也。……《古文尚書》，安國所得，既獻漢廷，因藏秘府。「中」為秘府之名，「古」與今文示別，此即《藝文志》所列《尚書》古文經四十六卷也。……安國得書，獻其故簡，別為訓傳，錄二以藏，用是師法所傳，迄於塗惲，家法所溉，暨于孔僖，以准中《書》，其源實一。《藝文志》言劉向以中古文校歐陽、大小夏侯三家經文，此以古文校今文也；《儒林傳》言向以中《書》

校《百兩》篇，此以真古文證偽古文也。[51]

他認為所謂中古文就是孔安國所獻孔壁古文，並沒有孔安國之外的所謂「中秘」。孔安國所獻古文有家法可考，劉向還以此來校正今文三家《尚書》和張霸《百兩》篇，是絕對可信的。

劉師培還撰有《尚書源流考》，他認為歷史上曾經出現過兩次偽孔。一在魏初，一在東晉初。程廷祚曾經以為東晉未出現偽古文，因而懷疑梅賾獻偽古文之事。認為倘有其事，則其所獻亦非今見之偽孔本，而是另一部偽孔本。劉師培據司馬彪論「六宗」，證明魏晉之際已有偽《孔傳》，又據何晏《論語集解》引偽孔與今所見偽孔不符，李顒注漢代《太誓》而非偽古文《泰誓》，證明歷史上有兩次偽孔本。一在魏初，一在東晉初。根據劉師培的整理，《尚書》學的源與流應該是：孔子把夏、商、周的政治活動的歷史文獻加以整理，定下一百篇，名曰《尚書》，經過秦始皇焚書，《尚書》在漢初只有伏生所傳授的《今文尚書》二十八篇。伏生在齊魯之間傳授門徒，發展為歐陽、大小夏侯三家《今文尚書》之說。漢武帝時，魯恭王壞孔子壁，得《古文尚書》，被孔安國獻於漢廷，此為中秘《古文尚書》原本。東晉以前，孔安國古本《尚書》一直流傳。但偽古文在漢代張霸《百兩篇》就已出現。魏初和東晉初又兩次出現了偽孔本。

劉師培還對《尚書》之逸篇給予了高度重視。《尚書》經過了孔子的整理。據說孔子刪書，存於世者，《尚書》計有百篇。後經秦火

51　劉師培：《說中古文》，《左庵外集》卷一，《遺書》第41冊。

遂缺而不全。濟南伏生所傳《尚書》僅二十八篇。宣帝時河內女子發老屋，得逸《禮》、《尚書》各一篇，《尚書》二十九篇始定。加上孔安國所得古文《尚書》之多出十六篇，再經過細緻地分析，今古文共計五十八篇。也就是說，即使這五十八篇全部是孔子刪書所保存下來的部分，尚有幾乎一半佚失。非但如此，孔子所刪之書尚是一個不確定數目。如《漢書‧藝文志》說有「《周書》七十一篇」，顏師古注云：「劉向曰：周時誥誓號令也，蓋孔子所論百篇之餘也。」《周書》之七十一篇就曾在漢代學者中流行。劉師培認為要徹底弄清《尚書》學，就必須重視百篇內部之佚以及百篇之餘。他主要對《逸周書》作了深入研究，撰有《周書補正》。

1911年，他在《周書補正》的自序中說：

> 《周書》七十一篇，蓋百篇之毋弓、九流之權萌也。昔者周世良佐達儒，習誦弗戁，儕諸謨典，意泯輕軒。仲尼刪書，顧弗加錄，斯蓋《世浮》之屬、《職方》之倫，詞或逕符于《武成》，篇或別麗于《周官》，偏舉已昭，互見則蔓。又書以廣聽，旨冀昭後，竄儌而上，詞顧涉權，慮滋世慝，爰從冷汰。周月諸解，體乖記言，析類崇謹，芟夷乃及。然《詩》合昭武，僅存三百，貍首為節，雅樂弗廢。刪而複存，《詩》《書》一焉。[52]

他認為周代文獻極多，孔子對它們進行整理，有的因為在六經中的其他典籍中有所反映而被刪削，有的因為孔子出於道德教化的考慮

52　劉師培：《周書補正‧自序》，《遺書》第21冊。

而被刪削，這是情有可原的。但今天要研究《尚書》就很有必要對被刪削的部分進行整理。劉師培「旁考近儒之說，兼得元和朱氏（駿聲）、江都田氏（普實）、德清戴氏（望）各校本，參互考校，以求其真」[53]。對《逸周書》進行了系統研究。又作《周書略說》，辨明汲塚書非《周書》，說明《逸周書》之名稱定於唐季。考證秦漢之際以及西漢以《周書》說經的情況，說明自唐代才開始對《逸周書》持偏見態度。劉師培認為，《逸周書》是輔助《尚書》研究的可貴資料。

（2）《逸禮》與《周官》

禮學是經學中又一複雜問題。禮源於古代習俗，周公在夏商習俗禮儀化的基礎上對它們進行了調整和修訂形成了周禮。孔子對周禮十分熱衷，按照他的理想，把他認為有重要性的禮用文字記載下來，作為教育子弟的教材。由孔子編定的《禮》，經其弟子和後學遞相傳授，有所改易。其間還遭受了秦火之災。到漢初，《禮》只有高堂生的《士禮》。高堂生把《士禮》傳給徐生，徐生又傳給徐延、徐襄、蕭奮。蕭奮傳給東海人孟卿，孟卿傳後倉，後倉傳戴望、戴聖和慶普。至此禮學分為三家，有大戴、小戴、慶氏之學。這是西漢禮學的主流，是《禮》的今文學派。但《漢書》中又說：有《禮古經》五十六卷。據班固說，「《禮古經》出於魯淹中及孔氏，與十七篇文相似，多三十九篇」。這多出的三十九篇，就是所謂《逸禮》。另外還有《周官》。對於《逸禮》和《周官》歷來就有不同意見。邵懿辰在其所著《禮經通論》中說《逸禮》三十九篇，全是劉歆偽造。龔自

53　劉師培：《周書補正・後跋》，《遺書》第23冊。

珍認為《周官》是六國陰謀之書，廖平認為它有作偽跡象。康有為逕直把它視為劉歆的偽造。

劉師培早年就認為《逸禮》和《周官》基本可信。1908年後，他對這一觀點作了進一步論證。撰有《禮經舊說》、《逸禮考》、《兩漢周官師說考》、《周禮古注集疏》等著作。

首先，他力圖恢復《禮古經》的原貌。劉歆在《移讓太常博士書》中尚提到《逸禮》三十九篇。但《逸禮》並沒有流傳下來。東漢末年，鄭玄給《儀禮》作注，對《儀禮》的原文也作了一番整理工作。其整理的方法，就是把今古文兩個本子拿來互相參照，每逢兩個本子用字不同時，他就比較而選擇，取其義長者。用今文字時必於注中注明古文該作某字，用古文字時，也注明今文該作某字。這是研究古文禮的基本資料。劉師培首先根據《漢書‧藝文志》、《論衡‧逸文篇》、《後漢書‧儒林傳》等資料證明《逸禮》出於孔壁，並非劉歆偽造；而後條析《禮古經》的發展源流，指出「東漢之時，古經之行於民間者蓋非一本」[54]。因為鄭玄引《禮古經》，有云古文某或作某者，《說文》諸書所引古經，又有與鄭氏所見不同者。他認為《逸禮》之散佚，蓋在東晉以前。並舉佚亂篇名確可考證者十篇：朝貢禮、天子巡狩禮、烝嘗禮、中霤禮、魯郊禮、禘於太廟禮、奔喪禮、投壺禮、王居明堂禮、軍禮。[55]劉師培的這一研究對於認識古禮的面貌無疑有積極作用。

---

54 劉師培：《逸禮考》，《遺書》第三冊。
55 劉師培：《逸禮考》，《遺書》第三冊。

其次，他再次申明《周官》的經學地位。劉師培在《漢代古文學辨誣》中曾例舉大量證據證明《周官》不可能是劉歆偽造，並曾將《周官》與《春秋》及《左傳》相聯繫。這一時期，劉師培還試圖從西漢時期對於《周官》的研究，來恢復《周官》的古義。他通過細緻的辨析，證明《周官》在東漢以前，受《王制》影響較少。《周官》中的國、野地域之別，軍事、賦稅制度是正確理解《春秋》和《左傳》的憑據，因而不能忽視《周官》。

第二，劉師培依據嚴格的家法觀念，系統整理西漢至東晉時期古文各經的學術研究狀況。

我們僅以劉師培晚年對《左傳》和《周官》的研究為例。劉師培1910年發表《春秋左傳答問》、《春秋左氏傳古例詮微》，1913年寫成《春秋左氏傳例解略》，1916年寫成《春秋左氏傳例略》，其間他一直專精《周禮》，嘔心瀝血於《周禮古注集疏》，這些著作都表明他要嚴格按照古文家法來理清《左傳》和《周官》的學術史。

對於《左傳》，劉師培早在1905年—1906年就曾經試圖整理西漢關於《左傳》的研究狀況。他認為自荀子、韓非子、賈誼、司馬遷、翟方進、劉歆到鄭眾、鄭興、賈逵、許慎，《左傳》自有其學術師傳。他在晚年還堅持這樣的觀點，並認為正由於這些《左傳》研究者們沒有受到今文經學的限制，他們對《左傳》的研究就沒有後來杜預那種偏限，比較符合《左傳》的原意。依據他們的研究狀況，可以瞭解《左傳》最早的古本原貌和最早的訓詁義。他說：

漢儒左氏說，其較二傳為密者，厥有數端。凡經書典禮，恒據本傳為說，一也。據本傳所志事也以明經文書法，二也。據傳例以說他條之經，凡經字相同即為同旨，三也。引月冠事，經有系月不系月之分，四也。據三統術校經歷，明朔閏分至，所推悉符，五也。日食所食之月為主，據日躔以定分野，專以災異系所分之域，與二傳師說泛舉時政者，疏密有殊，六也。[56]

也就是說，兩漢《左氏》學正因為堅持了自己的特點，才取得了比公、穀二傳要高明的成就。比如它依據三統曆，初步考慮了太陽和月亮運行的規則，比較準確地認識了春秋時期的天象，與公、穀泛泛之談大有不同。

劉師培還將《左傳》學的視野延伸到東漢至東晉時期。他仔細研究了這一時期的《左傳》學概況，說：

東漢左氏古義有附著他籍者，舍先鄭（鄭眾）《周官注》、後鄭（鄭興）群經注、許君（許慎）《說文》外，若馬融《尚書》、《周官》注，盧植《禮記解詁》，蔡邕《月令章句》，趙岐《孟子章句》，宋忠《世本注》，王逸《楚辭章句》，應劭《漢儀》、《漢書》注，高誘《呂氏春秋注》、《淮南子注》，採用傳說，均有可徵。其以子書採用傳說者，桓譚《新論》、王充《論衡》、王符《潛夫論》、荀悅《申鑒》、徐幹《中論》、應劭《風俗通義》、仲長統《昌言》是也。又班彪、朱浮、杜林、馮衍、張衡、崔瑗、胡廣之倫，所撰文詞，亦多傳說，

56　劉師培：《春秋左氏傳例略》，《遺書》第8冊。

匯而集之，可以觀其大概矣。

三國之時，若王朗、麋信、董遇、高堂隆、譙周之倫，均通傳說。其遺說稍具者，魏則王肅、孔晁，吳則韋昭，於經傳之文均有捃摭，上與劉、賈義符。晉則皇甫謐、幹寶、郭璞之儔，詮引經傳，猶多古誼。[57]

劉師培將《左傳》學延伸到杜預《集解》之前的諸子百家，認為從中可以發掘《左傳》學的基本觀點，改變杜預《集解》的長期影響，可見他捍衛《左傳》學的深苦用心。

又如《周官》，劉師培也力求整理西漢師說。他說：

《春秋》《周官》，經區述作，聿稽授受，並肇孔門。……聖人既沒，大義乖絕，儒學之徒，旨主約施，推類有方，舉隅蔽積……各抒所知，著造傳記。……荀准《周官》，與聖同契，孟符《王制》，誼肇後師。爰及西漢，《王制》業昌，五經家言，靡弗准焉。《周官》之學，闇而不章。孝平季年，說始芽萌，發見《周禮》，以明殷鑒。新莽制法，楷模斯頻，凡所闡繹，蓋出子駿。斯時本經無說，通以《王制》，二書並文，莽傳數見。……東漢初業，雅達聿興，眾師踵業于南山，景伯振條于虎觀，比義會意，冀別莽說。櫱代古學，立異今文，典無鉅細，概主劈析。後鄭作注，稽業扶風，參綜今學，附比移並，同事相違疑炫難壹，今古之樊，至斯亦抉。[58]

57　劉師培：《春秋左氏傳例略》，《遺書》第8冊。
58　劉師培：《西漢周官師說考序》，《遺書》第4冊。

他認為《周官》雖然同其他經典一樣是孔子教育子弟的教材，也同樣因為弟子的傳授而出現了一些差別，但因為《王制》在西漢經學中有較高地位，《周官》沒有受到應有的重視。只有王莽時期，人們才開始研究《周官》。但當時也不可避免地受《王制》說的影響。東漢時期人們注解《周官》，受今文經學影響極大。劉師培指出，要真正理解《周官》，首要問題就是要整理西漢《周官》師說。他曾說：

> 竊以六代暨唐，惟宗鄭說，隨文闡義，鮮關旨要。西京逸緒，蘊奧難見，顧鮮尋繹，莫能原察。用是案省班書，比次甄錄賈馬諸說，亦間采剟《春秋》內外傳，旁逮《大戴記》《周書》之屬，以證同制，成《西漢周官師說考》二卷，雖複節族久絕，法數滋更，然故典具存，師說未替，辨跡溯源，咸有籤驗。庶聖王之文具于簠席，太平之跡布在方策，世之君子，或有取焉。[59]

西漢《周官》師說，較之東漢，更加符合《周官》的歷史。

劉師培晚年對西漢古文經學的研究從積極方面來說，有助於後人全面瞭解漢代經學的歷史，有助於打破晚清今文經學把古文經學視作西漢末才有的固有觀念。從消極方面來說，他迷信西漢師說，認為要瞭解古文經以及古文經學的發展狀況，只有用西漢師說為准的，才能接近歷史，這就走過了頭，落入舊經師的門戶窠臼。

第三，對經學上的重要爭端問題提出了更加具體的認識。

59　劉師培：《西漢周官師說考序》，《遺書》第4冊。

劉師培在上述研究的基礎上，對《春秋》提出了成熟的看法。

他認為孔子是有政治理想和政治改良願望的思想家，《春秋》凝結了他的政治批評意識。但《春秋》不是改制之作，不是為後王垂法的作品。它並沒有給後王提供什麼具體的政治制度：

漢儒治《左氏》，以經有空王之法，不以經文有空王之稱。以法即《周禮》故章，弗以屬《春秋》新制。因素王而涉改制，是以今說淆古經也。因從周而斥素王，是以《春秋》非製作也。後說以有為無，於經為抑，前說無而謂有，於經為媒。媒經抑經，為失則均。[60]

孔子有理想有抱負，但其目標就是《周禮》，正因為如此，不能紐經為史，把《春秋》當作一部沒有主體思想的歷史著作；另一方面，也不能把《春秋》當為改制的法典。

《春秋》三傳是孔門後學對《春秋》的不同詮釋，都有合理因素。重要的是要深入理清各傳的源流和獨到之處，不能相互混淆。比如《左傳》，它毫無疑義是解釋《春秋》之作。「凡所引延，均緣經例，即所論為經所弗筆，亦與經例相因依。非徒博言廣記也。」[61]《左傳》注經有其自己的特點。例如《春秋》經文有時書年月日時，有時不書，有的記事，有的不記事。對此有多種不同解釋。《左傳》學家賈逵認為春秋時期人們十分重視天象，如果侯王不登臺視朔，則不書時月，如登臺而不視朔，則書時不書月，如視朔而不登臺，則書

60　劉師培：《春秋左氏傳古例詮微·明作篇》，《遺書》第8冊。
61　劉師培：《春秋左氏傳古例詮微·明傳篇》，《遺書》第8冊。

月不書時，若雖無事視朔登臺，則空書日月。這是一種比較有根據的解釋。可是杜預卻囿於公羊、穀梁的成見，把時月日例簡單化，反而不得《左傳》的長處。[62]

《周官》是周代政治制度的反映。它是《春秋》和其他經典的重要支柱。其主要特點是依據地域，經畫國、野制度。要瞭解《春秋》中的制度，就必須研究《周官》。

劉師培晚年的經學研究，錢玄同曾這樣評價：

> 劉君論惠定宇之言曰：確宗漢詁，所學以掇拾為主，扶植微學，篤信而不疑（《外集》卷九《近儒學術系統論》）。余謂取此數語以論上列諸書[63]，最為恰當。[64]

綜觀劉師培後期所提出的經學觀點，不難看出其篤信漢儒經學的特色。從學術本身而言，劉師培和其他國粹論者一樣，無法使經學研究科學地為時代服務。就政治生活而言，劉師培政治上的失足制約了他對於經學現實意義的積極思考。他只有將經學變為純粹學術研究。在他後期的經學研究中我們看不見早期的革命性內容，也看不見早期新觀點、新方法的實踐。

但這並不能完全否定劉師培後期經學研究的價值。當晚清今文經

62　劉師培：《春秋左氏傳時月日古例考》，《遺書》第7冊。
63　指劉師培晚年專著如《禮經舊說》、《西漢周官師說考》、《周禮古注集疏》、《春秋古經箋》、《春秋左氏傳時月日古例考》、《春秋左氏傳例略》等。
64　錢玄同：《劉申叔先生遺書序》，《遺書》卷首。

學甚囂塵上，康有為等人的觀點為大多數人所接受的時候，劉師培深入考證西漢古文經學的陣營及其特點，有助於後人客觀地認識經學自身的演變歷史。而他在西漢經師學說基礎上對於古文經的實事求是的解釋，也有助於人們更加準確地瞭解古代典籍和古代歷史的面貌。

6.5　劉師培經學研究的地位

晚清今文經學的興起標誌著經學研究的變局的來臨。表面上，經學需要復甦傳統經世精神，但隨著歷史的變易，人們發現經世的內涵也在不斷發生變革。從改良到維新然後到革命，人們越來越發現經學中傳統的治國方略和社會思想離時代越來越遠。人們不斷將孔子打扮為改制的素王、中華民族的教主、民族民主革命的先鋒，最後發現孔子不成其為孔子，發現孔子學說本質上離近代民主意識極其遙遠。終於有章太炎的《訂孔》和劉師培的《孔學真論》出現，證明孔子的政治權術和求祿思想不可能對現實社會變革產生積極作用。像章太炎這樣，人們從推崇經學轉變到反思經學、批判經學。可以說，經學經世思想的復甦既帶來了晚清經學研究的興盛局面，同時也暴露了經學已經落後於時代，經學將不再有過去的榮光。經學作為一種政治之學、經世之學已經走向了它的終結。

而經學的學術性內涵則隨著晚清經學研究的深入顯示出了活力。人們發現，統治了兩千年的經學思想原來存在如此眾多的問題。有宋學與漢學的分歧，有東漢之學與西漢之學的分歧，西漢之學又有官學和私學的分歧。人們開始調和漢宋，繼而以西漢之學代替東漢之學，

繼而以春秋戰國之學代替西漢之學。表面上看，似乎是「義愈推而愈古」，實際上是人們要探究經學之真。始而以義理與考據的統一為經學之真，進而以托古改制為經學之真，最後發現經學之真在於經學的歷史。離開了經學自身的「修短黑白」，就不可能認識到經學之真。晚清經學研究的歷史表明經學需要作實事求是地深入研究。

劉師培在晚清經學研究的上述兩條發展線索中都有其重要地位。從前一角度而言，他力圖將經學與民族民主革命的任務相聯繫，但始終架不起經學與現實的橋樑。他和國粹派在溝通經學歷史與社會現實關係方面的失敗意味著傳統經學作為一種政治學已經壽終正寢。

從後一角度來看，劉師培對整理經學歷史的演變線索作出了貢獻。他提出六經為孔子教育弟子的教科書，在春秋戰國時期已形成不同傾向的注本、傳本。但他反對廖平將今古義的分歧上溯到孔子思想體系的觀點，力主今古文的分別首先是文字的區別，到漢代才有。他也反對康有為將一切古文視作劉歆偽造的結論，證明西漢古文經和古文經學都有真實性可考。而東漢古文經學之所以能占統治地位，乃是因為今文經學既立學官，成為利祿之學，經師分立門戶，排斥異己，曠官溺職，自廢其學。這些基本觀點在今天看來仍有其科學性。至於他對《尚書》、《周禮》、《左傳》等經典的具體研究，對於古文經典源流和古文經真實面貌的考證，雖然在個別論點上不完全恰當，但也同樣具有很高的學術價值。

尤其值得注意的是，劉師培對於經典中的禮儀制度的分析成為繼起者研究中國古代社會政治、經濟、軍事、文化生活的參考。他關於

經史典籍的研究成果成為中國史學進一步發展的階梯。這在他的學生蒙文通那裡得到了反映。

蒙文通生於1894年，1911年進入四川存古學堂學經學，受知於廖平、劉師培。由於劉師培的影響，1915年他撰《孔氏古文說》時，就能別六經於舊史。後來他作《古史甄微》，進一步看出東、北、南三方古史傳說之不同，並提出三方古史傳說之不同是由於三方思想與傳統文化之不同。魯人宿敦禮義，故（《六經》）說湯武具為聖智，晉人宿崇功利，故說舜禹皆同篡竊。楚人宿好鬼神，故稱虞夏極其靈怪。三方陳述史說不同，蓋即源於其思想之異。從這種角度去看儒家經學，蒙文通就能超出前人在今、古文問題上的侷限。他提出用經學所云禮制為根本，通過整理西周舊制來判定古書真偽以及儒家政典的理想成分。他通過對《周官》所載鄉、遂制度的深入研究，指出《周官》所載社會經濟制度是徹助並行、國野異制「貴賤之級嚴」的制度。六鄉行徹法，所居為君子（國人），是周人，是統治階級；六遂行助法，所居為小人（野人），是被征服的殷人，是被統治者。其他如兵制和學制也都是鄉、遂（國、野）不同的不平等制度。而這個制度絕非鄉遂之制既廢、國野之界已泯的戰國秦漢時代所能構想。故就《周官》中以塚宰為首的六官體系而論，當是「改定於東遷以後惠王、襄王之時」，而其百官細節則「徒存豐鎬之具文」。蒙文通以此為據，闡明瞭西漢經師所述禮制與西周舊制的差別，從而對儒家政治思想作出比較準確的判斷。

劉師培、蒙文通所探討的西周徹助並行、國野異制的經濟政治軍事制度，對於馬克思主義史學家正確概定西周社會的性質產生了重大

影響。侯外廬先生在研究中國古代社會狀況時，就特別關注國野分別，並參照王國維的研究，提出了中國古代獨特的社會發展途徑。

劉師培十分看重他後期的經學研究著作。據陳鐘凡回憶，劉師培曾對他說：

> 余平生述造，無慮數百卷。清末旅扈，為《國粹學報》撰稿，率意為文，說多未瑩。民元以還，西入成都，北屆北平，所至任教國學，纂輯講稿外，精力所萃，實在三禮。既廣徵西漢經師之說，成《禮經舊說考略》四卷，又援據《五經異誼》所引古《周禮》說、古《左氏春秋》說及先鄭、杜子春諸家之注，為《周禮古注集疏》四十卷，堪稱信心之作。[65]

而事實上，劉師培給後人以影響的，並不在於他的家法思想和對西漢古文微學的扶植，而是他這些實事求是的研究給後人理清經學歷史和古代社會的面貌提供了參考。這再一次表明近代學者的研究成果只有在近代學術發展的大趨勢中才能估量其價值。

65　陳鐘凡：《周䉛古注集疏跋》，《遺書》第6冊。

第七章

劉師培與中國近代史學

7.1　晚清史學思潮與史學革命

與晚清經學研究相似，鴉片戰爭前後，史學研究也開始出現一些新的變化。當時龔自珍探究史學研究的本質，指出：

> 史之材，識其大掌故，主其記載，不吝其情。上不欺其所委贄，下不鄙夷其貴遊，不自卑所聞，不自易所守，不自反所學，以榮其國家，以華其祖宗，以教訓其王公大人。下亦以崇高其身，真賓之所處矣。何也？古之世有抱祭器而降者矣，有抱樂器而降者矣，有抱國之圖籍而降者矣。無籍其道以降者，道不可以籍也。……故夫賓也者，生乎本朝，仕乎本朝，上天有不專為本朝而生是人者在也。[1]

他認為史官是時代的賓客，是歷史冷靜的旁觀者，他們堅守史學獨立的準則，記敘所發生的一切，並從中總結經驗教訓，近以修身，遠則為政治提供參考，教化百姓。即使歷史發生變革，王朝有興衰更替，史官也隨之有一些地位上的變化，但史官所賴以存在的基本準則不能改變，它不會隨王朝的滅亡而變易。很明顯，龔自珍推崇史學的史統以及史官的職責，實際上是要喚醒史學的政治批評意識，使史學研究與現實問題緊密結合起來。

鴉片戰爭前後史學領域的這一重要趨向無疑是針對乾嘉樸學過分學術化的史學狀況而發。乾嘉史學的理想在王鳴盛《十七史商榷・序》中表露無遺。王鳴盛說：

1　龔自珍：《古史鉤沉論四》，《龔自珍全集》第1冊。

大抵史家所記典制有得有失，讀史者不必橫生意見，馳騁議論，以明法戒也。但當考其典制之實，俾數千百年建置沿革，瞭若指掌。而或宜法、或宜戒，待人之自擇焉可矣。其事蹟則有美有惡，讀史者亦不必強立文法，擅加與奪，以為褒貶也。……書生胸臆，每患迂愚，即使考之已詳，而議論褒貶，猶恐未當，況其考之未確者哉？蓋學問之道，求於虛不如求於實。議論褒貶，皆虛文耳。作史者之所記錄，讀史者之所考核，總期於能得其實焉而已矣，外此又何多求耶？[2]

　　這種史學風格，唯主實事求是，不問史學的政治批評意識和經世功能，流風所及，使得史學與現實社會越來越遠。鴉片戰爭前後，人們提出要改變這種局面，重新喚醒史學的經世精神。

　　史學到底應該如何為清末社會服務？在龔自珍、魏源之後，大多數史學家都以為只要全面復興正統史學，就可達到這一目標。因而鴉片戰爭之後，一些史家一改不事著述的風氣，開始編寫元、明史和「當代史」著作。如魏源1857年前後著成《元史新編》，徐鼒1861年寫成《小腆紀年附考》、1862年寫成《小腆紀傳》，夏燮1873年寫成《明通鑑》等。這些史學著作試圖依據新、舊史料，通過創作來表明他們對歷史問題的某些見解，體現他們對現實政治的批評意識。如魏源的《元史新編》表面上寫元朝政治經濟由盛而衰的歷史，實際上是為清王朝免蹈元朝覆轍提供借鑑。但由於他們還未能切實感受到歷史已經發生轉折性變化，很少有人能夠超出正統觀念。大多把君臣名節

2　　王鳴盛：《十七史商榷・序》。

觀念當作史學的根本標準，認為依靠它就可以制約政治的混亂，撥亂反正，否則就不可救藥。如徐鼒說：「彝倫敘則人心未死，天理猶存。兵戈水旱之災，人力可施其補救。彝倫斁則晦盲否塞，大亂而不知止。」[3]

但也有一些史家認識到史學要為清末社會現實服務，尚需要以歷史變易的觀點為指導，研究不同歷史發展階段不同的政治、經濟、文化措施，加強史學的預測性。鴉片戰爭以後，歷史變易的觀點得到多數史家認可。最有代表性的是康有為，他將公羊學的三世說與《禮運》的大同、小康說相結合，把個人對於歷史的看法糅入其中，提出歷史是據亂世、升平世、太平世的迴圈變易。據亂世、升平世行小康之道，太平世行大同之道。而中國自春秋戰國至秦的歷史是據亂世，秦以後二千餘年為升平世，都是行小康之道：「吾中國二千年來，凡漢、唐、宋、明，不別其治亂興衰，總總皆小康之世也。凡中國二千年儒先所言，自荀卿、劉歆、朱子之所說者，不別其真偽、精粗、善惡，總總皆小康之道也。」[4]而康有為所處時代，是升平世向太平世的過渡階段。

還有一些史家從世界歷史的角度提出史學要為清末社會現實服務，尚需要理解世界歷史的發展趨勢。如王韜（1828年—1897年）通過對西方政治的歷史和現狀的研究，將政治方式分為三種情況：一曰君主之國，二曰民主之國，三曰君民共主之國。他認為：「道有盈虧，勢有分合，所謂物窮則變，變則通，通則久，此也……從古無不

3　　徐鼒：《小腆紀年·自序》。
4　　康有為：《禮運注敘》。

變之局。」[5]中國也應該根據西方歷史的發展趨勢來規劃發展目標。

史學研究的上述因素導致中國古代史學開始發生重大轉折。中國古代史學以經學為基礎。《春秋》和《易傳》是中國古代史學的標本和前提。儒家關於歷史的本質以及關於理想社會的論述，都直接影響著中國古代史學的形成和發展。秦漢之際，儒家經學已奠定了從自然與社會相統一的角度思考人類社會發展規則的基本思路，而史學也把「究天人之際」，「通古今之變」當作兩個並立的史學目標。但東漢後，經學關於歷史發展階段的論述已經不如戰國秦漢，鄒衍的五德終始說、董仲舒的三統說、何休的《公羊》三世說漸形隱微。史學對人類社會規則的研究也越來越側重於對人類社會倫理道德本質的思考。這種現象與中國古代社會的長期穩定是一致的，史學不需要站在發展的角度來預計未來，只需為社會的穩定和諧提供經驗教訓。但晚清史學研究的發展趨勢已打破了這一局面。史學政治批評功能的提出給史學注進了新的血液。歷史變易論表面上是西漢今文經學的復興，實質上則是由於時代發展所引發的對於中國歷史的分析以及對中國未來社會的預測。世界歷史的參照又為不斷突破經學變易論的侷限提供了思想材料。可以說，晚清史學研究的發展扭轉了東漢以來史學研究的重心，同時也改變了史學研究的目的，為中國史學開闢了新的天地。

1898年，嚴復翻譯出版了《天演論》，宣傳赫胥黎關於社會演變「物競天擇，適者生存」的原則，並融合斯賓塞「舉天地人物心性動植之事而一貫之」的自然與社會相統一的觀點，贊同斯賓塞的普遍進

5　　王韜：《六合將混為一》，《弢園文錄外篇》卷五。

化論。《天演論》使醞釀已久的歷史三世變易論和王韜、黃遵憲等人的世界歷史三階段說找到了可資統一的哲學前提。新的政治原理、新的歷史觀呼之欲出。

20世紀初年，中國史學終於提出了革命的要求。1901年，梁啟超在《清議報》發表《中國史敘論》，同年，章太炎手校本《訄書・哀清史》所附《中國通史略例》，都提出了對中國通史的新要求。1902年，梁啟超在《新民叢報》發表《新史學》，呼籲「史界革命不起，則吾國不救」。鄧實在同年八月《政藝通報》發表《史學通論》，認為「中國史界革命之風潮不起，則中國永無史矣，無史則無國矣」。1903年，留日學生曾鯤化自命「國史氏」，著成《中國歷史》，其首篇總敘說：「今欲振發國民精神，則必先破壞有史以來之萬種腐敗範圍，別樹光華雄美之歷史旗幟，以為我國民族主義之先鋒。」一時史界革命的呼聲風起雲湧，蔚為壯觀。綜觀20世紀初年中國新史學思潮，它主要有以下特色：

一、對傳統史學的價值標準進行了批評

梁啟超認為：「所貴乎史者，貴其能敘一群人相交涉、相競爭、相團結之道，能述一群人所以休養生息、同體進化之狀，使後之讀者，愛其群、善其群之心油然而生焉。」[6]史學著作應該反映社會群體對自然和人類社會自身的改造過程，以及社會群體智慧和道德的進步狀況，令讀者從中感染到一種蓬勃向上的精神力量。而中國傳統史學，既非國民之史，又缺乏這種精神力量。傳統史學之所以不能滿足

6　梁啟超：《新史學》

時代要求，關鍵在於正統觀念造成了史學的腐敗。所謂正統觀念，就是在中國歷史過程中找出某一王朝作為歷史的中心，並依此來判斷歷史人物的是非價值，其實質是君權至上。梁啟超認為這是傳統史學的最大缺點。他反思歷史上的正統之爭，認為它可概括為六條原則：一是以得地多寡定其正與不正，二是以據位久暫定其正與不正，三是以是否為前代血胤定其正與不正，四是以是否據前代舊都定其正與不正，五是以是否繼承前代定其正與不正，六是以是否為漢族定其正與不正。而這六條正統論根據，「通於此則窒於彼，通於彼則窒於此」。所以，正統之爭是「自為奴隸根性所束縛，而複以煽後人之奴隸根性而已」。實質上是缺乏對歷史價值標準的深刻思考。梁啟超認為：「無統則已，苟其有統，則創垂之而繼續之者，舍斯民而奚屬哉？」「舍國而求諸君、舍眾人而求諸一人，必無統可言、更無正可言。」[7]為改變舊史學的價值標準，新史學的鼓吹者們對西方近代民主思想和民主政治進行宣傳介紹，並對如何轉換舊史學的價值標準作了設想。如鄧實在1904年10月的《政藝通報》發表《民史總敘》，對於什麼是民史、民史的對象和意義、民史和民權的關係、民史專史的編修方法等，都作了闡述，主張以國民作為史學的價值核心。

二、對舊史學的敘事籠統進行了批評

梁啟超1901年在《中國史敘論》中曾提出「前世史家」與「近世史家」的區別。他說：「前世史家，不過記載事實，近世史家，必說明所記事實之關係，其原因結果；前世史家不過記敘一二有權力者興

7　梁啟超：《新史學·論正統》。

亡隆替之事，雖名為史，實不過一人一家之譜牒，近世史家，必探索人間全體之進步，即國民全部之經歷及其相互關係。」1902年他在《新史學》中又指出：「善為史者，必研究人群進化之現象，而求其公理、公例之所在，於是有所謂歷史哲學出矣。歷史與歷史哲學殊科，要之，苟無哲學之理想者，必不能為良史，有斷然也。」總之，新史學必須反映歷史進化的規則，歸納出歷史事實的演變規則。章太炎就曾將新史學的上述目標歸納為「熔冶哲理」[8]。新史學的鼓吹者們認為，舊史學在熔冶哲理這一點上有嚴重不足。如章太炎說：「中國自秦漢以降，史籍繁矣，紀傳表志肇于史遷，編年建于荀悅，紀事本末作于袁樞，皆具體之記述，非抽象之原論。」[9]紀傳體史書雖有書志體例，但也「不能言物始，苟務編綴，無所於期赴」[10]。即使像杜佑《通典》、鄭樵《通志》、馬端臨《文獻通考》這類專門典志體著作，對典章制度敘述較詳，但也沒有總結出演變的原理。而史論著作也未能條源析流，如王夫之，「造論最為雅訓，其法雖近演繹，乃其文辯反復，而辭無組織，譬諸織女，終日七襄，不成報章也」[11]。因此，改革舊史學敘事籠統的弊病，重視歷史規則的探求，是史學進步的重要目標。

三、提出了改造舊史學著作體例的積極建議

1901年，梁啟超就「欲草具一中國通史，以助愛國主義之發達」。他的《中國史敘論》即該通史的序言。1902年，章太炎致書梁

8　　章太炎：《訄書·哀清史·附中國通史略例》。
9　　章太炎：《訄書·哀清史·附中國通史略例》。
10　　章太炎：《訄書·哀清史·附中國通史略例》。
11　　章太炎：《訄書·尊史》。

啟超，也談到需要創作新的中國通史。他們認為舊史學著作體例需要加以改造。如章太炎指出：「然所貴乎通史者，固有二方面：一方以發明社會政治進化衰微之原理為主，則於典志見之；一方以鼓舞民氣、啟導方來為主，則必於紀傳見之。」[12]他認為新史著的體例應該緊緊圍繞社會進化和民族氣節兩個方面，應該結合典志體與紀傳體之長。他設想的中國通史分五表、十二典、十紀、二十五別錄、九考紀，共一百卷。而許之衡則認為，新史學的體例「其體必當機仲（袁樞）、君卿（杜佑）一派」，而「列傳萬不能合於歷史之內」。[13]他認為新史體例當主要是典志體與紀事本末體的結合。「余杭章氏（太炎）擬著《中國通史》，體亦仿史公，改列傳為別錄，所搜頗掛一漏萬，書固未成，體例亦殊未精也。」相反曾鯤化《中國歷史》的體例，才符合新史學著作的真諦。[14]

四、對歷史研究的因果關係提出了更高的要求

曾鯤化在《中國歷史・體裁之界說》中說：「凡史學者，僅著眼於時勢之表面、事實之皮毛，而不究其無形界之原因如何？結果如何？運動如何？則社會之關係不能曉。僅注意于帝王之智仁暴愚、將相之勁脆賢不肖，而不輸熱心以熟察全國人民生活如何？運動如何？普通學識如何？則社會之進步發達與黑暗昏冥，茫然無據矣。」梁啟超與章太炎前後也發表了大致相近的見解。新史學要求對社會生活的各個方面，如政體、種族、制度、學術、宗教、民俗進行系統地整理

12　《新民叢報》1902年第13號《章太炎來簡》。
13　許之衡：《讀〈國粹學報〉感言》，《國粹學報》1905年第6號。
14　許之衡：《讀〈國粹學報〉感言》，《國粹學報》1905年第6號。

和研究，要發掘各類史實以及它們相互之間的因果關係，說明其原因結果。

　　總之，20世紀初年的新史學思潮標誌著傳統史學正式開始向近代新史學轉變。中國史學哲學開始進入新的建設時期。新的歷史觀、新的史學主體意識、新的史學認識論和方法論開始成為20世紀中國史學的主流。

7.2　《中國歷史教科書》與劉師培的史學主張

　　《中國歷史教科書》是劉師培在史學革命思潮中所撰寫的一部重要歷史教材，寫於1905年—1906年。該書共分三冊，第一冊為原始社會至殷商時的歷史，第二、三冊為西周時歷史，由國學保存會出版。在20世紀初年的新史學思潮中，曾經出現一股編著新的歷史教材的熱浪。1901年，有人增刪日本中等學科教授法研究會所著《東洋史》，編成《普通新歷史》，供當時小學教科書之用。1902年梁啟超和章太炎都動手嘗試《中國通史》的編著。同年，柳詒徵將日本人那珂通世所著中國歷史教科書《支那通史》增輯為《歷代史略》，由江楚書局印行，後被清政府於1906年由學部列為暫定中學教科書。1903年，陳慶年在張之洞辦的武昌兩湖之高等學堂，增補日本人桑原騭藏著的《中等東洋史》，寫成《中國歷史教科書》。同年，曾鯤化（署名「橫陽翼天氏」）由東新譯社出版《中國歷史》。1904年—1906年，夏曾佑陸續刊出《中學中國歷史教科書》。劉師培《中國歷史教科書》乃是這一潮流的結果之一。

《中國歷史教科書》反映出劉師培對於史學發展的一些基本認識。

　　一、歷史是進化的，史學應該以西方進化論的歷史觀為指導

　　劉師培認為，中國舊史學所以無所發明、滿足於成跡，歸根結底是史家「不明社會學之故」[15]，因而陷於循環論的歷史觀之中。新起的西方社會學理論指出了「人類舉止悉在因果律之範圍」[16]，借助歸納法和演繹法形成了人們據以正確認識人類社會歷史內在規律的理論。「斯學既昌，而載籍所詮列，均克推見其隱，一制一物，並窮其源……可謂精微之學矣。」[17]因而他主張將西方進化論運用於中國歷史的研究，改變舊史學不明社會進化線索的侷限。在《中國歷史教科書》的凡例中，劉師培說：

　　西國史書，多區分時代，而所作文明史複多分析事類。蓋區分時代，近于中史編年體，而分析事類，則近於中國三通體也。今所編各課，咸以時代區分先後，即偶涉制度文物，於分類之中，亦隱寓分時之意，庶觀者易於了然。[18]

　　他寫《中國歷史教科書》就是要依據社會進化的眼光，揭示中國社會歷史和各項典章制度不同時代的不同特徵。《中國歷史教科書》體現了這一特點，其中對中國古代社會的演進過程作了創造性的分

15　劉師培：《週末學術史序·社會學史序》，《遺書》第14冊。
16　劉師培：《週末學術史序·社會學史序》，《遺書》第14冊。
17　劉師培：《論中土文字有益於世界》，《左庵外集》卷六，《遺書》第46冊。
18　劉師培：《中國歷史教科書·凡例》，《遺書》第69冊。

析。

二、史學的價值標準應該是民族和民主意識

劉師培在當時史學革命中最早提出黃帝紀年說。1903年他在《攘書・胡史篇》中首倡「宜仿西國紀年之例，以黃帝降生為紀年」[19]。接著又在《黃帝魂》上撰《黃帝紀年說》。黃帝紀年說有兩個重要意義，一是反對民族壓迫，要求寫出以漢族為主體的中國歷史，二是反對專制政治，要求寫出以國民為核心的歷史。劉師培《黃帝紀年說》一文附有「大事表」，他加以注明，說：「此表最注意者凡三事：一民族、二政體、三文化。」要記「周避犬戎」、「晉避五胡」等，以明異族戰勝漢族、入主中原之始末；要記隋文帝、洪秀全事，以明漢族光復；要記聯軍侵華，以明「漢族將受制於西人」，「是為中國民族之變遷」。至於政體，尤要反映君權民權之消長。夏禹即位，「為君主世襲記」；商湯即位，「為諸侯革命記」；逐厲王為「平民革命記」：總之要反映出中國政界之活動。文化部分，也要以民族、民主為中心，揭示黃帝之後中國思想文化的發展歷程。可以說，黃帝紀年說是劉師培對當時史學革命的可貴理論探索。在他的鼓動之下，一時黃史之作蔚為風氣。而當時的《民報》，亦採用此說。錢玄同說：「故黃帝紀年者，實建國以前民黨正式應用之紀年，為民國開國史上之重要文獻也。」[20]

《中國歷史教科書》也體現出這一中心思想。劉師培曾概括他在

19　劉師培：《攘書・胡史篇》，《遺書》第18冊。
20　錢玄同：《黃帝紀年說》按語，《左庵外集》卷十四，《遺書》第54冊。

教科書中的敘述重點有五：一曰歷代政體之異同，二曰種族分合之始末，三曰制度改革之大綱，四曰社會進化之階級，五曰學術進退之大勢。很顯然這些內容與《黃帝紀年說》有密切聯繫。

三、劉師培認為史學認識的進步，還需要更新史料觀念、加強史學研究者的哲學修養、吸取新的歷史認識方法

為了實現新史學的目標，新史學首先需要突破舊史學的史料觀念。由於舊史著的注意重心在王朝更替，對於民族和國民的歷史有時並未完整地保存下來。這就需要新史家獨具慧眼，善於發掘新史料。劉師培的《中國歷史教科書》具有十分寬闊的史料觀點。舉凡中國歷史上的經史子集無不被他徵引。比如西周一代之史「取裁以六經為最多，又以三禮為最」，此外還博採漢唐注疏，以明古制。文獻資料以外的文物，也引起劉師培高度重視。他研究過古代石刻和鏤金。教科書中就曾把古代器物當為重要史料來使用。非僅如此，劉師培還將史料視野擴展到域外史籍。他說：「今日治史，不專賴中國典籍。西人作中國史者，詳述太古事蹟，頗足補中史之遺。今所編各課，於徵引中國典籍外，複參考西籍，兼及宗教社會之書，庶人群進化之理可以稍明。」[21]教科書論述中國古代社會狀況，很明顯受了西方史籍的材料之啟發。

劉師培同時還提出了改造方志的要求。他撰有《編輯鄉土志序例》等文，對方志的史料價值提出了新的認識。他認為好的方志，保存鄉土歷史文化，俾世人瞭解古今之變，在歷史研究中有不可忽視的

21　劉師培：《中國歷史教科書・凡例》，《遺書》第69冊。

地位。他對舊方志的指導思想在於表彰綱常名教深表不滿。他在論及「風俗志」時曾說：「今編此志，宜搜集人世之現象，推記古今之變遷，以驗人群進化之跡。蓋人類舉止悉在因果律之範圍，惟即果以制其因，使民之囿於習俗者，各明其所以致此之由，並證明遷化之無窮，若囿於習染，斯為不知通變，則中國弊俗，庶可因此而漸革。」[22]他要求用新的眼光，重編方志。

劉師培還指出，史學的進步需要史家加強自身的哲學修養。早在1902年，梁啟超就指出：「凡學問必有客觀、主觀二界。客觀者，謂所研究之事物也。主觀者，謂能研究此事物之心靈也。和合二者，然後學問出焉。史學之客體，則過去現在之事實是也。其主體，則作史、讀史者心識中所懷之哲理是也。有客觀而無主觀，則其史有魄無魂，謂之非史焉可也。」[23]一切學問都離不開研究的主體和研究的客體。學術主體主要指研究者的素質，也就是古人所謂器識，它涉及各類文化知識，其中最主要的是研究者對於歷史發展趨勢的洞察。劉師培非常重視研究主體自身素質的培養。他對中國古典學術知識有較精深的研究，對於近代龔自珍、魏源、廖平、康有為、夏曾佑的學術思想也有較為準確的理解。他還廣泛吸取西方社會學、政治學、哲學、法學等專門知識，豐富他思索中國歷史問題的視點。在《中國歷史教科書》中，劉師培所引用的西方社會學、政治學、哲學、法學著作有赫胥黎的《天演論》、甄克思的《社會通詮》、盧梭的《民約論》、孟德斯鳩的《法意》、日本白河氏《支那文明論說》、那特硜《政治學》

22　劉師培：《編輯鄉土志序例》，《左盦外集》卷十一，《遺書》第51冊。
23　梁啟超：《新史學》。

諸書等。在當時知識份子群體之中，劉師培是吸取西學較為迅速的成員之一。

《中國歷史教科書》還反映出劉師培對於歷史研究方法的一些基本認識。他主張充分吸取西方各門學科的種種研究方法，提高史學認識的水準。他運用得較多的方法有歷史語言研究法、民族學方法、地理學方法。對於歷史認識結果的表述方法，劉師培也主張在中國古代編纂學的基礎上加以改進。在20世紀初年的教科書編寫熱潮中，夏曾佑、劉師培兩人的歷史教科書比較好地體現了歷史和觀點相統一的特色，它們是中國學者根據自己的認識和研究所編寫的新一代歷史教材，在中國歷史教科書體例的探索中，無疑有其特殊的地位。

《中國歷史教科書》代表著劉師培對新史學的基本看法，反映出他積極贊同史學革命的目標。因而也可以說，《中國歷史教科書》是劉師培對於新史學目標的大膽嘗試。

7.3　劉師培歷史研究的重要見解

劉師培1903年到1908年初的歷史研究主要集中在先秦社會歷史。他提出了三個重要見解。

一、在種族起源問題上他贊同漢族西來說

人種問題在近代西方學術界中有激烈爭論。劉師培和章太炎都曾提出和堅持漢族西來說。在劉師培看來，「漢族初興，肇基迦克底亞」，古籍所謂「泰帝」、「泰古」，即「迦克底亞」之轉音。他根據

日本白河氏《支那文明論說》，勾畫出了漢族「逾越昆侖（今帕米爾高原），經過大夏（今中亞細亞），自西徂東以蔔居於中土」的遷移路線。這條路線主要有兩條：一由中亞西亞經天山北路，沿塔里木河到陝西、甘肅西部，沿黃河流域進入河南、山東；一由西藏入蜀，再陸續遷入內地或仍居於蜀。中國和巴比倫同出一源，所以「西人稱漢族也，稱為巴枯族，而中國古籍亦以盤古為創世之君」。盤古即巴枯轉音，盤古為中國的第一位君主，大概就是以種名為君名。[24]正因為漢族西來，所以古代學術、技術多與巴比倫相同。黃帝雖然離西方而獨立，然仍與西方交通，故能登昆侖與西王母相會，而昆侖附近有軒轅之國，軒轅之丘，軒轅之台。劉師培的這一考證得到當時士子的信從。前引鄧實《國粹學報一周年紀念辭》論國粹研究在史學方面的成就，就曾表彰劉師培的這一工作，說：「昆侖逾越，種族知其西來，大廈經過，華夏所由名國，泰帝泰古，見於封禪淮南之書，天皇地皇，先乎九頭五龍之紀。」[25]為了保持漢族的優越性，章太炎等學者還試圖把華夏族的源流一一條析出來，並對戰國以後歷代史書不能辨析族源作了抨擊。

劉師培和章太炎等人提出的漢族西來說，其主觀意圖是要證明漢族與歐洲民族沒有什麼本質差別，漢族同樣富有歐洲民族的「種姓」，完全有能力在優勝劣敗的種族生存競爭中取得勝利，成為世界上繁榮昌盛的民族之一。姑且不論漢族西來說是否在史實上有足夠證據，此種觀點與劉師培區析華夷的觀念一樣，存在著將華夏族集約為

24　劉師培：《中國歷史教科書》第一冊，《遺書》第69冊。
25　鄧實：《國粹學報一周年紀念辭》，《國粹學報》1906年第1號。

炎、黃等氏族部落的傾向，從而將苗族、東夷族、薑族等排除在華夏族之外，對在長期鬥爭和融合中形成的華夏族，缺乏正確的理解。因而其民族意識有濃厚的種族主義因素。

二、在上古歷史研究中揭示歷史演變歷程

對於中國上古社會的狀況，在近代以前是極為模糊的。隨著歷史變易觀念的逐漸傳播，人們開始探求中國上古歷史的特徵。但康有為等雖然提出了「據亂世、升平世、太平世」的歷史發展線索，並把據亂世視為秦始皇統一中國以前的歷史，對於春秋以前的社會狀況，康有為很少論及，《孔子改制考》就有一章曰「上古茫然無稽」。似乎上古社會的狀況已經無法認識。稍後，嚴復照抄英國甄克思《社會通詮》，把圖騰社會、宗法社會和軍國社會三大社會發展模式往中國歷史上套。但甄克思立說的根據只是「赤黑野人之近事與歐美亞西古今之成跡」，並沒有具體討論中國等地歷史的狀況。因此即使把西周以前的中國社會稱之為圖騰社會，也仍然不明其具體狀況。

最初接受嚴復所譯《社會通詮》的影響試圖具體解剖中國上古歷史面貌的是夏曾佑。夏曾佑曾為嚴復所譯《社會通詮》作序，其中說，「凡今日文明之國，其初必由漁獵社會，以進入遊牧社會，自漁獵社會，改為遊牧社會，而社會一大進」，「自遊牧社會，改為耕稼社會，而社會又一大進」。在耕稼社會，「而井田宗法世祿封建之制生焉」。[26]他試圖以《社會通詮》關於圖騰社會到宗法社會的一般描述來勾勒中國上古歷史的線索。據夏曾佑研究，自草昧以至週末可分

26　夏曾佑：《社會通詮序》，嚴復譯《社會通詮》，北京：商務印書館，第3頁。

兩個小時期：一為太古三代，因無信史，稱為傳疑時代；二為由周中葉至戰國時期，稱為化成時代。周代是中國上古歷史轉變的關鍵，「有周一代之事，其關係於中國者至深，中國若無周人，恐今日尚居草昧」。「中國一切宗教、典禮、政治、文藝，皆周人所創也。」[27]

　　劉師培與夏曾佑一樣，完全接受了嚴譯《社會通詮》中關於社會發展原理的觀點，按照甄克思所提出的模式來論述中國古代社會。但他比夏曾佑進步的地方是他論述了上古社會歷史的許多問題，比夏曾佑更全面、更具體地揭示了中國上古歷史的演變過程。

　　首先，劉師培具體劃分了圖騰社會的幾個階段。他指出伏羲之世為中國漁獵時代，神農之世為遊牧耕稼並行之時代，夏禹之時耕稼成為主要時代特徵。其次，劉師培還具體分析了各個時代的社會組織狀況。他指出，在耕稼時代以前是母系社會，「男女相處，夏聚冬散，以女子為一國所共有，而處子婦女，語亦弗區」，當時人「知有母不知有父，血乳相續，咸以女不以男」。[28]歷史發展到虞夏之時，「男權日昌，使女終事一夫」，因此家族中「由女統易為男統」，而家族之制漸成。家族制度形成以後，一族之中必統於所尊，隨之必然出現重宗子的宗法制度，最後家長擴充為酋長，酋長演變為君主，「君主即授治民之權，複操宗子之權」，結果成為「世襲制度之起原，亦即君主政體之起原也」。這一制度「萌芽于唐虞，至夏殷而漸備」。[29]再次，劉師培還分析了各個時代的社會生活狀況。如古代飲食狀況的演

27　夏曾佑：《中國古代史》，第29頁。
28　劉師培：《中國歷史教科書》第一冊，《遺書》第69冊。
29　劉師培：《中國歷史教科書》第一冊，《遺書》第69冊。

變程式是：「太古之人飲霜露之精，食草木之實，或茹草飲水，此仰給天然之食物也。及民稍進化，山居之民則食鳥獸、飲血茹毛；近水之民，則食魚鱉螺蛤。蓋田漁之制興，則萬物咸制於人。然未有火化，多疾病毒傷之害。及燧人氏鑽燧出火，教民熟食，以炮以燔而民無腹疾。乃伏羲結繩作網罟，而田漁之法益趨簡易，田獵所餘，複擇獸畜之馴優者，儲為芻豢。是為遊牧之始。……及神農求可食之物……教民食谷，自是以降，民咸食穀。夏之八政，食為首列，而伊尹亦以滋味說湯，則夏殷二代咸崇飲食矣。」[30]又如他述宮室：「上古之民，未有宮室，穴居野處。有巢氏始教民為巢以避獸害。及遊牧時代，始有穹廬。神農氏作，始作明堂，有蓋而無四方，以避風雨寒暑。……黃帝明堂……其上有樓，是為上棟下宇之始。……然當此之時，建築之說尚未發明，咸以竹木建宮室。」[31]正由於劉師培具體研究了古代文字、學校、風俗、禮制、官制、田制、兵制、刑法、學校、商業、工藝、宮室、飲食等各個方面的演化歷程，因而他對於古代社會的歷史狀況比同時期人們的認識要深入。而他對中國上古歷史的分析，也就成為後來進一步探索上古史的基礎。

三、在古代歷史研究中他提出中國古代社會的特點是禮俗

中國上古社會有什麼特點？劉師培認為這主要是禮制。他認為禮俗問題是古代歷史的重心，不僅研究先秦史要重視它，就是研究整個中國古代歷史也要重視它。他曾於1906年在《國粹》第13號（總25期）上發表《典禮為一切政治學術之總稱考》，論證儒家六經和諸子

30　劉師培：《中國歷史教科書》第一冊《古代飲食述略》，《遺書》第69冊。
31　劉師培：《中國歷史教科書》第一冊《古代宮室述略》，《遺書》第69冊。

百家都由禮制而出。他說：

　　試觀成周之時，六藝為周公舊典，政治學術悉為六藝所該，而《周禮》實為六藝之通名。[32]

　　如《周易》也可稱為周禮。《左傳》昭公二年說韓宣子觀書魯太史，見「易象」與魯《春秋》，謂周禮盡在魯，可證《周易》可稱為周禮；且《周易》一書詳載喪、祭、朝覲、聘、享、會盟之儀及田狩出征之禮，列貴賤之位，辨大小之序，亦可證《周易》即周禮。《春秋》發凡言例，皆循周公舊法，其記即位、記崩卒、記滅國攻伐、記出使朝聘、記婚嫁迎娶，也反映出吉、凶、軍、賓、嘉五禮的基本條目。正因為五禮散見於《春秋》，所以有淩曙之《公羊禮疏》、侯氏《穀梁禮疏》之作。《詩經》一書與《儀禮》十七篇相表裡。《尚書》存古代典禮極多。《周官》即周代之官禮。非僅六經皆禮，小學亦源于古禮。儒家出於司徒，精於言禮，墨家言吉禮，陰陽家言凶禮，縱橫家言賓禮，兵家言軍禮，道家老子亦以知禮著聞，故孔子從之問禮。可見禮滲透到了古代一切政治與學術。所以

　　世之考古代政教者，若能以禮為綱，分類區列，以考古代政學所從出，則成周之治法又何難按籍而稽哉！[33]

32　劉師培：《典禮為一切政治學術之總稱考》，《左庵外集》卷十，《遺書》第50冊。

33　劉師培：《典禮為一切政治學術之總稱考》，《左庵外集》卷十，《遺書》第50冊。

劉師培對於古代禮俗的形成進行了重點研究。他認為上古社會，禮只有祭禮一項，「上古之時，舍祭禮而外別無典禮」。「西儒斯賓塞有言，各教起源皆出於祖先教。斯言也，證之中國古代，益信而有徵。民之初生，無不報本而返始，先王因其性以導之，而尊祖敬宗之說起矣。尊祖敬宗之說起，又必推祖所自出，而郊禘之典以興。因郊禘之典以推之而廟祧以設、壇以立，祭禮一門，遂為三代之特典。」[34]但隨著社會經濟生活的變化和社會結構的秩序化，禮典越來越完備。商殷以前，禮的六類重要內容：冠禮、婚禮、喪禮、祭禮、鄉禮、相見禮都已基本定型。到了西周，禮制更加完備。「周公以禮治民，故民亦習於禮儀，莫之或逾。則謂周代之制度悉為禮制所該可也。」[35]西周最大的禮有四：冠禮、婚禮、喪禮、祭禮。四禮之外，還有養老禮、大射禮、賓射禮、燕射禮、諸侯相朝大饗禮、聘饗禮、迎賓禮、投壺禮、燕禮、鄉飲禮、大飲禮，共十餘項。周代的政治體制、田制稅制都以禮的面目出現。可見中國古代社會發展到周代，已經形成了它的禮制特點。

在嚴復翻譯甄克思《社會通詮》之後，人們對中國上古歷史的真正面目發生了濃厚興趣。劉師培在打破對古史的迷信基礎上，用進化的眼光剖解關於上古歷史的材料，提出對古代歷史演變的一般見解，又斷定西周社會特點是禮制，這對於真正瞭解古代社會的真實面目，有重要啟示意義。

劉師培在中國上古歷史探索中所提出的諸新義堪稱是同時代人對

34　劉師培：《古學出於史官論》，《左庵外集》卷八，《遺書》第48冊。
35　劉師培：《中國歷史教科書》第二冊《西周之禮俗》一，《遺書》第70冊。

古史研究的最有代表性的成果。他比同時代人更加具體地揭示了上古歷史的演變歷程，並對中國上古歷史的發展趨勢和整體特徵作了概括。經過他的研究，原來混沌難解的上古歷史的面目逐漸呈現出來，這為時人進一步思索上古歷史面貌提供了有利條件。辛亥革命後，王國維在《古史新證》中運用新的材料和二重證據法，考索殷商社會制度和社會生活，最後提出商周之際為古今一大變革，古今變革之際莫劇于商周，認為周公制禮在中國歷史上起了劃時代作用，未免不是受了劉師培等人的影響。而繼王國維之後，郭沫若和侯外廬以殷、周之際為界，劃分中國古代社會形態，並提出中國古代社會演變的特殊路徑，終於把中國上古歷史研究大大向前推進了一步。

7.4　劉師培後期歷史研究

20世紀初年新史學思潮是在傳統經學體系受到動搖，人們的世界觀和方法論都在發生變化，古代史學哲學無所適從之時所激發的一種史學革命要求。它受到三個方面的制約：一是當時沒有可能對儒家經學體系作出客觀公正的評價，因而史學哲學如何從經學體系中解放出來，以及如何吸取經學的粹美，而丟棄其中的思想的糟粕，仍然沒有解決；二是當時對於歷史發展的未來趨勢及其特點也無法準確地預測，更不可能對發展的本質作出科學的結論；三是當時人們也不可能對認識客觀世界的方法作系統而全面的思考。因此，它雖然提出了變革傳統史學的課題，但存在許多侷限，其中主要有：

一、沒有全面系統地論述新史學與古代史學哲學的繼承與發展的

相互關係。

中國古代史學雖然有帝王中心論以及缺乏對歷史規則的歸納等弊端，但它也有重視人文道德和實踐理性的長處。孔、孟、《易》所論證的人文道德歷來被史家視為歷史的本質。在這種史學基本認識的前提下，古代史學要求史學主體有「究天人之際，窮古今之變」的博大胸懷，「其明必足以周萬事之理，其道必足以適天下之用，其智必足以通難知之意，其文必足以發難顯之情，然後其任可得而稱也」[36]。認為一個優秀的史家，不但要有對歷史發展的敏銳的洞察力，有對歷史本質的深刻把握，還需有對各種社會現象的專門知識，有對史學著作和史學方法的深入理解，有對歷史事實靈活生動的表現才能。而如果一概否定舊史學關於人類社會發展本質的思考以及關於史學主體的論述的合理因素，勢必引起新史學價值標準的混亂。

新史學思潮不久就面臨如何對待舊史學的精神價值的問題。當梁啟超等人繼續對舊史學體系進行批評，宣傳新史學的進化原理時，章太炎於1904年開始反省進化與道德的關係，提出俱分進化論，認為進化論不能給人們的道德提供有益的借鑑，由此引起對新史學哲理的懷疑。認為史學與其他學科不同，不需要講究原理，試圖將新史學侷限在期驗之域。[37]後來，章太炎甚至認為新史學不講原理則罷，若講原理，必須結合舊史學重人文道德和實踐理性的傳統。

新史學的上述分歧反映了新史學必須正視舊史學的合理因素。只

36　《南齊書·序》。
37　章太炎：《徵信論》，《太炎文錄初編》卷一，《章太炎全集》第4冊。

有在舊史學的基礎上才能發展新史學。而要對舊史學作出準確估價，就必須繼續深入研究文化的基本問題，溝通近代文化與古代文化的關係。

二、對於如何科學地處理新史學的革命性與科學性的關係，當時尚沒有形成一套自成體系的觀點和方法，因而在實踐中出現了一些非科學因素，特別是對一些帶有政治性的史學問題的研究，非科學因素十分嚴重。

新史學的主觀目的，是要為中國近代文化的發展提供借鑑。經世意識是新史學形成的動力。但是對於如何處理學術經世和學術科學化的關係，當時尚未能形成統一的方法。以梁啟超為核心的新史學流派，主張微言大義式地研究歷史，把歷史研究的主體性提到第一位。比如為了論證維新變法之宜，不惜把孔子打扮成托古改制的聖王。為了論證西方某些社會演變原理的普遍性，不惜教條化地劃分中國歷史發展的階段。因此，在新史學的思潮中，一些新史學方法的提倡和實踐者，對新史學方法的科學性產生了懷疑。如章太炎在1906年後，就提出了一些修正新史學方法的主張，1907年他發表《社會通詮商兌》一文，對嚴復以圖騰、宗法、軍國的社會演化程式硬套中國歷史發展階段的做法，進行了駁斥，指出中國當時並不是宗法社會。同時他指出「條例」與具體歷史的關係：「抑不悟所謂條例者，就彼所涉歷見聞而歸納之耳，浸假而複諦見亞東之事，則其條例又將有所更易矣。……若夫心能流衍，人事萬端，則不能據一方以為權概，斷可知矣。」他認為任何原理，都有一定的經驗範圍作基礎，用之於歷史研究，應注重與歷史的不同特點相結合。1910年他發表的《徵信論》對

上述觀點作了進一步申述。章太炎還特別反感歷史研究中的比附風氣。他說：「諸微言者，眇萬物而為論，立意造端，異於恆眾。非捶其文使不可名度，隱其詞使不可解詁，若方土之為神符也。」[38]他主張在史料基礎上，通過深入研究，得出合理的結論，不宜師心自用，造作奇論。

三、對於新史學的著述體例以及研究方法尚有待進行理論建設。

當時對舊史學敘事形式的批評，沒有深入到造成這種體裁的思維基礎。雖然提出了種種撰寫通史的具體設想和計畫，並在一定程度上作了實踐，卻未能形成堪與傳統史學體裁相對抗的史學表現形式，對西方史學方法的吸取也未能作出具體分析。

新史學的建設必然遇到如何對待舊史學方法的問題。中國古代史學方法與古代哲學的思維方式有密切的關係。古代哲學家把客觀世界當作一個有機整體，自然與社會，社會人員之間存在著歷史和現實的普遍聯繫。個體的歷史及其特徵都通過這種聯繫反映出來。在史學著作中，古代史學曾採取以時間、以人物、以事件為核心的三種表述形式，既顯示了自然存在與人類社會的某種聯繫，又把社會和個人融於歷史文化的無限延續過程之中，此外古代史學方法還強調方法與人格的統一，這些並不與新史學的方法論趨向形成尖銳矛盾。但是新史學思潮對此也沒有作具體分析。

又如在對待西方學術方法的問題上，當梁啟超等人繼續宣傳西方

38　章太炎：《信史》上，《說林》1910年第一期。

學術方法之時，章太炎對當時西方史學方法進行了思考。章太炎提出：「中西學術，本無通途。適有會合，亦莊周所謂射者非前期而中也。」[39]認為中西學術方法的結合應該重新認識。他指出，文獻史料是最可靠的資料，而地質年代學、考古學、古文字學，都只是學術之一偏，由於它們無法使自身完全準確，故不能排斥文獻史料而惟求之於金石文字：「世人多以金石匡史傳，苟無明識，只自罔耳！五帝以上，文字或不具，雖化肌骨為胸忍，日夜食息黃壤之間，且安所得？夫發地者，足以識山川故處，奇雀異獸之所生長，此為補地志、備博物，非能助人事記載也。」[40]因此，他說：「信神教之款言，疑五史之實錄，貴不定之琦辭，賤可征之文獻。聞一遠人之言，則頓顙斂衽以受命，後生不悟，從以馳騁，廢閣舊籍，鬻為敗紙。人之彥聖，而違之俾不通，以不能保我子孫黎民。枳句來巢，空穴來風。悲夫！昔者吾友嘗從事於斯矣。」[41]總之，章太炎等史學家，由於他們個人深厚的乾嘉史學方法的修養，他們比較明確地認識到了新史學方法的某些不足。但是他們無力解決這些問題，為後來新史學的發展留下了課題。

　　劉師培後期的歷史研究雖然也很少用社會進化原理去分析中國古代社會狀況，很少用西方學術方法考辨中國歷史發展的進程，但他沒有章太炎的史學眼光。他沒有考慮中國新史學與古代史學在哲學理論上的聯繫，也未考慮西方史學方法在中國新史學中的位置，乃至西方史學方法與傳統研究方法的相互關係。在1908年他發表了《秦四十郡

39　章太炎：《與人論樸學報書》，《國粹學報》1906年11號。
40　章太炎：《信史》，《說林》1910年第一期。
41　章太炎：《信史》，《說林》1910年第一期。

考》和《遼史地理考》兩篇考證性文章。史學考證本是劉氏家學的一個分支。劉文淇就曾經研究過楚漢時期的地理，寫有《楚漢諸侯疆域志》三卷。他按年月將楚漢之際群雄割據的情況，把疆界名稱一一加以確定。劉師培的《秦四十郡考》就是要按照劉文淇的方法將《史記》和《漢書》關於秦郡的不同記載加以考證。《遼史地理考》也是根據同一方法考證忽汗城、婆離頗裡、鐵驪等等地名的地理位置。到1911年辛亥革命後，他將大半精力放在古文經及其注疏的整理，期望成為揚州學派的正統傳人，更未想到去探討中國史學進一步發展的問題。

第八章
劉師培與中國近代子學

8.1　學術解放與「婢作夫人」

自漢武帝獨尊儒術，罷黜百家之後，二千年中，諸子學不受重視。直到清代，諸子學才稍稍復甦，如汪中著《荀卿子通論》、孫星衍著《墨子序》、俞樾著《諸子平議》、孫詒讓著《墨子閒詁》、王先慎著《韓非子集解》等。越到晚清，諸子的地位越來越高。胡適在論及「近世哲學」諸子興起時曾把它比喻為「婢作夫人」：

清初的漢學家，嫌宋儒用主觀的見解來解古代經典，有「望文生義」、「增字解經」種種流弊。故漢學的方法，只是用古訓、古音、古本等等客觀的根據，來求經典的原意。故嘉慶以前的漢學宋學之爭，還只是儒家的內哄，但是漢學家既重古訓古義，不得不研究與古代儒家同時的子書，用來作參考互證的材料。故清初的諸子學，不過是經學的一種附屬品，一種參考書。不料後來的學者，越研究子書，就越覺得子書有價值。故孫星衍、王念孫、王引之、顧廣圻、俞樾諸人，對於經書與子書，簡直沒有上下輕重和正道異端的分別了。到了最近世，如孫詒讓、章炳麟諸君，竟都用全副精力發明諸子學。於是從前作經學附屬品的諸子學，到此時代，竟成專門學。一般普通學者崇拜子書，也往往過於儒書。豈但是「附庸蔚為大國」，簡直是「婢作夫人」了。[1]

胡適指出近代諸子學蓬勃興起的文化現象，而這一現象出現的原

1　胡適：《中國哲學史大綱》卷上《導言》，《胡適學術文集》，中國哲學史卷，上冊，北京：中華書局，1991年版，第13頁。

因之一也確如胡適所言，是清代學者將樸學研究方法逐漸運用於子書的結果。自考據學興，學者為了證明儒家經典的古義，往往將視野伸展到周秦子書，或搜集其中經書舊文以訂證經義，或分析其句法以詮明經文句讀。如《墨子》多載《詩》、《書》舊文，《荀子》文法多變，頗受當時學者垂青。但當時研究諸子學，尚不敢侈言子學意義。正如胡適在《翁方綱與墨子》一文中所指出，在乾隆晚年，若要研究墨子思想，還要背上「名教罪人」的名聲。[2]

但晚清諸子學的勃興並非是學者「越研究子書，越覺得子書有價值」的結果。子學的興起，主要由於時代風雲的激蕩，由於西學的傳播和影響。以《墨子》為例，道光、咸豐以降，西學東來，聲光化電，稱為「時務」。學者們反觀經傳，幾無記載，而《墨子》多論光學、重學、幾何學原理。鄒特夫於是謂《墨經》上、下有中西演算法。而繼起之作有殷家雋《格術補箋》、王仁俊《格致古微》、馮涵初《光學述墨》等等。戊戌以後，西方政治學、邏輯學、社會學，大張於世，人們比較儒、墨，更覺墨家講邏輯，重捨身救世，於是研究墨學遂由格致而轉向邏輯與政治學，甚至有崇墨子為東方救主者。隨著對墨子理科學、政法學、邏輯學乃至宗教學內容的專門分析，墨子思想的輪廓也就更加明晰地顯現出來，而墨學的思想風格也逐漸為人們所領悟。一向被視為異端的墨子兼愛說反而成為溝通西方近代平等、博愛學說的津梁。墨子本人摩頂放踵、捨身救世的精神成為人們學習的榜樣。

2　　胡適：《翁方綱與墨子》，《胡適學術文集》，中國哲學史卷，下冊，第725頁。

正由於子學的復興淵源於時代與西學的雙重激蕩，因此在戊戌時期，人們對子學的研究總是各取所需，就像康有為按照自己的主觀意圖打扮孔子一樣，人們用一知半解的西方社會學、政治學、哲學原理來分析諸子學說。如1897年，章太炎於《經世報》第三冊發表《讀管子書後》，認為管子知道泰西商戰之本，「重勢既成，則以貿易攻人而有餘，亦無待於兵刃矣」[3]。他又發表《菌說》，引用《莊子·至樂篇》「萬物皆出於幾，皆入於幾」，說明有一種極細微的物質，它得到水以後就變成草，然後變成蟲，蟲變成豹，豹變成馬，馬變成人，中國古代這種對物種演化的猜測合符近代西方進化論的真諦，莊子道家學說成了進化論的代表。商鞅則更被章太炎解釋成一個懂得以法治國的政治學家。[4]

20世紀初年，學術革新提出了建設近代學術的課題，以梁啟超、章太炎為代表的學者提出新的學術必須具備兩個基本特徵：其一，它是以國民為價值中心；其二，它必須歸納出研究對象的演變規則。如何建設為國民服務的具有總結中國子學演變規則特色的學術史，就成了當時重要學術課題之一。劉師培作出了他的貢獻。

8.2　劉師培的先秦諸子學研究

一、劉師培論諸子學的起源

3　　章太炎：《讀管子書後》，《章太炎政論選集》上冊，北京：中華書局，1977年版，第34頁。

4　　章太炎：《商鞅》，《章太炎政論選集》上冊，第68—73頁。

劉師培認為諸子學有一個悠遠的文化背景。從這一文化背景的禮制特徵來看，諸子學皆出於禮學。從禮制文化的傳承和研究者來看，史官在古代學術傳統中起了重要作用，諸子學皆出於史官。

劉師培追述了諸子學文化背景的形成過程。他認為古學出於宗教、出於實驗。在遠古以前人們「不明萬物運行之理，又有喜疑之天性，見夫人死為鬼，疑鬼有所歸，迷信靈魂不死之說，而人鬼之祀興。及有威德著于一方者，則祀為一境之神，而地祇之祀興。又推其先祖所自出，以為人本乎祖，萬物本乎天，而天神之祀興」[5]。由於有這些宗教觀念出現，人們為了溝通與天神人鬼地祇的聯繫，遂出現種種術數。如由於上古之人咸信感生受命之說，因所感之帝不同，遂有陰陽五行之說。又由於上古之時，每以人事與天事相表裡，而占驗之說以興。黃帝傳「龍首經」，有占歲、占月、占日、占星之術，旁及用人、禦醫、行刑、捕盜、問囚、治病、處家，以及畜牧、農桑之業，莫不有占。又上古之時，以火灼龜觀其隙罅，是之謂萵，揲蓍草成卦，證以卦文是之謂筮。其他如醫術、房中術，也莫不與上古宗教有關。

本來，上古宗教觀念所導致的各種方術以及人們生活中所獲得的種種經驗，都是獨立發展的。但隨著君主權力的壯大，這些觀念和方術被加以壟斷和改造。如顓頊絕地天通，使神民失業，奪人民祀神之權歸之君主，因而也出現了專門的司教之官。如黃帝大臣有力牧、神皇、風後、天老、大常、大封、後土、大鴻、雷公、岐伯、鬼容區，

5　　劉師培：《古學出於宗教》，《左庵外集》卷八，《遺書》第48冊。

大抵皆巫覡之流。這些專門的巫覡之官被配往各地。如帝堯命羲和四子于四方，四子皆重黎之後，實為典天事之官。這種做法有些類似於巴比倫設教師於各境。非僅如此，帝王之間還出現了不同的宗教派別。劉師培認為它主要是八卦派和五行派。為了爭教，還發生過戰爭，如夏禹傳五行之教，有扈氏威侮五行，故夏啟大戰于甘，以攻克其國。據劉師培考證，殷商信五行教，而周人信八卦教。[6]

但不管怎樣，史官在古代學術中起了重要作用。因為「古代所信神權，多屬人鬼。尊人鬼，故尊先例；崇先例，故奉法儀；載之文字謂之法、謂之書、謂之禮，其事謂之史。職以其法、載之文字而宣之士民者，謂之太史、謂之卿大夫。有官斯有法，故法具於官，有法斯有書，故官守其書。是則史也者，掌一代之學者也」[7]。劉師培之意，是要就中國上古史官之地位十分重要的歷史現象來說明史官壟斷了古代學術，但由於他尚未能徹底瞭解上古社會的特殊性，因而不明白中國古代君權與神權的結合也有其特殊歷程。他雖然以史代巫，但也未能說明在中國古代史官與司教之官的離合關係。

但劉師培卻指出了上古宗教觀念以及所有巫蔔之術都最後集中在周代的禮制。這就是我們在前章所介紹的「典禮為一切政治學術之總稱」說。所以在劉師培看來，諸子學的背景乃是以史官所代表的禮制文化傳統。

那麼，諸子學為什麼會出現？劉師培從官學流弊和私學興起兩個

6　劉師培：《古學出於宗教》，《左庵外集》卷八，《遺書》第48冊。
7　劉師培：《古學出於史官》，《左庵外集》卷八，《遺書》第48冊。

角度作了考慮。他說：

古代之時，學術掌于史官，亦不能歷久無弊，試即其最著者言之：一曰上級有學而下級無學也……二曰有官學而無私學也……有此二弊，此西周學術所以無進步也。[8]

週末之時，諸子之學，各成一家言，由今觀之，殆皆由於周初學術之反動力耳。一曰反抗下民無學也……二曰反抗私學無學也。……蓋言論思想之自由，至戰國而極，此不獨九流各成其學也，即學術相同者亦多源遠流分。[9]

劉師培僅僅看到了疇官世襲之學的流弊以及學術下私人的歷史現象，但他沒有分析諸子蜂起的社會政治、經濟原因，從學術現象說明學術現象。

由於劉師培沒有分析諸子思想的政治經濟文化根源，因此他傾向於直接地找到諸子各家與古代史官的聯繫。他說：

《漢書‧藝文志》敍列九流，謂道家出於史官，吾謂九流學術皆原于史，匪僅道家一家。儒家出於司徒，然周史《六弢》以及周制周法皆入儒家，則儒家出於史官。陰陽家出於羲和，然羲和苗裔，為司馬作史于周，則陰陽家出於史官。墨家出於清廟之守，然考之周官之制，太史掌祭祀，小史辨昭穆，有事於廟，非史即巫，則墨家出於史

8　劉師培：《補古學出於史官論》，《左庵外集》卷八，《遺書》第48冊。
9　劉師培：《補古學出於史官論》，《左庵外集》卷八，《遺書》第48冊。

官。縱橫家出於行人，然會同朝覲，以書協禮事，亦太史之職，則縱橫家出於史官。法家出於理官，名家出於禮官，然德刑禮義，史之所記，則法名兩家，亦出於史官。雜家出於議官，而孔甲、盤盂亦與其列，農家出於農稷之官，而安國書冊參列其中，小說家出於稗官，而虞初周說雜伺其間，則雜家、農家、小說家，亦莫不出於史官，豈僅道家雲乎哉。[10]

劉師培把諸子出於王官的論點進一步誇大為諸子出於史官，並試圖把諸子學與史官之學一一對應起來，這就顯得立論過於偏激。

關於諸子學的起源，20世紀初曾有過認真的探討。劉師培發表《古學起源》三論，均在1905年，其《補古學出於史官論》發表在《國粹學報》1906年5號。他比較早地研究了諸子學的文化背景，研究了諸子學術的產生原因。章太炎在1906年發表《諸子學略說》[11]，提出諸子出於王官，認為諸子學的興起是對世卿專政，學術為世卿所壟斷的歷史現象的反動，應該是受劉師培的影響。

二、劉師培論先秦諸子

1. 劉師培論儒學

儒學是20世紀初年人們討論得最為廣泛的學術史問題。當康有為、梁啟超等人把孔子打扮為改制的素王和救世的教主的時候，章太炎力圖還原孔子的本來面目。1904年《訄書》重刻本《訂孔》篇中，

10   劉師培：《古學出於史官論》，《左盦外集》卷八，《遺書》第48冊。
11   載於《國粹學報》1906年第8—9號（總20—21期）

章太炎分析了孔子在中國具有至高地位的原因，認為從歷史的機緣說，對六藝同樣周聞熟知的老子和墨子都「不降志於刪定六藝」的事業，所以孔子在保存歷史典籍方面獨擅其威，加之秦始皇焚書，中國古代書籍保存下來的很少，孔子作為歷史家，其地位自然會越來越高。從人事的影響來說，儘管稍後的荀子和孟子的學問都超過了孔子，可是他們的社會活動能力卻遠遠不如孔子。孔子有「魯相之政，三千之化」，而荀子和孟子卻無法與之相比。所以孔子的地位取決於他整理史籍、從事教育和積極參與社會政治活動。孔子作為史學家和教育家，有很多地方值得今天學習。但孔子的政治權術，則應該為今人所拋棄。

劉師培則認為，要求得孔學之真，就必須從孔學的學術淵源和學術特徵加以分析。他認為：「周室既衰，史失其職，官守之學術，一變而為師儒之學術，集大成者厥惟孔子。」[12]孔子得史官六藝之學，傳播六藝之學，兼明九流術數之學，對古代學術傳統有全面的理解。孔子學說有兩個重要特徵：一是兼具師儒之長，二是政治與教育合一。所謂師儒之長，即是說孔學既保存了歷史文化，同時又有主觀理想。所謂政治與教育合一，即是說孔學教育的宗旨在於經世致用。可以說孔子是歷史家、政治家、教育家三者的統一。

劉師培重點分析了孔子作為政治家的特徵。他同意章太炎《儒學真論》的觀點，認為孔子政治學的特點不在宗教。因為「孔子以前，中國早有宗教之名」，「孔子未立宗教之書」，「唐宋以前孔教之名未

12　劉師培：《孔子真論》，《左庵外集》卷九，《遺書》第49冊。

立」,「中國普通人民並非崇奉孔子如教主」。[13]孔子作為政治家,其主要貢獻在於他根據當時的政治現實,提出了一些理想的政治原則,在政治批評過程中指出了理想社會的一些基本特點。劉師培看到了孔子政治學的保守性質,如區等級而判尊卑、重家族而輕國家、薄事功而尚迂闊,也看到了孔學法制觀念的缺陷:「儒家以德禮為本,以刑政為末,視法律為至輕。其立說之初……特欲使為君者與臣民一體耳。……夫人君既操統治之權,無法律以為之限,而徒欲責其愛民,是猶授刃與盜而欲其不殺人也,有是理哉?故儒家所言政法,不圓滿之政法學也。」[14]他認為孔學確實有其政治上的不足。但他不貶低孔子從事政治活動的用心,不像章太炎那樣把孔子當成是一個政治上沒有原則的投機政客。

劉師培還對孔學的學術缺點作了分析。他認為孔子學術小失之處有四:一曰信人事而並信天事,二曰重文科而不重實科,三曰有持論而無駁詰,四曰執己見而排異說。[15]孔子重視人的活動,但沒有批判神權時代的學說,對固有天命觀念予以保留;孔子重道而不重器,過分誇大政治思想學說的作用,不重視各種專門技藝的培養;孔子教育弟子和提出論點,不大提倡反駁;孔子堅持成見而攻擊異端:這些都是孔子學術的不足之處。

劉師培對儒學的上述看法在當時有其獨立性。他既不過高地評價孔子,也不一概否定孔子,即使對孔子的政治生活和政治理想,他也

13　劉師培:《讀某君孔子生日演說稿書後》,《左庵外集》卷九,《遺書》第49冊。
14　劉師培:《週末學術史序・政法學史序》,《遺書》第14冊。
15　劉師培:《孔學真論》,《左庵外集》卷九,《遺書》第49冊。

試圖作出公正的評價，對於後來人們正確認識孔子及其儒學起到了積極作用。

2. 劉師培論墨家和道家

劉師培認為，墨家的主要特點是：「不重階級，以眾生平等為歸，以為生民有欲，無主則亂，由裡長、鄉長、國君以上同於天下，而為天子者，又當公好惡，以達下情。複慮天子之不能踐其言也，由是倡敬天明鬼之說以儆惕其心。」[16]也就是說，墨學的特點在於尚賢、兼愛、尚同、明鬼。

劉師培認為墨子在政治態度上比儒家要進步。墨子看到了貴族世卿之制已經不適應社會進化的要求，因此他主張官無常貴、民無常賤，有能者舉之，無能者下之。同時，墨子在設計政治制度時，一方面要求維護政治權力的統一，另一方面又深刻地認識到君由民立，故而在加強人民立法的權利的前提下，還敬天明鬼，試圖把原有的宗教觀念當作限制君權的手段。

至於道家，劉師培認為其學說與儒、墨差別極大。道家的理想是廢去上下等級，平等是其所長，而無為亦其所短。道家的思維特點是考察萬物，由靜觀而得其真，並認為人類社會遵循萬物的運行法則，與西儒斯賓塞爾的社會學原理有些相似。[17]

劉師培對墨家和道家的基本評價雖然不如他論儒家那麼具體和準

16　劉師培：《週末學術史序・政法學史序》，《遺書》第14冊。
17　劉師培：《週末學術史序・社會學史序》，《遺書》第14冊。

確，但也抓住了墨家和道家的主要特徵。近代以來，對於墨子，人們大多注意其中的光學、物理學等自然科學成就和邏輯學成就，而劉師培則主要分析了墨子的政治學原理。對於道家，劉師培也從政治學和社會學的角度予以研究，這些觀點和方法都被後來墨學和道家研究者們所吸取。

3. 劉師培論法家

法家得到了劉師培的高度評價。他認為法家對政治的起源的認識較為合乎歷史的實際，因而法家的政治學原理也較為合理。比如早期法家代表人物管子，「以法家而兼儒家，以德為本而不以禮為末，以法為重而不以德為輕。合管子之意觀之，則正德利用者，政治之本源也，以法治國者，政治之作用也，舉君臣上下同受制於法律之中，雖以王權歸君，然亦不偏於專制。特法制森嚴，以法律為一國所共守耳」[18]。管子把政治的目的視為「以天下之財，利天下之人」。為了更好地實現這一目的，管子主張「主權不可分」。但又考慮到君主可能憑藉權力，為所欲為，以法令為君臣所共立共守，反對極端專制。劉師培認為這無疑是很有創見的思想。非但如此，法家對經濟生產生活也提倡切實的研究，提出了一些很有啟示意義的措施。如管子為了使國家增加財富，他「改圓法」，搞幣制改革；「興鹽鐵」，主張鹽鐵國營；「謀蓄積」，實行國債儲蓄。此外還有「稅礦山」、「選舉富商」，這些辦法與近代西方富國之法相符若契。所以法家在先秦諸子中有其獨到之處。

18　劉師培：《週末學術史序·政法學史序》，《遺書》第14冊。

劉師培認為法家在戰國中晚期的發展是雖知以法治國之意，但逐漸「重國家而輕民庶，以君位為主，以君為客」。也就是說他們在「法」與「勢」的相互關係上產生了一些混亂。一方面他們認為治國必以法，另一方面又認為法治必靠強權，因而對權勢給予了高度認識。為限制君權，法家將君位視為必要的最高代表卻否認具體君主的必然性。實質上是認為只有按法令治國的君主才是合理的君主。但由於他們輕民庶，實際上，對君主沒有約束，這就是暴秦採取法家之說的主要原因。

4. 劉師培評先秦諸子的特點

劉師培曾說：「週末諸子之書，有學有術。學也者，指事物之原理言也；術也者，指事物之作用言也。學為術之體，術為學之用。」[19]他認為先秦諸子都體現出原理與方法相統一的特徵，而這一特徵正反映出諸子學術是針對春秋戰國時期的社會現實問題，提出不同的社會理想與改革社會的辦法。先後出現的儒、墨、道、法乃是其中最有影響的四種不同學說。而最後由法家學說成為秦漢政權的統治思想，則由於法家所提出的政治理想和政治方法符合專制政權的現實需要。

三、劉師培先秦諸子學研究的影響

自20世紀初年學術革命思潮提出要建立為近代國民提供借鑑的帶有總結歷史發展規則的新史學，先秦學術史很快就成為了史學熱門話題，而諸子思想也得到廣泛的研究。在探索諸子思想的演變歷程及其

19　劉師培：《國學發微》，《遺書》第13冊。

思想特色的過程中，拙見以為在20世紀初年的特定歷史時期，以章太炎、劉師培最有特色，他們的心得各有千秋。章太炎、劉師培都認識到諸子思想淵源於一個沉重的文化傳統，都信從諸子出於王官論。但章太炎沒有像劉師培那樣將諸子學說與史官分職一一對應，他比劉師培更加清醒地看到了諸子學說的主觀性、創造性。但劉師培則比章太炎更加明確地指出了諸子思想文化傳統的特徵，他把它歸結為禮制，並從九流諸子思想中加以一一論證。可以說他更加認識到傳統思想文化對諸子的制約和影響。又如章太炎和劉師培都力圖還孔子本來面目，都認為孔子是教育家、歷史家。可是對於作為政治家的孔子，雖然二人都反對將其作為改制的素王和救世的教主，但章太炎全面反對孔子的政治態度和政治手段，而劉師培則力圖將孔子政治學命題加以區分，找出其積極因素和消極因素。再如對諸子思想的整體評價，章太炎在20世紀初主要從進化論、政治民主傾向和實證（邏輯）意識加以評判。而劉師培則試圖從心理學、倫理學、論理學（名學）、社會學、宗教學、政法學、計學（經濟學）、兵學（軍事學）、教育學、理科學、哲理學、術數學、文字學、工藝學、法律學、文章學等各個方面加以條分縷析。劉師培的這種專門學的諸子研究角度，對於厘定諸子學術的特點產生了深遠的影響。

但章太炎和劉師培都未能完全建立起現代思維下的古代思維世界。他們並未能解釋諸子思想的真正奧秘之所在。而真正要解剖諸子思想特徵和發展線索，尚需要把思想史上的疑難「從社會的歷史發展裡剔抉其秘密」[20]。只有到侯外廬等馬克思主義史學家在王國維等人

20　侯外廬：《中國思想通史》第一卷，北京：人民出版社，1957年版，第28頁。

的古史研究的基礎上，認識到中國古代社會史的發展特性，才將西周到春秋戰國的思想學術史的實質視為中國古代國民階級思想意識的發展史，並劃分出其發展的三個階段：第一階段為學在官府的疇官貴族之學，第二階段為鄒魯搢紳之學、孔墨顯學，第三階段為戰國並鳴之學，其中有一個嚴密的邏輯發展線索。而這一思想發展線索與中國古代社會史一樣，走的是維新路線，舊的拖住新的，死的拖住活的。從這一特點去審視諸子思想，我們就能對諸子出於王官、出於禮制文化傳統作出中肯的解釋。對於孔子思想中仁與禮、墨子思想中的「非命」與「天志」、法家思想中的「法」與「勢」種種矛盾現象，也能作出合理的解釋。

侯外廬先生曾這樣評述章太炎的先秦學術史研究：「太炎對於諸子學術的研究，堪稱近代科學整理的導師。其文如《原儒》、《原道》、《原名》、《原墨》、《明見》、《訂孔》、《原法》，都是參伍以法相宗而義征嚴密地分析諸子思想的。他的解析思維力，獨立而無援附，故能把一個中國古代的學庫，第一步打開了被中古傳襲所封閉的神秘堡壘，第二步拆散了被中古偶像所崇拜著的奧堂，第三步根據他自己的判斷力，重建了一個近代人眼光之下所看見的古代思維世界。太炎在第一、二步打破傳統、拆散偶像上，功績至大，而在第三步建立系統上，只有偶得的天才洞見或斷片的理性閃光。」[21]我認為對劉師培的先秦學術史研究，亦應作如是觀。

21　侯外廬：《中國近代啟蒙思想史》，北京：人民出版社，1993年版，第158頁。

8.3 劉師培的秦漢學術史研究

一、劉師培論秦漢學術變遷

劉師培認為秦漢之際，法家思想逐漸成為統治思想，而神仙方術之說亦蔓延開來。所以法家學說與神仙學說成為秦漢之際兩大社會思潮。

所謂神仙學說，劉師培認為它可分為「神學」和「仙學」，它們起源很早，本不相混。「以天地神祇咸有主持人世之權，是為神術。以人可長生不死，變形登天，是為仙術。」神術主要指占驗、著龜等求得神的旨意的方術。仙術主要指醫藥、房中等求得長生的方術。春秋時期，神術仙術不相為謀。儒家重神道設教而不言長生，道家言求仙長壽而不信鬼神。但戰國晚期，鄒衍論終始五德，燕人言仙術者咸托鬼神之事，是為神仙合一之始。故秦代之時，祀神被當為求仙之基，而儒生之明祀禮者咸因求仙而進用，神仙之說，風行一時。[22]

漢易秦鼎，反思秦迅速滅亡的教訓，以為仁義不施，攻守之勢異乃是秦滅亡的關鍵。因而儒學開始得到重新認識。但西漢帝王並未能真正懂得儒學的價值，「武帝雖表章經術，然宣帝即位，重法輕儒」[23]。而儒學自身，亦因受秦漢以來神仙之術的影響，竄仙術於儒書，神道設教與求仙之術在儒書中的混合，導致讖緯也入於儒書。至哀平之際，儒學的讖緯化與日俱增。但當時儒生，尚迷信經術，以為致君澤民之道悉寓於六經之中，因而尚能針對漢代社會現實，提出新的種

22　劉師培：《國學發微》，第26—28頁，《遺書》第13冊。
23　劉師培：《國學發微》，第11頁，《遺書》第13冊。

族觀（民族觀念）、政治觀和倫理觀，使儒學得到進一步發展。

　　儒學的興起引起儒學內部的分化。漢初，儒家今文學未立學官，今古文並行不悖；既立學官，今文學漸成利祿之學。由是漢博士滋生兩種弊端：其一，分立門戶，排斥異己。漢博士除通一經之外，別無他長，為保一己之利祿，不僅排斥古文，而且黨同伐異，「甚至一家之中，分主門戶，邀求立學」[24]。其二，曠官溺職，自廢其學。「今文之書既立，博士治其學者一若所求已獲，遂生自懈之心，故傳者愈多，精者愈鮮。」[25]而古文之學，「研精覃思，實事求是」，同時為求立學官，爭競之心以起，故其說愈降而愈精。總之，到東漢時，古文經學地位逐漸上升，最後終於成為經學的主流。

　　劉師培反對將古文經學視為無用的論點。他認為東漢儒學的政治效果比西漢要好。西漢儒者多以儒術濟權謀法術，而東漢儒術篤實守真。學者一般以王莽法古文而敗亡，遂疑古文不可行，實則古文無不可行之實。[26]相反，西漢用今文學治國，引起的政治弊端也數不勝數。不能以王莽一朝的成敗來討論古學政治效果。

　　在儒學逐漸復興的同時，法家也沒有放棄成為統治思想的繼續努力。儒學和法學在兩漢形成了對立的兩派。在西漢初期，儒生本與法吏沒有太大分歧，儒生亦習申商之書。但及百家罷黜，儒術日昌，取士之道，別有儒術一途，而儒與吏分。「於是於法令以外，別立禮義德教之名，自是以降，以吏進身者侈言法令，而以儒進身者則侈言禮

24　　劉師培：《漢代古文學辨誣》，《左庵外集》卷四，《遺書》第44冊。
25　　劉師培：《漢代古文學辨誣》，《左庵外集》卷四，《遺書》第44冊。
26　　劉師培：《漢代古文學辨誣》，《左庵外集》卷四，《遺書》第44冊。

義德教。」[27]這種矛盾對立一直延續到東漢。整體看來，隨著儒術的地位的上升，東漢儒生比西漢儒生更加篤信德教禮義之說，並切實加以施行。但「儒學近於虛，法學近於實」，故儒術愈純，而救弊之術愈窮。到東漢末年，「刑賞廢弛，而以虛文相束縛」，「既崇尚虛文而刑賞又有廢弛之失，無怪其後之崔寔、王符、仲長統、荀悅、徐幹所由欲以法為治也。」[28]所以劉師培認為東漢中葉以後，法家學說的抬頭，與儒術自身的缺陷有直接關係。正由於儒術已不能提供解決問題的有效方法，所以「及曹氏竊國，然後以法家之言論而見之施行。此三國政治所由多近于法家也」[29]。

二、劉師培論漢代學術精義

劉師培認為漢代學術在中國學術發展史上有其重要地位。他曾分別就漢代政治學、民族學、倫理學加以論述。

試即其政治學言之。劉師培指出：漢代學術繼承和發展了先秦政治民主精神，它提出了行之有效的政治原則。漢人把人民當為國家的主體。如劉向說：無民則無國。鄭玄說：古今未有遺民而可以為治者。既以人民為國家主體，所以漢人對君由民立有所認識。如董仲舒之言曰，王者民之所往，君者不失其群者也。《白虎通》亦有同類說法。君由民立，故漢人將君主當為國家之客體。如董仲舒說：天之生民非為王也，天之立王以為民也。劉向亦說：天之生人非以為君也，天之立君非以為位也。漢人還認識到君主不應世襲。如蓋寬饒引韓氏

27　劉師培：《儒學法學分歧論》，《左庵外集》卷九，《遺書》第49冊。
28　劉師培：《儒學法學分歧論》，《左庵外集》卷九，《遺書》第49冊。
29　劉師培：《儒學法學分歧論》，《左庵外集》卷九，《遺書》第49冊。

《易》說，謂五帝官天下，三王家天下。官以傳賢、家以傳子。若四時之運，成功者去。所以漢人承認對君主的反抗之權，如果君失其道，則人民可以將他推翻，而民心所歸之人即可以為天下之共主。如董仲舒論湯武之伐桀紂是順乎天而應乎人。總之，漢代學術體現出濃厚的政治民主意識。

漢人還積極思考了政治的原則。他們反對君主放僻自肆，規定君主應該勤民事、達民情、寬民力，人君應有誠信、公平之德，應該根據法令行事。他們反對臣民之被壓制，伸張臣權，強調君臣、君民都應互盡其倫。這些原則在漢代社會生活中起到了良好作用。

再就漢代學術的民族意識而言，漢代學術將先秦華夷之辨的觀念發展為民族觀念、國家觀念。如《王制》一篇，是漢儒所輯錄的作品，其中明確主張中國與夷民各有特性，不可推移。又如賈逵、服虔詮釋《左傳》，進夏黜夷。總之，漢代民族和國家意識十分強烈。漢代之所以能拓展疆域，取得抵抗侵略的勝利，就與漢代學術中發達的民族、國家觀念有關。

再就漢代學術的倫理意識而言，漢代倫理學也很發達。從理論上說：「自《大學》一書於倫理條目析為修身、齊家、治國、平天下四端，與西洋倫理學其秩序大約相符。故漢儒倫理學亦以修身為最祥。」[30]具體而言，漢代論修身之法，約分五端：「一曰中和，所以欲人之無所偏倚也；二曰誠信，所以欲人之真實無妄也；三曰正直，所以欲人之不納於邪也；四曰恭敬，所以戒人身心之怠慢也；五曰謹

30　劉師培：《兩漢倫理學發微論》，《遺書》第15冊。

慎，所以戒人作事之疏虞也。」[31]至於禁佚防邪之法、懲忿遏欲之方，難於悉數。漢人討論家族倫理，雖有今文相承之三綱說，但漢儒也有一些人明確指出君臣、父子、夫婦、兄弟應該互盡其倫。社會倫理在漢代主要是二個大的方面，一曰師弟之倫，二曰朋友之倫，而漢儒都主張「貴仁」、「貴恕」、「貴信」。國家倫理，漢儒認為有四端：一曰守法以定國律，二曰達情以伸民權，三曰納稅以賦國家之財，四曰服兵役以固國家之防。可以說漢代之倫理學涉及到個人和社會生活的各個方面。但「要而論之，漢儒言倫理也，其最精之理約有二端，一曰立個人之人格。……二曰明義利之許可權」[32]。這顯然是先秦倫理學成果的繼承和發展。

劉師培認為漢代學術中的民族、民主和倫理意識奠定了後來學術的基本格局。他曾以漢宋學術異同為主題，比較深入地討論了漢代學術思想與學術方法對於宋代的影響。他不同意截然分離漢學與宋學的觀點，認為「學問之道，有開必先，故宋儒之說，多為漢儒所已言」。只不過漢儒去古未遠，各有師承，間得周秦古義，而宋儒則因受佛學影響，不軌家法，土苴群經，以己意直度經典心性本源，在研究方法和表述方法上不同於漢儒。[33]漢代學術是宋代學術的淵源和基礎。

三、劉師培秦漢學術史研究的影響

劉師培對於秦漢學術歷史線索以及漢代學術精義的研究，在與他

31　劉師培：《兩漢倫理學發微論》，《遺書》第15冊。
32　劉師培：《兩漢倫理學發微論》，《遺書》第15冊。
33　劉師培：《漢宋學術異同論》，《遺書》第15冊。

同時的學術史家中是較為先進的。就秦漢學術演變而言，當時大多數學者尚未能把儒學與法學的矛盾鬥爭也當作理解這一時期學術思想演變的主線。人們往往受傳統經學研究的制約，習慣於從今、古文經學的爭端看秦漢學術演變。只有章太炎在《訄書》重訂本《學變》篇中論及漢晉間學術五變，才討論到「東京之衰，刑賞無章，儒不可任」，法家王符《潛夫論》、仲長統《昌言》、崔寔《政論》因之而起。劉師培將儒、法鬥爭貫穿於秦漢政治思想的演變歷程，其論點，顯然比章太炎要深入得多。

對於漢代學術歷史的分析，胡適後來提出了與劉師培相左的認識。胡適在《中國中古思想史長編》和《中國中古思想小史》中提出：儒家與黃老思想的鬥爭是漢代學術思想演變的主線。在漢初，齊學中的黃老道家成為主導思想，漢帝國也完成了宗教的統一。但道家無為思想不符合漢代形勢發展的需要，漢武帝、董仲舒、公孫弘使儒學成為帝國的宗教。在制度方面，立五經博士，用經學選官，罷黜百家、專崇儒學。由此造成了陰陽災異的迷信空氣。王充提倡道家的自然宇宙觀以抗擊儒教天人感應。自王充以後，「中古思想起了兩種變局：第一是批評精神的發達，第二是道家思想的風行」[34]。漢末的仲長統等都崇尚老莊，尤其是從民間到皇宮，社會普遍崇奉黃老。胡適似乎認為只有從道家與儒家的矛盾鬥爭中乃能瞭解秦漢學術歷史。

侯外廬在研究兩漢思想時，試圖結合劉師培與胡適的研究成果，在剖析秦漢社會經濟生活和階級關係的基礎上，對秦漢學術史進行劃

34　胡適：《中國中古思想小史》，《胡適學術文集》，中國哲學史卷，第487頁。

分。侯外廬先生在《中國思想通史》第二卷中指出，從漢初到文景武三世是儒道爭霸的時期。儒家逐漸成為主導，但同時也有法術與儒術的對立。文帝時晁錯學申商刑名，頗為文帝所奇，武帝時，張湯趙禹之屬條定法令，宣帝時又有桓寬所錄《鹽鐵論》，系儒法爭論實錄。但西漢時期的儒、道、法，都是相反相成的，都是為了服務於專制統治。只有到漢末，社會批判思潮出現，道、法思想才具有新的意義。儒學中出現的《老》、《莊》、《易》的玄學傾向，反映了豪族名門勢力對專制君主的離心傾向，而法術則代表著對社會問題解決方式的積極思考。侯外廬等還指出，漢代今古文經學的本質是一致的。但他們所發揮的學術精義並不像劉師培所揭示的那樣是民族民主和倫理平等意識，相反，它主要為專制統治提供思想武器，鼓吹天人感應和三綱五常。漢代學術的精義存在於對今古文經學進行批判的異端之中。體現在司馬遷以及王充和漢末社會批判者身上。侯外廬先生的這一認識，雖然與劉師培、胡適諸人的見解有很大差異，但其中仍然可以反映出劉師培研究成果的影響。

8.4　劉師培論漢宋學術流變

一、劉師培論魏晉六朝玄學

中國歷史自西元3世紀初至6世紀末的近四百年之間，史家稱為魏晉南北朝。在這時期的支配思想，稱為清談、玄學。對於清談和玄學歷來就有不同評價。在魏晉時期，裴頠根據「禮教」反對清談，北齊顏之推斥清談「高談虛論、左琴右書，以費人君祿位」。明末顧炎武

也斥魏晉清談足以亡天下，說：「（正始）名士風流，盛於雒下，乃其棄經典而尚老莊、蔑禮法而崇放達，視其主之顛危若路人然，即此諸賢為之倡也。自此以後，競相祖述。……以至國亡於上，教淪於下，羌戎互僭，君臣屢易，非林下諸賢之咎而誰咎哉？」[35]但在普遍詆毀玄學的風氣之中，明人楊慎曾經一反過去的評價，為魏晉六朝學風辯護，說：

六朝風氣，論者以為浮薄，敗名檢，傷風化，固亦有之。然予核其實，複有不可及者數事。一曰尊嚴家諱也，二曰矜尚門第也，三曰慎重婚姻也，四曰區別流品也，五曰主持清議也。蓋當時士大夫，雖祖尚玄虛，師心放達，而以名節相高，風義自矢者，咸得徑行其志。至於冗末之品，凡瑣之材，雖有陶猗之資，不敢妄參乎時彥，雖有董鄧之寵，不敢肆志於清議，而朝議之所不及，鄉評巷議猶足倚以為輕重，故雖居偏安之區，當陸沉之後，而人心國勢猶有與立，未必非此數者補救之功、維持之效也。[36]

楊慎之後，錢大昕《何晏論》進一步分析王弼、何晏的思想，指出：「自古以經訓顯門者，列于儒林，若輔嗣之《易》，平叔之《論語》，皆當時重之，更數千載不廢，方之漢儒即或有間，魏晉說經之家，未能或之先也。……論者又以王何好老莊，非儒者之學，然二家之書具在，初未嘗援儒以入老莊，于儒乎何損？」[37]

35　顧炎武：《正始》，《日知錄》卷十三。
36　轉引自侯外廬等：《中國思想通史》第三卷，北京：人民出版社，1957年版，第36頁。
37　轉引自侯外廬等：《中國思想通史》第三卷，北京：人民出版社，1957年版，

章太炎在1904年前後也曾對玄學進行評價。他認為玄學的產生是由於三國時期，法術大行，人們「厭檢括苛碎久矣，勢激而遷，終以循天性簡小節相上」，於是「崇法老莊，玄言自此作」。[38]對於玄學的社會作用和思想理論意義，章太炎一方面認為漢學亂於魏晉，另一方面，對玄學家「屏棄功利，殫殘聖法」，「高郎而不降志」的處世態度表示肯定。因為玄學家中真正反儒崇莊的是嵇康、阮籍，故章太炎稱引嵇康、阮籍之論，複贊鮑敬言無君臣論。章太炎對玄學所作的新評價標誌著近代學術在研究玄學時，開始突破儒、道糾紛，從學術個性和民主思想去衡量玄學。

　　劉師培於1907年在《國粹學報》發表《鮑生學術發微論》與《論古今學風變遷與政俗之關係》，對魏晉六朝思想產生的原因及其性質作了論述。他論玄學產生，近於章太炎的觀點：

　　漢末之時，綱紀委弛，憂時之士，競言尚法，及曹操得冀州，崇尚跅弛之士，苟有治國用兵之術，雖負污辱之名，亦複棄瑕登用。由是權詐迭進，奸偽萌生。……漸啟貪汙之俗……居尚法之朝，處貪汙之俗，非置身禮法之外，非嬰禍即辱身耳。故正始以還，何王倡清談之風，而名士風流盛於洛下，棄經典而尚老莊，蔑禮法而崇放達，竹林七賢，益崇放曠，及於西晉，此風未衰……至於東晉，高門世族，亦任於酣嬉淋漓，反是者則為塵俗。[39]

　　　　第35、36頁。

38　　章太炎：《訄書‧學變》。

39　　劉師培：《論古今學風變遷與政俗之關係》，《左盦外集》卷九，《遺書》第49冊。

他也認為玄學起因於對法術的反動，起因於對法術造成的社會貪汙習俗之抗議。

劉師培指出玄學不願身心受到拘束，學術獨立精神得到高揚，當時各以玄理求勝，「較週末諸子之自成一家言者，豈有殊哉」[40]。特別是鮑敬言，還從老莊家言闡發其破君權神授之說，說明政治非人性之所欲，道德盛行之世為偽世，「其立說較老莊為尤顯」[41]。劉師培充分肯定了玄學「不滯於拘墟，宅心高遠，崇尚自然，獨標遠致，學貴自得」[42]的思想風格。劉師培也不同意對玄學社會政治作用的貶斥。他認為玄學培養的士大夫，「其自視既高，超然有出塵之想，不為浮榮所束，不為塵綱所攖，由放曠而為高尚，由厭世而為樂天」[43]。影響所及，民間亦以此相尚。總之，玄學「以高隱為貴，則躁進之風衰；以相忘為高，則猜忌之心泯；以清言相尚，則塵俗之念不生；以遊覽歌詠相矜，則貪殘之風自革」[44]，它使得六朝風氣有其獨立不可誣者。它用以「振民氣則不足，以之矯貪鄙則有餘」。

劉師培對玄學思潮的評價顯然遵循了近代學術重個性、重民族民主意識的標準，因而他的分析較章太炎1904年所作分析要深入一步。但劉師培並沒有將玄學思潮與當時社會經濟生活和階級關係的變動相聯繫，也沒有細緻分析玄學內部不同派別的思想特點。正如侯外盧先

40　劉師培：《國學發微》，《遺書》第13冊。
41　劉師培：《鮑生學術發微論》，《左庵外集》卷九，《遺書》第49冊。
42　劉師培：《論古今學風變遷與政俗之關係》，《左庵外集》卷九，《遺書》第49冊。
43　劉師培：《論古今學風變遷與政俗之關係》，《左庵外集》卷九，《遺書》第49冊。
44　劉師培：《論古今學風變遷與政俗之關係》，《左庵外集》卷九，《遺書》第49冊。

生所批評，劉師培論玄學，近於獨斷，他過分地高估了玄學思想的思想解放意義。後來有的人把玄學說成是「幾百年間精神上的大解放，人格上思想上的大自由」，就未免不是受劉師培的影響。

劉師培發表《論古今學術變遷與政俗之關係》之後，章太炎於1910年在《制言》上發表《五朝學》。他以為錢大昕《何晏論》為何晏辯誣堪稱千古創見。他比較漢魏晉唐之得失，極貶前人數責魏晉學風之不當，說：

> 夫馳說者，不務綜終始，苟以玄學為詬。其惟大雅，推見至隱，知風之自。……夫經莫穹乎《禮》《樂》，政莫要乎律令，技莫微乎算術，形莫急乎藥石。五朝諸名士皆綜之。其言循虛，其藝控實，故可貴也。……五朝有玄學，知與恬交相養，而和理出其性，故驕淫息乎上，躁競弭乎下。……世人見五朝在帝位日淺，國又削弱，因遺其學術行義弗道。五朝所以不競，由任世貴，又以言貌舉人，不在玄學。[45]

章太炎認為自漢代以來，學術囿於一家，蹈襲陳言，汗漫而無自得。魏晉以降，玄學家稍旁理諸子，而形成自己的思想風格，造成了繼晚周之後的又一個思想解放局面。六朝之弱，由於任世貴，與玄學無關。相反，玄學下的士大夫，「孝友醇素，隱不以求公車徵聘，仕不以名勢相援為朋黨，賢于季漢，過唐、宋、明益無訾」。只有「矜

45　章太炎：《五朝學》，《太炎文錄初編》文錄卷一，《章太炎全集》第4冊。

尚門閥」，有貴賤等級的成見，才是玄學之短。[46]章太炎的這一評價又是劉師培論點的再次深入。

對玄學的研究，既需要細緻地疏理玄學內部沿流，又要分析玄學所依據的社會政治、經濟、文化背景。在劉師培、章太炎之後，梁啟超試圖從儒、道互補的角度將玄學中的何晏、王弼學，竹林七賢中的嵇康、阮籍學，向秀、郭象學，乃至玄學中「聖人無喜怒哀樂」、「四本論」「養生論」、「聲無哀樂論」等等名理命題，加以分析。之後，湯用彤先生運用近代西方哲學，將玄學思想的發展路徑加以整理。經過這樣一番整理工作，人們終於比較全面地認識到玄學思想的真實面目。而馬克思主義史學家則進一步將玄學置於當時社會經濟生活之中加以理解，最後指出，玄學乃是針對名教之治所產生的種種流弊，以及如何消除分裂割據狀態、調整世族與中央權力的時代課題而出現的政治謀略體系。它並非所謂思想本格意義的自由，也非一種不關政治的無用之學。這樣才比較準確地判定了玄學的思想性質。

二、劉師培論隋唐學術

隋唐時代，南北統一，中國學術文化呈現繁榮局面。就經學而言，孔穎達奉命編撰《五經正義》，《易》與《左傳》取王弼、杜預的注本，其他則多採用北朝學者熊安生、劉炫、劉焯等人的著作，體現出南北經學調和的特徵。同時儒學與佛教也呈現調和融匯的發展趨勢。唐中葉後韓愈雖以捍衛儒家道統自居，但他對儒學義理的闡發，無疑受了佛教的影響。他的學生李翱的《複性書》就是引用佛教思

46　章太炎：《五朝學》，《太炎文錄初編》文錄卷一，《章太炎全集》第4冊。

想，創建自己的哲學。就佛學而言，經過南北朝時期的發展，佛教在隋唐開始形成自己的理論特色，產生了多種宗教流派。同時，唐代統治者還提倡道教，道教也獲得了長足的發展，並逐漸與儒、佛教相互滲透。

　　劉師培肯定了隋唐學術的開放特點。他認為正因為隋唐對於學術無所迷信，才有隋唐獨特的士風。「惟其無所迷信，故既無尊崇君主之誠，複無崇拜聖賢之念。士生其間，不為名教所圍，不為禮法所拘，一旦達而在上，則銳志功名，否則縱情佚樂。」[47]隋唐學術具有非常鮮明的個性，它培養出了「直率」、「本然」的政治風氣和民風。劉師培舉例說：「試觀貞觀之時，房、杜為名臣，開元之時，姚、宋為賢相，綜核名實，長於治民，特功名心所推耳。惟其銳志功名，故能排大疑，犯大難，為人之所不敢為，若張柬之、李德裕之流是也。即王叔文、牛僧孺、李宗閔之徒，雖威福日擅，植黨營私，然率意而行，不事偽飾。故唐代鮮純臣，其所謂賢臣者，即有才之臣而已。此外則為權奸，其為惡之才亦非後世所克及。蓋惟知功名權利而不知其他者也。」[48]對唐代學術與學風，章太炎也曾作過簡短的評論。他說，「唐名理蕩蕩，誇奢複起」，士人「浮競慕勢，尤南朝所未有」。在他看來，唐代學術貴華而不尚樸，故言辭愈麗而愈失其真。經學除唐初《五經正義》本諸六代之外，「其後說經務為穿鑿」，「自名其學，苟異先儒，而於諸子名理甚疏」。[49]他們既沒有對六籍好好研究，

47　劉師培：《論古今學風變遷與政俗之關係》，《左庵外集》卷九，《遺書》第49冊。

48　劉師培：《論古今學風變遷與政俗之關係》，《左庵外集》卷九，《遺書》第49冊。

49　章太炎：《思鄉願》，《太炎文錄初編》文錄卷一，《章太炎全集》第4冊。

也未能深入體味諸子思想，卻喜歡標新立異。這種評論與劉師培相比較，著重點顯然有異。章太炎關心學術研究的證據與推理方法，而劉師培更關心學術研究的創造性。

劉師培曾經指出，唐代學術的主要貢獻表現在音韻、地志、政典、史注等方面。在這些領域，他們都有創造性的成就。[50]

相對而言，劉師培對隋唐學術的論述顯得有些薄弱。如何理解隋唐學術文化的歷史，是一個涉及面十分廣泛的複雜問題。直到20世紀40年代，陳寅恪通過對隋唐制度文化的深入研究，提出種族衝突和士族勢力消長是理解隋唐文化現象的關鍵，人們才比較清楚隋唐學術思想的分野以及它的一般發展進程。

三、劉師培論宋代學術

自清初以來，大多數學者對宋學的評價都不很高。鴉片戰爭前後，人們開始認識到宋學經世之旨的長處。劉師培對於漢代學術與宋代學術作了多方面的比較，得出了以下結論：

他認為宋學多心得。「宋儒著書，雖多臆說，然恒體驗於身心，或出入於釋老之書，故心得之說亦間高於漢儒。」[51]宋代學術不像漢人那樣講究正名辨物之功，也沒有家法約束。他們往往緣詞生訓，也不管前後是否矛盾，恒以自身的體驗為標準，加之融佛理入儒理，因而宋學有許多創造性的觀點。

50　劉師培：《國學發微》，《遺書》第13冊。
51　劉師培：《漢宋學術異同論》，《遺書》第15冊。

他認為宋代學術根源於漢代學術。比如「無極」、「太極」之說，為周敦頤大力提倡。但秦漢時，「太極」多被看作絕對之詞，「無極」之名，亦見於《毛詩》。「本原之性」、「氣質之性」，為二程所創。但漢代討論「性」的含義，也以性寓於氣中。所以，宋代學者多求於本原之地，但所用概念以及概念的基本內涵，仍來自漢代學術。

他認為宋代學術的主要特點是「理、數」並重。劉師培曾說，漢儒信讖緯，宋儒信圖書。讖緯、圖書都是方術誣民之學，而漢人兼言災異，宋人兼言皇極經世，所以對於宇宙事物的分析，漢儒與宋儒有同有不同，都使用了卦氣說、九宮說，但漢儒無先天後天、天根月窟之說。劉師培認為漢儒象數之學，多捨理言數，所以仍為五行災異學之支流；而宋儒則理數並崇，目的在探索客觀世界的原理。

劉師培還指出了宋代學術的不足。他批評了宋儒倫理道德的教條化，肯定了清儒以漢學方法針砭宋儒道德性命之說遊談無據的功績，提出要將宋儒倫理道德觀念改造為合理的思想體系。

20世紀初年，對於宋代學術的評價，大多數學者都持貶斥態度。章太炎認為宋代學術沒有客觀平實的方法論基礎，其思想主張又多維護專制王朝，所以他認為儒學至宋明而益蕩。[52]劉師培試圖肯定宋代學術的某些長處，但又無法說明宋代學術與當時社會生活的關係，因此，他的評述也往往左右搖擺。對於宋代思想學術的研究，正如馬克思主義史學家侯外廬指出的那樣，只有將社會思潮放在當時的歷史背景中加以分析，我們才能準確判定它的性質，才能真正梳理出它的發

52　章太炎：《訄書・通程》。

展源流。

8.5　劉師培的近代學術史研究

一、劉師培論近代學術沿流

　　對於明清之際以來的思想學術，最早試作系統整理的是江藩，他寫有《國朝漢學師承記》和《國朝宋學淵源記》二書。前書討論所謂清代漢學的傳承，主要為經史考證之學，後書討論清代宋學的師傳，主要為理學。但就在江藩撰寫此書時，龔自珍曾經對其以漢學、宋學概括清代學術深表不滿，認為這類名詞無足於揭示清代學術的真實面貌。晚清著名今文經學大師皮錫瑞從經學史的角度，將清代的學術和思想劃分為三大階段，即「漢宋兼採階段」、「專門漢學階段」、「西漢今文經學階段」。[53]這種劃分，將清代二百七十年的學術思想史全部納入「經學」體系，雖然對學術史的大致脈絡作了區分，但也未體現出學術思想發展的時代特點。

　　劉師培明確地認識到明清之際的思想風格與乾嘉之學的區別。他曾說：

　　甘泉江藩作《漢學師承記》，又作《宋學淵源記》，以詳近儒之學派，然近儒之學，或析同為異，或合異為同，江氏均未及備言，則以未明近儒學術之統系也。[54]

53　皮錫瑞：《經學歷史‧經學復興的時代》。
54　劉師培：《近儒學術統系論》，《左庵外集》卷九，《遺書》第49冊。

他認為江藩之所以對漢學的師承產生模糊認識，主要原因是他不明近儒學術之統系。他通過具體考察明清之交至晚清複雜的學術沿流和不同時期的學術風格，指出清代學術有清初與清中期、晚期之異，即清中、晚期之所謂漢學，也有不同的四個發展階段。

他認為明清之際的學術是致用之學。因為明廷雖屈辱臣節，然烈士殉名，匹夫抗憤，砥名勵行，養成了一種經世的士氣。其學術雖疏於考古，但切於通今，雖略於觀書，但勤於講學，雖迂滯固執不足應變，然倡是說者，莫不自信為有用。所以到清入關，明社丘墟，知識份子或者隱身湛族，百折不回，或者篤守苦節，潔身遠引，薦紳效貞，士女拚命，志節嚼然。

但清朝政權穩固之後，推行文化專制政策，一般士人，迫於饑寒，全身畏害，而用心之念，汩於無形，於是求是之學漸興。[55]劉師培曾感歎地說：「夫求是與致用，基道固異，人生有涯，斯二者固不兩立。俗儒不察，輒以內聖外王之學求備於一人，斯不察古今之變矣。」[56]他認為學術之求真與致用要做到完美的統一極不容易，這在清代學術發展線索中得到了最充分的證明。

劉師培還指出，求是之學亦即漢學可以分為四個發展時期。一為懷疑時期。漢學初興，其徵實之功，悉由懷疑而入。如閻若璩於《古文尚書》，開始是疑其為偽作，於是才找證據，證明其作偽之源。胡渭、黃宗炎對於《周易》和《河圖》《洛書》也是如此。二為征即時

55　劉師培：《清儒得失論》，《左庵外集》卷九，《遺書》第49冊。
56　劉師培：《清儒得失論》，《左庵外集》卷九，《遺書》第49冊。

期。康熙雍正年間，為學者雖然崇尚求實之學，然尚多逞空辯，與實事求是者不完全相同。及江聲、戴震之學興，講求比勘博徵，其治學次第莫不先立科條，使科舉目張，同條共貫。可謂無徵不信。三曰叢綴時期。自徵實之學興起，疏證群經，殆無遺漏，繼之而起者，雖取精用宏，但精華既竭，欲樹漢學之幟，只有叢綴，大量搜集各種佚書佚文。四曰虛誕時期。嘉慶道光年間，叢綴之學越來越趨於小慧自矜，而西漢今文學也逐漸重提。常州學派，莫不理先漢絕學，複博士緒論，前有莊存與，後有劉逢祿、宋翔鳳、王闓運。這時期的漢學研究的特點是「大抵以空言相演，繼以博辯，其說頗返於懷疑，然運之於虛，不能證之以實，或言之成理而不能持之有故。」[57]

劉師培對於清代漢學的整體評價是：它並沒有全面理解和實踐傳統學術的真精神，漢學缺乏對現實社會問題的關切，對於傳統學術的民族民主思想更沒有涉及，它起到的政治作用是消極的。直到嘉慶、道光年間今文經學的興起，才開始逐漸扭轉漢學研究的局面。

二、劉師培評近代學術人物

劉師培挖掘了一大批近代學術人物。這些人物大多是揚州人。如劉永澄、梁於涘、孫蘭、徐石麒等，但也有一些是近代學術史中很有影響的人物。劉師培對這些人物思想與方法的研究，反映著劉師培的學術傾向。

顏元和李塨很早就被劉師培所關注。1904年，他曾寫有《習齋學

57　劉師培：《近代漢學變遷論》，《左庵外集》卷九，《遺書》第49冊。

案序》、《並青雍豫顏門學案序》，指出顏李學派的一般特點。他說：
「自宋儒區分體用，政學以起歧，講學之儒，漸舍實功。惟習齋先生
以用為體，力追三代教學成法，冠昏喪祭，必遵古制。從遊之士，肆
力六藝，旁及水火、兵農諸學。倡教漳南，于文事經史外，兼習武備
藝能各科，較之安定橫渠，固有進焉。」[58]他還大膽推斷，顏元的學
問受到了西土東來之學的直接影響。[59]1905年，他又作《顏李二先生
傳》，評論顏李學派的特徵說：「習齋生於明末，崛起幽冀，恥托空
言，于道德則尚力行，於學術則崇實用，而分科講習，立法尤精。雖
其依經立說，間失經義之真，然道藝並崇，則固岐周之典則也。剛主
繼之，顏學益恢。乃後儒以經師擬之，嗚呼，殆亦淺視乎剛主矣。」
[60]顏元字習齋，李塨字剛主，共同創立顏李學派。他們強調經世致
用，但比顧炎武等人更強調經驗和實踐。他們教育學生，特別重視
「習」與「行」，雖然一再強調習行「孔門六藝」，但也並不限於六
藝，舉凡兵農錢穀、水火工虞、天文地理，無不學習。劉師培特別重
視顏李學派重實學的特點。他評述顏李學派，就是緊緊圍繞這一中
心。

　　全祖望是劉師培十分關注的又一重要學者。全祖望，字謝山，鄞
縣人，生於康熙四十四年（1705年），卒於乾隆二十年（1755年）。
他也是18世紀前葉推崇漢學的人，但他和漢學的吳、皖兩派都不同。
他的《鮚埼亭集》中所編之諸神道碑、傳記、墓銘等，都繼承發展浙
東史學風格，並體現出耿介的民族氣節。劉師培肯定了他的學術成

58　　劉師培：《習齋學案序》，《左庵外集》卷十七，《遺書》第57冊。
59　　劉師培：《並青雍豫顏門學案序》，《左庵外集》卷十七，《遺書》第57冊。
60　　劉師培：《顏李二先生傳》，《左庵外集》卷十八，《遺書》第58冊。

282　　劉師培評傳

就，更肯定了他的民族氣節。他說：「明社既墟，惟兩浙士民，日茹之痛。晚村講學，莊氏修史，華周抒策，嗣庭諷詩，此猶彰彰之在人耳目者。……祖望生雍乾之間，誅奸諛於既死，發潛德之幽光，其磊落英多之節，有足多者。」[61]

戴震也得到劉師培的讚賞。戴震（1724年—1777年），字慎修，又字東原，安徽休寧（今安徽屯溪）人，是漢學中出類拔萃的人物。他提出「由詞以通道」，強調通過語言的分析達到對儒家經典內在精神的認識，並在《孟子字義疏證》等著作中，利用語言分析手段對儒家的「道」、「理」、「性」等概念作了新的解釋。如他把理視為事物的條理，主張在事物之中去發現其內在規則。故而他把理在情欲之中的表現看成情欲的合理滿足即是理，反對以理來壓制人之正當的感情和欲望，說「理也者，情之不爽失也，未有情不得而理得者也」[62]。劉師培對戴震的學術方法和學術結論都很推崇。1905年他在《國粹學報》第5號發表《東原學案序》，其中說：

自宋儒高談義理，以為人同此心，心同此理，以心為至靈至神之物，凡性命道德、仁義禮智，咸為同物而異名，故條分縷析，區域未明，不識正名之用。又北宋之初，有孫複、歐陽修諸儒，立論刻深，辨上下以定民志。程朱繼興，隱崇斯旨，箝制民心，以三綱立教。而名分之說，遂為人主所樂聞，立之學官，頒為功令，民順其則，不識不知，然禍中生民，蓋數百年於茲矣。近代以來，鴻儒輩出，鄞縣萬

61　劉師培：《全祖望傳》，《左庵外集》卷十八，《遺書》第58冊。
62　戴震：《孟子字義疏證》卷上。

氏、蕭山毛氏，漸知宋學之非，或立說著書，以與宋儒相詰難，而集其成者，實惟東原戴先生。[63]

他認為戴震「由詞以求道」的方法對於打破宋儒不講名學之陋規有極其重要的意義。而戴震釋理、釋性、釋善、釋誠，對重新認識儒學的道理哲學也有很大的啟示意義。1905年，他還在《國粹學報》的8、9、10號連續發表《理學字義通釋》，其序說：

昔東原戴先生之言曰：經之至者，道也。所以明道者，其詞也。所以成詞者，字也。由字以通其詞，由詞以通其道，必有漸求。……夫字必有義，字義既明，則一切性理之名詞，皆可別其同異。[64]

他力圖依據戴震所開創的方法，對漢儒之「理」、「性」、「情」、「志」、「意」、「欲」、「仁」、「惠」、「恕」、「命」、「心」、「思」、「德」、「義」、「恭敬」、「才」、「道」、「靜」的準確意義進行疏證，希望在「心知古義」的前提下，對後世一切緣詞生訓之說，能辨析其非。可以說，戴震學術研究的方法以及其學術的近代倫理意識，成了劉師培關注的焦點。

劉師培還曾特別為戴望作傳。戴望（1837年—1873年），浙江德清人，字子高。中年頗好顏李之學，著有《顏李學記》。後謁陳央於長洲（今江蘇蘇州），通聲音、訓詁之學。又從宋翔鳳受《公羊春

63　劉師培：《東原學案序》，《左庵外集》卷十七，《遺書》第57冊。
64　劉師培：《理學字義通釋》，《遺書》第12冊。

秋》，通公羊之學。於是著《論語注》，以公羊家法推闡劉逢祿《論語述何》與宋翔鳳《論語發微》之「微言」，謂「欲求素王之業、太平之治，非宣究其說不可」[65]。劉師培在《戴望傳》中說：

> 自西漢經師以經術飾吏治，致政學合一，西京以降，舊制久湮。晚近諸儒，振茲遺緒，其能持立，成一家之言者，一為實用學，顏習齋、李剛主啟之；一為微言大義學，莊方耕、劉申受啟之。然僅得漢學之一體。惟先生獨窺其全。故自先生之學行，而治經之儒得以窺六藝家法，不復以章句名物為學，凡經義晦澀者皆一一發其旨趣，不可謂非先生學派啟之也。況複明華夏之防……豈若近儒詁麟經者，飾大同之說以逞其曲學阿時之技哉。[66]

他認為戴望在晚清學術發展史中有非常重要的地位。戴望不但將今文經學的意義加以闡發，而且洞曉夷夏之防，比起後來康有為用今文經學「幹時求祿」，簡直不可同日而語。

對於明清學術人物的褒揚，劉師培並不以上述諸人為限。他以揚州為中心，對鄉土重要先賢也作了一系列的發掘。他還通過題跋等形式對那些與他的家世學術傳統有關的人物也加以表彰。他的這種研究，為後人全面瞭解清代學術大勢以及學術關係提供了幫助。

三、劉師培近代學術史研究的影響

65　戴望：《注論語敘》。
66　劉師培：《戴望傳》，《左庵外集》卷十七，《遺書》第57冊。

對於清代學術發展和代表人物，研究者的立場和角度不同，得出的結論也就不同。劉師培較早地提出了從學術經世意識和民族氣節去衡量清代學術的角度。凡是富有經世氣息，具有民族思想的學術人物和學術思想，都受到他的垂青。應該說，這個角度與江藩以漢學、宋學區分清代學人，與皮錫瑞以今文經學的復興為線索劃分清代學術，都有明顯的區別。從學術研究的近代化意識而言，劉師培確實看到了清代學術發展的某些規則。而這種角度，在後來梁啟超的《清代學術概論》以及《近三百年學術史》中仍然得到了運用和發展。直到今天，我們反省三百年學術歷程，仍然離不開這個思考問題的基本角度。

但清代學術並非可以用經世意識和民族思想加以囊括。如果片面強調這一標準，一方面很容易像章太炎那樣對於黃宗羲也過於苛求，另一方面也不容易準確認識清代某些學術流派的真正價值。如章太炎就曾經把戴震等人標榜漢學說成是對清王朝文化專制政策的消極抗爭。更嚴重的是，清代許多學者在解決學術疑難中的重大貢獻，也將得不到應有的認識。分析清代學術思想，如果注意到古代學術研究在清代學人身上的繼續，可能將更加全面、更加公正。

8.6　校勘諸子典籍

1906年，當章太炎對國粹派的學術研究提出批評性指導意見時，他主要是針對經學、小學和史學。雖然他也不滿一些學者動輒用海外數家之書來大談諸子思想，但他一再強調，諸子研究需要探究名理。

「諸子之學，要在尋求義理，不在考跡異同。」[67]直到1910年他發表《征信論》依然認為史學與諸子學的研究有所區別。這一觀點直到20年代，他還堅持，並與胡適產生了爭論。[68]章太炎的主張是要在深入研究諸子學的經史文化背景以及乾嘉學者關於諸子校勘成果的基礎上，實事求是地理解諸子思想，研究出中國哲學的特色。

但劉師培則似乎把諸子研究所存在的問題擴大化。在《國粹學報三周年祝辭》中他批評了諸子研究唯西方著作和世風是從的傾向，但他沒有提出要將諸子學的研究中國化，而是主張用傳統的方法將諸子典籍加以整理。自1907年開始，他將精力用在諸子典籍的校勘上面，寫有《荀子補釋》、《晏子春秋補》、《白虎通德論補釋》、《管子斠補》、《春秋繁露斠補》、《老子斠補》、《莊子斠補》、《墨子拾補》、《賈子新書斠補》、《揚子法言斠補》等著作。

劉師培校釋諸子典籍的辦法，一是根據古書行文規律，二是利用文字學手段。對於前者他對德清俞樾的《古書疑義舉例》深表推崇，並試圖加以發展。1907年，他發表有《荀子詞例舉要》、《古書疑義舉例補》，在後篇中他說：

> 幼讀德清俞氏書，至《古書疑義舉例》，歎為絕作。以為載籍之中，奧言隱詞，解者紛歧，惟約舉其例，以治群書，庶疑文冰釋，蓋發古今未有之奇也。近治小學，竊師其例，于俞書所未備者得義數十

67　章太炎：《諸子學略說》，《國粹學報》1906年第8號。
68　胡適：《論墨學》，《胡適學術文集・中國哲學史》下冊，第717—724頁。

條，以補俞書之缺，續貂之譏，詎能免乎。[69]

其中分出「兩字並列系雙聲疊韻之字而後人分析解之之例」、「兩字並列均為表像之詞而後人望文生訓之例」、「兩字並列均為表像之詞而後人望文生訓之例」、「二字相反而一字之中兼具其義之例」、「虛數不可實指之例」等等。這些古書行文規則的總結，自然可以為他校釋諸子提供幫助。

至於文字學手段，劉師培此時用得最多的依然是由聲音以明文字通假。他在文字學上曾發展「義由聲起」的主張，舉凡聲同的字，他都認為其義也大致相通（將在第九章加以敘說）。依據這一原則，他將子書中許多解釋不同的文句加以解釋，頗能持之有故。

劉師培沉醉於校勘的另一客觀原因是，他在投靠清貴族端方之後，有機會見到端方所收藏的大批不同版本的古書，這使他有了辨別各種不同行文的依據。

但劉師培在1907年—1913年間對諸子典籍的校釋除了對於古籍詞句的疏通之外，很少涉及諸子的學術思想，更未能去研究諸子思想與當時社會風俗的關係，與他早期的諸子研究風格完全脫節。這又一次證明劉師培因為政治上的失足，已經看不清諸子研究的發展主流。

69　劉師培：《古書疑義舉例補》，《遺書》第11冊。

第九章

劉師培與中國近代語言文字學

9.1　劉師培論中國語言文字

錢玄同曾經這樣概括劉師培的聲音訓詁之學：

劉君於聲音訓詁，最能觀其會通。前期研究小學，揭櫫三義：一就字音推求字義。其說出於黃扶孟、王石臞伯申父子、焦裡堂、阮伯元、黃春谷諸先生，而益加恢廓。《左庵外集》卷六《正名隅論》一篇發揮此義最為詳盡，《小學發微補》及《中國文學教科書》第一冊中亦及此義。而《外集》卷七《物名溯源》及《續補》、《論前儒誤解物類之原因》、《駢詞無定字釋例》諸篇，及《爾雅蟲名今釋》一書，亦與此義有關。二用中國文字證明社會學者所闡發古代社會之狀況。《外集》卷六《論小學與社會學之關係》及《論中土文字有益於世界》兩篇，皆發揮此義。《小學發微補》中亦有言及者。三用古語明今言，亦用今言通古語。《外集》卷十七《新方言序》中發揮此義。曾作箚記三十餘條，為先師章公（太炎）采入其所纂《新方言》中，此三義皆極精卓。以上為關於考古者。其關於應用者，劉君以為宜減省漢字點畫，宜添造新字，宜改易不適用之舊訓（說見《攘書·正名篇》及《外集》卷六《中國文字流弊論》）；宜提倡白話文（說見《論文雜記》及《外集》卷六《中國文字流弊論》）；宜改用拼音字，宜統一國語（說見《讀書隨筆》「音韻反切近於字母」一條）。凡此數端甚為切要，近二十年來均次第著手進行。劉君於三十年前已能見到，可謂先知先覺矣。

至後期主張，則多與前期相反。亦揭三義。一、對於《說文》，

主張墨守，毋稍違畔。《外集》卷十六《答四川國學校諸生問〈說文〉書》中述說此義。與前期所見相反。二、對於同音通用之字，主張於《說文》中尋求本字，《外集》卷七《古本字考》及卷十六《答四川國學校諸生問〈說文〉書》中皆言此義，而反對前期音近義通之說。且曰同音通用之字為「偽跡」。三、對於新增事物，主張於《說文》中取義訓相當之古字名之，而反對添造新字新詞，《外集》卷十六《答江炎書》言之。此與前期主張亦相反。至於改用拼音字之說，則前期之末，作《論中土文字有益於世界》一文時已表示反對矣，卷十七《中國文字問題序》中又申言之。[1]

著者以為錢玄同的評論十分精當。茲依據史料，略加申述。

一、劉師培論中國文字的起源與性質

劉師培引英人斯賓塞之言曰：「有語言然後有文字，文字與繪畫無二理也。」蓋上古之時，字皆象形。墨西哥之古文，埃及之古碑，莫不皆然，中國古代之字亦然。他認為中國漢字也起源於刻畫。但中國漢字在成熟化過程中，到底依據怎樣的規則創造漢字？它有什麼特色？劉師培通過對字義起源的分析，提出了自己的看法。

在1903年—1908年間，劉師培在乾嘉學者的研究基礎上提出「字義起於字音」說。在先秦典籍中，聲音相同的字互相通用是很普遍的語言現象。劉師培對此加以研究，指出凡聲音相同或相近的字，其意義必相近。在《小學發微補》中他說：

1　錢玄同：《劉申叔先生遺書序》，《遺書》卷首。

王伯申之言曰：古字通用，存乎聲音。試舉阮芸台先生釋矢、釋門之言證之。阮氏之稱矢字也，謂開口直發其聲，曰施，重讀之，曰矢。凡與施、矢音近者，如屍、旗、夷、易、雉、止、水、屎諸字，或含有平陳之義，或含有施捨之義。阮氏之釋門字也，謂事物有間可進，進而靡已者，其間皆讀若門。如勉、每、、敏、孟、沒、懋、勖、莫、卯、是也。即此二例觀之，足證古代音同之字，義即相同。[2]

在《字義起於字音說》一文中，他也說道，兩個漢字如果聲音相同，字義也就相同；即使不完全相同，也可以互用。從、從勞、從戎、從京聲的字，都有「大」的意義；從叕、從屈聲的字，都有「短」義；從少、從令、從刀、從宛、從蔑聲的字，都有「小」義。

在此基礎上，劉師培提出古人以義象為本的漢字創造說。他說：

夫論事物之起源，既有此形，乃有此義；既有此義，然後象其形義而立名，是義由形生，聲又由形義而生也。論文字之起源，則先有此名，然後援字音以造字，既有此字，乃有注釋之文，是字形後於字音，而字義又起於字形既造之後。[3]

從事物的角度而言，是先有物形，後有物義，然後有物名，但從文字創作的角度而言，則是有物名，然後要製造一個代表此物的字。

2　劉師培：《小學發微補》，《遺書》第11冊。
3　劉師培：《正名隅論》，《左庵外集》卷六，《遺書》第46冊。

劉師培認為古人造字大多以義象區分：

> 古人造字，以一義一象為綱而區別。[4]

所謂義象為本的造字說，劉師培作了如下解釋：他認為文字的本質是聲音，「天下事物之象，人自見之，則心有意，意欲達之，則口有聲。意者象乎事物而構之者也，聲音象乎意而宣之者也。聲不能傳於異地，留於異時，於是乎書之為文字。文字者，所以為意與聲之跡也」[5]。既然文字的本質是對心中意象的宣示，那麼文字創造的要害在於古人是根據怎樣的途徑來表示聲音與意象之間的關係。他推考字音之起源，指出它可分為象人音所制與象物音所制兩種形式，其中有相對穩定的規則。拿人音來說，「凡事物之新奇可喜者，與目相值，則口所發音，多系侈聲，在多、大二音之間」，「凡事物之不能償欲者，心知其情，則口所發音，多系斂聲，在鮮淺細少數音之間」。[6]拿物音來說：「古人名物，凡兩形相似，即施以同一之名，或迻彼物之稱，名此物。如梗、薊、莍、刺、壯，均訓為箴，而草木多刺亦有梗、薊、棘、莍、壯、刺諸異名是也。」[7]人音與物音的共同規則是「凡字音相同，則物類雖殊而狀態形質大抵不甚相遠[8]。」劉師培的這一文字創造規律說實質上是說中國古人很早就有了一定的概括能力，他們能夠將狀態形體大致不甚相遠的所有事物，歸為一類，並予之以

4　劉師培：《小學發微補》，《遺書》第11冊。
5　劉師培：《正名隅論》，《左庵外集》卷六，《遺書》第46冊。
6　劉師培：《正名隅論》，《左庵外集》卷六，《遺書》第46冊。
7　劉師培：《數物同名說》，《左庵外集》卷四，《遺書》第38冊。
8　劉師培：《物名溯源》，《左庵外集》卷七，《遺書》第47冊。

一定名。同時，中國古人也未能具細緻分辨事物的能力，故觀察事物，不能按照事物的質體來區別。正如劉師培指出，如果我們不考慮漢字的音義特點，僅僅以形體解釋漢字，那麼我們就可能把古人分析事物質體的認識能力估價過高。而聲、形相結合，庶幾可以瞭解中國文字創造的基本特色。

正因為劉師培認識到古人以義象為本以定聲的造字規則，他認為中國漢字可以改為拼音字。「以古字同音通用之例則此例」，則中國用拼音也「並非無所本矣」。⁹但劉師培的字音說並不忽視對於物象的區別，所以他也不可能完全贊同將中國文字徹底拼音化的主張。1908年，他在《國粹學報》總第46期發表《論中土文字有益於世界》，指出：

今人不察於中土文字，欲妄造字母以冀行遠，不知中土文字之貴，惟在字形。至於字音一端，則有音無字者，幾占其半……又數字一音，數見不鮮，恒賴字形為區別，若舍形存音，則數字一音之字，均昧其所指。¹⁰

他認為中國形聲結合的漢字，在世界語言文字學中有它獨到的價值。

關於漢字屬於哪種文字類型，在20世紀以來，就一直為人們所熱烈討論。直到50年代，人們普遍認同這樣的觀點：小篆及其以前的漢

9　劉師培：《音韻反切近於字母》，《讀書隨筆》，《遺書》第62冊。
10　劉師培：《論中土文字有益於世界》，《左庵外集》卷六，《遺書》第46冊。

字是「象形文字」，隸書及其以後的文字是「表意文字」。但70年代末期以後，有的學者提出漢字在很早就已越過了文字的象形階段，進入了表音階段。他們以最早的有體系的甲骨文字為例，說明它使用頻率最高的是假借字，是純粹的表音文字，而且上古文獻中有大量文字通假現象，他們斷定早期文字的性質是表音。

從世界文字發展史的角度來看，文明起源較早的地區，它們使用的文字都經歷了一段漫長的共同道路，從圖畫到象形，而後再到意音。美索不達米亞的釘頭字，在蘇米爾時代已經發展成為意音文字。埃及的聖書字，在碑銘體裡發展為可以代表輔音音位的符號，後來這種音符跟類符結合而成為意音文字。而當時中國漢字也確實有意音制的發展趨勢，但中國漢字沒有朝意音制方向發展，這有極其複雜的歷史文化因素。劉師培提出中國漢字起源於義象區別的意音制，應該說是頗有先見之明。

但劉師培並沒有將此問題引向深入。相反，他後期推翻前說，竭力主張沿形求義。1913年，他《答四川國學校諸生問〈說文〉書》中說：

承詢音近義通之說。乾嘉之際，斯誼肇興，以為古昔軔文，即音寓義，聲同音近，義即相通，右聲兩符，是曰同聲。古韻即同，是曰音近。往在髫北，樂是奇侅，眼習無斁，冀弘軌宇。逮及曩春，方知乖牾。[11]

11　劉師培：《答四川國學校諸生問〈說文〉書》，《左庵外集》卷十六，《遺書》第56冊。

他認為，形聲一體，於古特繁，得聲之說，書缺有間。如果完全以聲概義，則許多同聲之字意義完全不能統一。「是知古史之文，必有表音之式，許書審跡詮詞，據形為斷，則以指具於心，非名莫顯，義定於名，非形莫辨，名以立稱，形以辨物，形有必定之跡，斯義有不遷之徑。故曰：別異分理，萬物咸睹。」[12]這就把乾嘉學者關於古相通假的文字分析的功績過分否定，忽略了漢字的音意特點。

二、劉師培論漢字的「六書」

古人分析漢字，將漢字的構成和使用方法歸納為六種類型：象形、指事、會意、形聲、轉注、假借。劉歆將之條理化，經過其弟子杜子春、鄭興、賈徽，再傳弟子鄭眾、賈逵，三傳弟子許慎等人的修正和補充，終於成為一種理論。它使眾多繁雜的漢字成為一個有規則可尋的系統，是一件了不起的事情。此後我國的傳統文字學一直圍繞「六書」進行研究，「六書」成為人們研究漢字的綱領。

「六書」反映了造字和用字的條例。清代戴震曾指出，象形、指事、會意、形聲是造字法，轉注、假借是用字法。他在《答江慎修先生論小學書》中說：

　　大致造字之始，無所憑依，宇宙間事與形兩大端而已。指其事之實曰指事，一二上下是也；象其形之大體曰象形，日月水火是也。文字既立，則聲寄於字，而字有可調之聲；意寄於字，而字有可通之

12　劉師培：《答四川國學校諸生問〈說文〉書》，《左庵外集》卷十六，《遺書》第56冊。

意；是又文字之兩大端也。因而博衍之，取乎聲諧曰諧聲，聲不諧，而會合其意曰會意。四者，書之體止此矣。由是之於用，數字共一用者，如初、哉、首、基之皆為始，印、吾、台、予之皆為我，其義轉相為注曰轉注；一字具數用者，依於義以引申，依於聲而旁寄，假此以施於彼曰假借。所以用文字者，斯其兩大端也。[13]

通過造字和用字條例的研究，劉師培抓住了漢字作為表意文字的根本特點，創造了結合字義和字音分析漢字字形的科學方法。

劉師培說：

六書之說，言者紛紜，然指事、象形、形聲者，文字之本原也。會意、轉借、假借者，文字之作用也。六書之例備於此矣。六書之名始于周代，蓋六書之體，自周時始大備也。然六書次第，說者各自不同……蓋象形、指事、形聲、會意、轉注、假借，乃六書之次第也。六書之次第明，則造字之次第亦明。蓋中國文字，未有外於六書者也。[14]

他尤其對轉注和假借給予了高度認識。

什麼是轉注？這是爭論了多年的老問題。許慎《說文·敘》說：「轉注者，建類一首，同意相授，考、老是也。」這個定義本來就有些含糊。從唐至清，解釋轉注的不下幾十家。大致可以分為三派：

13　戴震：《答江慎修先生論小學書》，《戴東原集》卷三。
14　劉師培：《小學發微補》，《遺書》第11冊。

一、主形派，以南唐徐鍇和清人江聲為代表。他們認為，同一部首的文字，義符相同，意義也就相同。二、主義派，以清人戴震、段玉裁為代表。他們主張可以互訓的字都是轉注字。三、主聲義派，以章太炎代表。凡意義相同、聲音相近的字可為轉注。

劉師培認為互訓只是轉注的一個條件。許慎《說文解字》所說的轉注，主要指同部互訓，且語音相近。這就是說，轉注必須具備同部首、聲音相近、意義相同三個條件。文字記錄語言，語言變化，文字的讀音也有變化。為了反映這種變化，人們在原有文字上加注聲符，或者改換聲符，成為新字，就叫轉注。「蓋上古之時，一義僅有一字，一物僅有一名，後因方言不同，乃各本方言造文字。故義同而形不同者，音必相近，在古代亦只為一字。」[15]劉師培對轉注所作的闡述，使人們比較清晰地認識了轉注的含義。

假借，許慎下的定義是：「本無其字，依聲托事。」後人將它分兩種類型，一是無本字的假借，二是有本字的假借，即所謂通假。劉師培歸納的假借類別有四：一、正文與注本系一字，而有古今體之殊。二、當時別本異字，義或相同。三、聲義相同，形體不同。四、字之本義不同，因同一諧聲，遂假其義。可以看出，劉師培的假借，比許慎的範圍要大得多。他的第一類假借字，實際上即古今字。第二類假借字其實是本有其字的假借。第三類假借字，相當於我們今天所說的異體字。只有第四類字，才是「本無其字」的假借。

劉師培指出，「古人假借之字，未有不依事而但托聲者也」。如

15　劉師培：《小學發微補》，《遺書》第11冊。

「飛」字古文作「非」，訓為鳥飛不下，而後借為「是非」之「非」，別制「飛」字以代之。這是因為上古之時人民恃弋獵為生，惟懼飛鳥之不下。飛鳥不下，則人民咸生不悅之情，故輾轉引申，由鳥飛不下之「非」，借為「是非」之「非」。假借之字必然有字義之間的引申關係。

劉師培直到後期才比較清楚地認識到假借的範圍，將異體字、通假字排斥在假借之外。他說：「乾嘉大師，少動字本，以後人用字之歧概先聖造文之意，遂謂數字本同，古相通假，詁自音生，形弗拘錄，不知『湊』書為『族』，『覒』書為『苗』，會居之旨，麋涉矢鋒，擇取之名，匪關田草。」[16]他主張嚴格按照依事托聲的含義來分析文字的假借。

三、劉師培論漢字的社會學意義

劉師培認為，中國語言文字的發展過程證明瞭社會的進化。他說：

察來之用，首貴藏往，舍睹往軌，奚知來轍。中土史編，記事述制，明晰便章。惟群治之進，禮俗之源，探賾索隱，鮮有專家。斯學之興，肇端晢種。英人稱為Sociology，迻以漢字，則為社會學，與Humanism之為群學者所述略符。……晢種治斯術者，書籍浩博，以予所見，則斯賓塞爾氏、因格爾斯（恩格斯）氏之書為最精。然斯學

16　劉師培：《答四川國學校諸生問〈說文〉書》，《左庵外集》卷十六，《遺書》第56冊。

成立之源，其故有二：一以交通日啟，狉獉之族，均克窮其禮俗，知皇古之制亦與斯同。一以掘地術精，克致古初之遺物，因古器以窮古制。因斯二故，斯學日精。然穿鑿附會之跡，附會之談，雖著作大家，莫或克免。今欲斯學之得所折衷，必以中土文字為根據。予舊作《小學發微》，以為文字繁簡，足窺治化之淺深，而中土文字以形為綱，察其偏旁，而往古民群之狀況昭然畢呈。故治小學者必與社會學相證明。[17]

他認為由於漢字在發展過程中考慮了字體的形狀，所以人們能夠從字體的變化去瞭解歷史發展的進程，甚至能夠彌補西方社會學理論的某些不足。

他舉例說，在洪荒時代，婚禮未嚴，血胤相續，多以母為系統，而中國姓氏咸從母。如神農姓薑、黃帝姓姬、帝舜姓姚、大禹姓姒、伯益姓嬴。又如世界各國文明初肇，都經歷了「畋先牧興、農功繼起」的發展階段。今觀中國文字的「一、二、三」，古文皆寫作「弌、弍、弎」，可知上古確有田獵時代。又「物」字從「牛」，觚觶觸觝均從「角」，都表明古人以禽表數。而「畜」從「玄」從「田」，稻、程、科，都從「禾」，足證度量權衡始於耕稼時代。至於古代國家制度的起源、等級觀念的形成，也可從中國古代文字中得到反映。所以他說：「師培幼治許書，援斯例以溯字源，覺政俗體制諸端，其寓於字形、字義中者恒見，昭然若揭。」[18]

17　劉師培：《論中土文字有益於世界》，《左庵外集》卷六，《遺書》第46冊。
18　劉師培：《字詮自序》，《左庵集》卷四，《遺書》第38冊。

劉師培所發明的漢字的社會學分析，試圖以漢字字形演變為根據說明中國社會歷史的遞進過程，其基本方向是正確的。在他以前，阮元等人由字以通古制，從文字發展的不同階段闡述古代典制的不同內容，也是將文字研究向歷史學發展。劉師培將這一趨向更加明朗化。後來歷史語言分析法成為中國現代不同學術流派所共同運用的研究方法，與劉師培的宣傳也有一定關係。

9.2　劉師培論中古文學

劉師培早年認為文學是一個自然變化的歷史過程，不同歷史時期必然會有不同的文學形式，他說：

英儒斯賓塞耳有言：「世界愈進化，則文字愈退化。」夫所謂退化者，乃由文趨質，由深趨淺耳。及觀之中國文學，則上古之書印刷未明……故力求簡質，崇用文言；降及東周，文字漸繁；至於六朝，文與筆分；宋代以下文詞益淺，而儒家語錄以興；元代以來複盛興詞曲：此皆語言文字合一之漸也。故小說之體，即由是而興，而《水滸傳》、《三國演義》諸書已開俗語入文之漸。陋儒不察，以此為文字之日下也。然天演之例，莫不由簡趨繁，何獨于文學而不然！故世之討論古今文字者，以為有淺深文質之殊，豈知此正進化之公理哉。故就文字之進化之公理言之，則中國自近代以來，必經俗語入文之一級。[19]

19　劉師培：《論文雜記》，《國粹學報》1905年第10號，《遺書》第20冊。

但到1907年之後，他就改變了這一看法，認為只有漢魏六朝文學才足以反映中國文學的特色。他後期著述，「其經心刻意之作，則必體仿六朝，浸浸焉上攀漢魏」[20]。在北大授文學課，他也選擇了中國中古文學史作為講題。

劉師培對於漢魏六朝文學的高度評價，基於他對文學的特殊認識。他認為文學是一種高度藝術化的語言形式，它不同於口語，也不同於經典注疏以及官牘史冊。早在劉師培之前，阮元就力主文筆相對之說。阮元將偶語韻詞視之為「文」，凡非偶語韻詞，概謂之「筆」，只有高度藝術化的語言才可稱為文學。劉師培發揮了這一觀點。同時，他還認為文學是表達內心真切感受的語言形式。如果沒有作者的性情充盈其中，即使藝術化的語言，也難以稱作文學。而魏晉六朝文學最典型地體現了理想的文學形式的特點。

劉師培在《中國中古文學史講義》中對魏晉六朝文學作了具體研究。他首先指出建安文學是漢魏之際文學轉變的關鍵。而建安文學出現的原因則是：

兩漢之世，戶習七經，雖及子家，必緣經術。魏武治國，頗雜刑名，文體因之，漸趨清峻。一也。建武以還，士民秉禮，迨及建安，漸尚通侻。侻則侈陳哀樂，通則漸藻玄思。二也。獻帝之初，諸方棋峙，乘時之士，頗慕縱橫，騁詞之風，肇端於此。三也。又漢之靈帝，頗好俳詞，下習其風，益尚華靡，雖迄魏初，其風未革。四

---

20   南桂馨：《劉申叔先生遺書序》，《遺書》卷首。

302　劉師培評傳

也。[21]

他認為漢末經學體系的解體和曹操新的政治思維所造成的社會風氣的轉變，是建安文學得以出現的原因，這顯然是符合當時歷史事實的。儒家思想既失去了它定於一尊的地位，禮教也失去了往日神聖的意義，知識份子也不再重視那些五經博士所保存的先師遺訓，而是要憑自己的智慧進行獨立思考。加之曹操舉賢不避「污辱之名，見笑之行」，只要有「治國用兵之術」，即使「不仁不孝」也將提拔重用。人的個性獲得了解放，而文學也突破漢代體裁格式的羈絆，顯示作者的「風骨」。

劉師培分析了漢魏之際一些文學人物的代表作品，羅列了大量資料揭示漢魏文學的轉變歷程。如他在分析禰衡《魯夫子碑》和《吊張衡文》後指出：

案東漢之文均尚和緩，其奮筆直書，以氣運詞，實自衡始。……是以漢魏文士多尚騁辭，或慷慨高厲，或溢氣坌湧，此皆衡文開之也。[22]

又如他在分析陳琳為曹洪作與魏文帝之書後說：

案孔璋之文，純以騁辭為主，故文體漸流繁富。……文之由簡趨

21　劉師培：《中國中古文學史講義》，《遺書》第74冊。
22　劉師培：《中國中古文學史講義》，《遺書》第74冊。

繁，蓋自此始。[23]

　　再如他在分析丁儀《刑禮論》之後說：

　　案東漢論文，如延篤仁孝之屬，均詳引經義以為論斷。其有直抒己意者，自此論始。魏代名理之文，其先聲也。[24]

　　接著，他對建安文學的風骨予以概括，指出建安風骨就是指文學作品重視個性與風格，講究直抒心意。他說：

　　魏文與漢不同者蓋有四焉：書檄之文，騁詞以張勢，一也。論說之文，漸事校練名理，二也。奏疏之文質直而屏華，三也。詩賦之文，益事華靡，多慷慨之音，四也。凡此四者，概與建安以前有異。[25]

　　建安時代的文學，顯示作者對於時代問題的感受及坦率而解放的個性。「高臺多悲風」，這就是建安文學風骨的典型語言。

　　劉師培還指出了魏晉文學之變遷大勢。他說：

　　魏代自太和以迄正始，文士輩出，其文約分二派：一為王弼、何晏之文，清峻簡約、文質兼備，雖闡發道家之緒，實與名法家言為近

23　劉師培：《中國中古文學史講義》，《遺書》第74冊。
24　劉師培：《中國中古文學史講義》，《遺書》第74冊。
25　劉師培：《中國中古文學史講義》，《遺書》第74冊。

者也。此派之文，蓋成于傅嘏，而王、何集其大成。夏侯玄、鐘會之流亦屬此派。溯其遠源，則孔融、王粲實開其基。一為嵇康阮籍之文。文章壯麗，捃采騁辭，雖闡發道家之緒，實與縱橫家言為近者也。此派之文盛于竹林諸賢。溯其遠源，則阮瑀、陳琳已開其始。惟阮、陳不善持論，孔、王雖善持論而不能藻以玄思。[26]

劉師培將正始時期的文學劃分為王弼、何晏與嵇康、阮籍為代表的兩派，是有一定的科學性的。隨著東漢經學體系的分解，知識份子圍繞社會現實問題提出種種思想主張，這些主張因各種政治、文化原因而有不同的發展趨勢。王弼、何晏作為正始名士的精英，鼓吹的雖然是玄理，但實質上卻是名家法家之言，是要為新的政治方針尋找哲學根據。而嵇康、阮籍則與現實政治有一段距離，他們依託「處世橫議」的輿論力量，非議政治，追尋內心境界的逍遙。正始文學的分歧體現了知識份子實踐個性解放的不同途徑，它是魏晉士人不同思想風格在文學領域中的不同反映。

正始文學之後有太康文學。劉師培以「潘、陸及兩晉諸賢之文」為題，對太康文學及東晉文學作了簡要說明。太康時代，以詩歌、賦和駢文為主要形式的文學大量出現，同時內容空洞的偏向也隨之發生。但晉室南渡，劉琨、郭璞，詩風雖各有不同，對扭轉文學的空洞傾向起了一定作用。東晉文學的特點，劉師培認為主要有兩個方面。一曰析理更加精密。「西晉所云名理不越老莊，至於東晉，則支遁、法琛、道安、慧遠之流，並精佛理。故殷浩、郗超諸人，並承其風，

26　劉師培：《中國中古文學史講義》，《遺書》第74冊。

旁迄孫綽、謝尚……亦均以佛理為主……大抵析理之美，超越西晉，而才藻新奇，言有深致。」[27]二曰用語更加清新。「南朝之文，其佳者必含隱秀，然開其端者，實惟晉文，又出語必雋，恒在自然，此亦晉文所特擅，齊梁以下能者鮮矣。」[28]

劉師培對正始後兩晉文學發展及東晉文學特點的概括也頗符合當時文學的歷史。正始名士不論何晏還是嵇康，都未能實踐自己的政治主張。玄學作為一種新的政治理論的探討在西晉初年即已遭到失敗。它所帶來的消極後果是知識份子越來越關注個人的命運，而文學也缺乏對現實生活的深刻反思。對個人命運的關注使佛教教理得到迅速傳播，它與玄學的某些命題相結合，形成了東晉士人享受大自然、求得內心寧靜的普遍社會心理。劉師培雖然沒有指出玄學是一種政治理論，也沒有成功探索出東晉文學發生變化的主要原因，但他指出了東晉文學的兩個重要特徵，對於後人進一步理解東晉文學現象很有幫助。

劉師培還分析了宋、齊、梁、陳的文學概貌。他指出，文學在劉宋時期終於成為一門獨立的學科，宋文帝於儒學、玄學、史學之外別立文學館，明帝立總明觀，分儒、道、文、史、陰陽五部，都表明文學獲得了獨立發展的基礎。這時期的文學有以下幾個特點：一曰矜言數典以富博為長，二曰出現了宮體詞，三曰多崇講論而語悉成章，四曰盛行諧隱之文。「要而論之，南朝之文，當晉宋之際，蓋多隱秀之詞。嗣則漸趨縟麗，齊梁以降，雖多侈豔之作，然文詞雅懿，文體清

27　劉師培：《中國中古文學史講義》，《遺書》第74冊。
28　劉師培：《中國中古文學史講義》，《遺書》第74冊。

峻者，正自弗乏。斯時詩什，蓋又由數典而趨琢句，然清麗秀逸，亦自可觀。」[29]宋齊梁陳文學的精神實質與東晉沒有多少區別，文學的進步主要表現在文學手法與技巧方面。劉師培指出文學技巧繁富化的某些弊病，但他仍然肯定了這一時期文學的主流。

劉師培最後還略述了南朝文學向隋唐文學過渡的兩個原因。他認為這一過渡主要取決於聲律說之發明與文筆之區別。所謂聲律學之發明，是指齊梁之間，音韻學成為一門迅速發展的科學，人們更加深入地掌握了語言的規則，從而能夠更好地運用語言。所謂文筆之區別，乃是指南朝時，隨著文學地位的上升，人們對文學有了更加強烈的認同，能夠自覺意識到文學是一種獨特的語言形式，並因此而發展出文學理論批評。所有這些因素，都直接導致文學更加專業化，形成隋唐詩歌文學的高峰。

劉師培無疑是中國近代最早試圖將魏晉六朝文學作具體分析和研究的學者之一。他提示了研究這一時期文學的基本線索。後來湯用彤先生在深入研究魏晉時期的玄學和佛教之後，探討這些社會思潮與文學的關係，指出這一時期的文學情趣和文學理論都受玄學、佛學影響，並根據玄、佛學發展的不同階段，說明文學發展的不同特點，將這一問題的研究引向深入。再到後來，馬克思主義文學史家進一步分析玄學、佛學的不同流派及其政治傾向，研究它們與當時社會現實的關係，從而指出文學演變的歷程和性質，可以說一步一步地接近了魏晉六朝文學的歷史面目。今天回過頭來讀劉師培的《中國中古文學史

29　劉師培：《中國中古文學史講義》，《遺書》第74冊。

講義》，我們仍然應該肯定他筆路藍縷的功績。

南桂馨曾說：

清三百年駢文莫高於汪容甫（中），六朝文筆之辨，則以阮文達（元）為最。……申叔承汪、阮風流，刻意駢儷，嘗語人曰：天下文章在吾揚州耳，後世當自有公論，非吾私其鄉人也。桂馨竊聞之，八家文統，沿及南宋元明，日趨滑熟，前後七子，欲變之，未為非也。然不知以駢變散，而乃以周秦變韓歐。夫為周秦之文，必先有周秦之學。顧其時，經術疏蕪已久，聲音訓詁門徑茫然。吞剝矯揉，適成偽體。錢牧齋（謙益）、黃太沖（宗羲）大笑悼之，乃複理八家緒言，顧亭林、朱錫鬯諸公，至不恥以元文相勉，誠惡萬曆以來之妄也。同時雲間、西泠宣導駢文，猶多俗格，文士所奉為圭臬者，仍在散不在駢。駢文至常州經儒，風骨始遒。汪氏作而駢散之跡泯，阮氏起而文筆之界明。迨申叔崛興，則又視前此諸家有進焉。30

劉師培晚期刻意模仿魏晉文體，對魏晉文風表示偏愛，則與他早期主張「古代詞人莫不自辟途轍，故所作之詞各自不同，豈若後世詞人之依草附木，取古人一家之詞以自矜效法哉」31大唱反調。這正如南桂馨所說，他更加關切揚州學派的文學觀點，落入了常州文學的窠臼。

30　南桂馨：《劉申叔先生遺書序》，《遺書》卷首。
31　劉師培：《論文雜記》，《遺書》第20冊。

第十章
中國近代文化中的「劉師培現象」

在中國近代，幾乎沒有不受時代風雲影響的學者。隨著社會形勢的變化，學者的政治、學術、觀點也必然出現前期、中期、後期的變化。依筆者看來，比較典型的有以下幾種情形。

一種是以梁啟超為代表。這種變化的特點是以時代潮流的發展為根本標準。梁啟超生長在一個半耕半讀的家庭，早年受的是傳統教育，17歲即考中舉人。18歲時他因陳千秋介紹，拜會康有為，深受康有為維新變法思想的影響，退出學海堂，參與編撰《新學偽經考》和《孔子改制考》。1895年他協助康有為撰寫「上皇帝書」，接著創辦《中外紀聞》和《時務報》，創辦大同書局，編譯歐美書籍，傳播新學、宣導政治改革，並參與百日維新。失敗後東渡日本。他在日本創辦《清議報》和《新民叢報》。雖然他受康有為牽制，未能從保皇立憲陣營中脫離出來，但他愛國、救國的激情是始終如一的。他有關排滿、自由、民權、立憲的宣傳，對於國人的啟蒙產生了積極影響。1912年中華民國成立，梁啟超結束了14年的流亡生涯，回到國內。與康有為拼命讓死灰復燃、積極恢復專制統治相反，梁啟超明確表示擁護民主共和，拋棄「虛君」的主張，並勸其師改變立場，否則各行其是。從此康、梁分道揚鑣，再也無法彌合。1914年秋，袁世凱復辟帝制的鬧劇在北京不斷上演，面對復辟逆流，梁啟超奮起抗爭。1915年1月，他創辦《大中華》雜誌，撰文抨擊、揭露復辟帝制的各種醜惡行為，正告袁世凱懸崖勒馬。8月，籌安會成立，梁啟超不顧個人安危，撰寫《異哉所謂國體問題者》一文，痛斥袁世凱陰謀稱帝。他還秘密部署力量為策劃反袁武裝起義作準備。不久雲南起義成功，梁啟超也到上海，一面給護國軍起草檔，指陳方略，一面聯絡江浙地區

的反袁力量反袁護國。他促成了廣西、廣東獨立，並終於造成全面反袁的政治局面，迫使袁世凱宣佈取消帝制。護國戰爭期間，他不惜得罪其師，公開發表《辟復辟論》一文，對康有為復辟清室的行為進行痛斥。1917年張勳復辟，梁啟超立即發表《反對復辟電》，指出「此次首造謀逆之人，非貪黷無厭之武夫，即大言不慚之書生」[1]。公開指責張勳與康有為。他還參與段祺瑞、馮國璋的討伐復辟之役。與段在天津馬廠誓師，組織「討逆軍」，迅速平息了復辟鬧劇。

梁啟超從一個傳統的唯舉子之業是務的知識份子轉變為維新變法的志士，又從一個保皇立憲的主將轉變為「再造共和」的先鋒，其前後反差不可謂不大。梁啟超是不以多變為諱的人物，他不惜以今日之我難昨日之我。他的多變，陳寅恪在《王觀堂先生挽詞》中不無譏諷，說是「舊是龍髯六品臣，後躋馬廠元勳列。鯫生瓠落百無成，敢並時賢較重輕。元佑黨家慚陸子，西京群盜愴王生」[2]。但梁啟超不以為忤。他的變化符合歷史發展的潮流。

二種是以章太炎為代表。這種變化的特點是以個人的思想認識為主幹，思想變了，行為與主張也跟著變化。章太炎出生於一個書香世家。在外祖父朱有虔的教導之下，自幼對文字和音韻學感興趣。21歲入詁經精舍，師事享有盛名的俞樾，研究《春秋左傳》。甲午中日戰爭以及中國的失敗，使他受到震動。1895年，康有為在上海發起成立上海強學會，章太炎見到章程後，立即報名入會，並捐資資助該會活動。雖然他不同意康有為等將孔子打扮為教主，也不同意他們抹殺古

1　　方志欽、劉斯奮編注：《梁啟超詩文選》，第293頁。
2　　《吳宓與陳寅恪》，北京：清華大學出版社，1992年版，第57頁。

文經的真實性，但他這時認為只有維新變法，才能救中國。因此他也成了維新運動的積極鼓動者。維新失敗，章太炎赴臺灣、日本。他逐漸認識到依靠清貴族的維新變法不能挽救中國，於是於1900年8月，剪去自己的辮子，脫下清朝旗裝，並寫下《解辮發文》，宣佈同清王朝決裂。他積極參加上海中國教育會的反滿革命宣傳，為鄒容《革命軍》作序，並專門寫有《駁康有為論革命書》，雖坐牢而猶不悔。1906年出獄後一到日本，他就參加中國同盟會，任《民報》總編，組織與立憲派的論戰，並與孫中山、黃興等一道制定了《革命方略》。但隨著他對西方民主制度的瞭解，他開始對民族民主革命的目標進行獨立思考，發表《代議然否論》、《國家論》、《四惑論》等文章，與孫中山等革命派在具體問題上產生分歧。加之由於《民報》經費問題、陶成章南洋籌款問題等各種因素影響，章太炎於1910年與陶成章在東京重組光復會，獨立地宣傳他所理想的革命方式和革命目標。辛亥革命爆發，他鑒於革命黨內部的分歧，提出「革命軍興，革命黨消，天下為公，乃克有濟」的口號，要求不再固守同盟會、光復會的界限，聯合其他力量，組成統一政府。他一度鼓吹南北和談，以為袁世凱可以將共和政府穩定地向前發展。但隨著袁世凱面目的暴露，他檢討了自己的錯誤。1914年，他被袁世凱軟禁北京，他忍無可忍，手拿一把白羽扇，以袁世凱授給他的勳章作扇墜，在總統府大罵袁世凱包藏禍心。袁世凱死後，張勳復辟，章太炎立即同孫中山決定出師討逆，並擔任廣州中華民國軍政府秘書長。後來他看到軍閥越來越跋扈，提出聯省自治。到20世紀20年代，他痛感中國社會江河日下，對政事完全絕望，只想從事傳統學術的研究，希望保存傳統文化的一線生機。

章太炎也算是一位多變的人物，但他的變化主要以自身對於社會問題的理性思考為根據。以對孔子的評價為例，他早年認為中國最需要實證和實業精神，而孔子的道德之學多模糊影響之辭，而且有濃厚的政治投機意識，所以他反對孔子，認為孔子至少不如老子。中年他認為中國需要用宗教發起信心，又認為孔子不如佛教。但晚年他逐漸認識到孔子學說在培養人的道德品格中的長處，轉而將儒學置於佛、老之前。儘管表面上章太炎前後矛盾，但人們仍然可以發現他思考問題的邏輯線索，雖然他得出的結論不一定正確，但他的思想與行為是統一的。

三種是以辜鴻銘為代表。這種變化的特點是逆其道而行之，頗有老子「反者道之動」的否定性的逆向思維特點。社會潮流趨於什麼，他就反對什麼。辜鴻銘就是這樣一位怪才。當中國人貶斥四書五經的價值時，他卻將《四書》翻譯成為英文，向西方人宣揚中國儒家文化的價值。當中國人提倡男女平等，攻擊一夫多妻制的時候，辜鴻銘卻大唱「一個茶壺、四個茶杯」的濫調。

第四種即以劉師培為代表。這種變化的特點是既不根據時代潮流的發展大勢，也不考慮其思想行為是否基本一致，一受外界刺激，就鋌而走險，不計後果。劉師培早年從事舉子事業，到上海受章太炎、蔡元培等愛國學社成員的影響，從事民族民主革命宣傳。應該說，這一時期他的思想感情是真誠的。後來他宣傳無政府主義，起先也並非一定要反對民族民主革命，而是根據自身的感受以及章太炎的指導，要探究所謂真正的民族民主革命方略。

但一旦他與同盟會會員的關係處理不好，主觀願望受到挫折，與章太炎又鬧矛盾，他就指使人偽造《炳麟啟事》，挑撥革命隊伍的關係，並出賣革命黨人，投靠清貴族，從民族民主革命的闖將一變而為鋌而走險的叛徒。在辛亥革命爆發、中華民國成立之後，他不作徹底反省，相反沉醉於淺顯的宗教理論，並用它來消解個人的命運，另一方面又伺機改變個人處境。一旦得為袁世凱之公府諮議，他感激涕零，冀圖報效，甘冒天下之大不韙，為袁世凱復辟帝制鼓噪，甚至對被軟禁在北京且多年來禮待自己的章太炎也不一加探視。最後只落得身敗名裂的下場。

劉師培現像是中國近代文化一個值得引人深思的現象。它的特殊性在於它不像辜鴻銘那樣能提供人們思考問題的否定性角度，也不像梁啟超、章太炎那樣能為人們積極探索文化學術問題提供建設性參考。

從劉師培的經歷來看，這種現象主要有兩個嚴重後果：

其一，這樣的學者往往陷入內心世界矛盾衝突的消解。宿命論與務名心的混合往往使內心矛盾衝突更加劇烈，影響對於社會問題的基本認識。

劉師培在同盟會大鬧分裂時回到上海，不久即投到端方幕下。1909年8月，端方調任直隸，劉師培的名字赫然列在上海報紙發表的隨員名單中。劉師培未必沒有與革命黨人試比高低的想法。不久他隨端方入川，端方被殺，他也被資州軍政府拘留，此時的劉師培滿腔憂憤，慨歎命途多舛。雖經蔡元培、章太炎等保釋，劉師培沒有受到處

置，但劉師培並沒有正確反省自己的失足。觀其在成都與國學院同好的長詩，可見劉師培是多麼為自己早年的革命活動而憐惜、慨歎。他將一切都歸結為來無蹤、去無影的命運，開始研讀佛教、道教典籍。同時，他也從不喪失爭名好利的野心。一旦袁世凱提供了一個機會，他的功名利祿的品性又重新膨脹起來，甚至將故舊的規勸也置之不理，一意孤行，鼓吹那與他早期思想相差甚遠的帝制，完全脫離了他思想邏輯發展的軌道。

其二，這樣的學者往往在學術研究中也走上窮途末路，再也看不到學術向前發展的方向，往往回到學術生命的起點，甚至倒退到過去的學術堡壘。

劉師培在1908年間，受章太炎影響，主張做一些實事求是的學術研究工作。其《國粹學報三周年祝辭》還不失為是對學術研究進一步發展的積極思考。而他完全投靠端方之後，花了大量精力，校勘諸子，也取得了一些成就。但辛亥革命的爆發以及中華民國的成立，打亂了他的學術心態。在成都國學院期間，他就試圖將自己打扮為經學大師，而嘔心瀝血於《周禮》等古文經典的古注集疏。他不再思索學術研究的精神實質，也不論學術與社會現實的關係，不考慮學術研究的發展趨勢，唯想做出乾嘉學者那樣的絕業，實現他作為揚州學派的殿軍的理想。這種研究並非毫無價值，但我們若把它與王國維同時期的經、史研究相比較，就不難看出，王國維是站在中國學術如何向前發展的角度，而劉師培則是回到了乾嘉樸學向近代過渡的那個起點。兩者的價值孰大孰小，不言自明。

劉師培現像是中國近代文化中的一種悲劇。一個具有遠大發展前景的學者，卻因為個人名利思想的影響和個人品格的缺陷，導致對社會現實問題認識發生偏差，鋌而走險，成為自己政治和學術主張的叛徒，從此陷入坎陷而不能自拔，最後導致自身學術生命的萎縮。這樣的悲劇提醒人們：學術研究者的道德品質極為重要，優秀的道德品格乃是學術研究健康發展的基本保證。同時，也只有科學地將學術研究與社會現實結合起來，學術研究才有前途。學術研究不是片面服務於現實，但也不能脫離現實。它必須體現時代精神，具有獨立的批評意識。

附錄一　劉師培學行系年

1884年　1歲

6月24日（陰曆閏五月初二），劉師培生。其曾祖劉文淇、祖父劉毓崧、伯父劉壽曾研究《左氏春秋》，名顯於道光、咸豐、同治、光緒四朝。劉師培的父親劉貴曾亦以經術聞名鄉里。

1885年—1898年　2歲—15歲

劉師培在其父親的督責下讀畢四書五經，並對家傳《左傳》學有所研究，沉思著述，服膺漢學，以紹述祖業，發揚揚州學派自任。

1898年，劉師培的父親去世，年僅55歲。

1898年—1902年　15歲—19歲

劉師培在母親的教育下學習《毛詩》鄭箋和《爾雅》《說文》。義和團運動後，劉師培逐漸萌發民族愛國思想，讀黃宗羲、王夫之諸書。

1902年參加庚子辛丑恩正併科鄉試，考中舉人。

1903年　20歲

2月赴開封參加會試，沒有考上。歸途滯上海，見到章炳麟、蔡元培以及其他愛國學社同志，並與章太炎訂交。為上海民族民主革命的氣氛所感染，著《攘書》、《中國民約精義》、《黃帝紀年論》等重要著述。是年與何班（後改名震）結婚。

1904年　21歲

為《警鐘日報》、《中國白話報》主要撰稿人。更名光漢。秋天與萬福華等謀刺王之春。並由蔡元培介紹，參加同年冬天成立的光復會。

1905年　22歲

與鄧實、黃節發起組織上海國學保存會，出版《國粹學報》。2月《警鐘日報》被封，劉師培避居教嘉熊所辦溫台處會館。夏秋間至安徽蕪湖的

安徽公學任教，與陳獨秀、柏文蔚等組織岳王會。本年發表《中國民族志》、《週末學術史序》、《國學發微》、《小學發微補》、《兩漢學術發微論》、《漢宋學異同論》、《南北學派不同論》、《中國倫理教科書》、《經學教科書》、《歷史教科書》、《地理教科書》、《文學教科書》等多種著作。

1906年　23歲

歷任皖江中學、赭山學堂教職，易名金少甫，辦《俗話報》，兼為《國粹學報》編撰，發表《群經大義相通論》、《典禮為一切政治學術之總稱》、《古學出於官守論》、《孔學真論》、《漢代古文學辨誣》等重要文章，撰完《讀左劄記》。

1907年　24歲

春節應章炳麟之邀赴日本，任《民報》編輯。6月創辦無政府主義報刊《天義報》，組織「社會主義講習會」。發表《司馬遷左傳義序例》、《爾雅蟲名今釋》、《物名溯源》及《續補》、《儒學法學分歧論》、《鮑生學術發微論》、《漢儒得失論》、《近儒學術統系論》、《近代漢學變遷論》、《普告漢人》、《利害平等論》、《非細篇》、《論種族革命與無政府革命之得失》以及《古書疑義舉例補》、《荀子詞例舉要》、《晏子春秋補釋》、《法言補釋》等著述。冬天歸國。

1908年　25歲

年初重赴日本。4月《天義報》被日本政府查封。劉師培另出《衡報》，繼續宣傳無政府主義理論。同月，與章炳麟產生誤會。指使人捏造啟事，刊登於《神州日報》，攻擊章炳麟喪失革命鬥志。

10月《衡報》被封，劉師培夫婦歸國。年底向清政府兩江總督端方投誠。此年發表《共產黨宣言序》、《論中土文字有益於世界》、《秦四十郡考》、《遼史地理考》等著述。

1909年　26歲

至南京，入端方幕。編《左庵集》，撰《論中國古代財政國有之弊》、《穆天子傳補釋》。汪公權被處決，章炳麟致書劉師培，勸其重返革命隊伍，劉師培不應。

1910年　27歲

隨端方至天津。撰《春秋左傳時月日古例考》、《古曆管窺》、《白虎通德論補釋》、《敦煌新出唐寫本提要》。

1911年　28歲

秋，隨端方至成都。武昌起義爆發，端方被殺於資州，劉師培為資州革命軍政署拘禁。是年撰《周書補正》、《周書略說》、《管子斠補》、《楚辭考異》。

1912年　29歲

年初，在章炳麟、蔡元培的幫助下，劉師培被資州軍政署釋放。應謝無量之邀任教成都國學院，與蜀中今文大師廖平建立了學術友誼。撰《春秋左氏傳答問》、《春秋左氏傳古例詮微》、《莊子斠補》、《春秋繁露斠補》、《古本字考》等。

1913年　30歲

夏天離開成都回上海，不久至山西太原，創辦《國故鉤沈》，為山西都督閻錫山所薦，到北京任袁世凱參議。撰《兩漢周官師說考》、《春秋左氏傳傳例解略》、《白虎通義定本》等。

1914年　31歲

與康寶忠重組《中國學報》。

1915年　32歲

參加籌安會，與楊度等人為袁世凱復辟帝制作理論鼓噪。撰《君政復

古論》、《告同盟會諸同志書》等。

1916年　33歲

流寓天津，為《中國學報》撰稿人。冬與黃侃在北京再次見面，劉師培將關於《左傳》研究的著作示黃侃，黃侃讀之大悅，遂北面稱弟子。撰《春秋左傳例略》、《中古文考》、《古周禮公卿說》等。

1917年　34歲

蔡元培邀請劉師培任國立北京大學教授。主講《中國中古文學史》。但他病入膏肓，不能高聲講演。

1918年　35歲

在北京大學授課。繼續整理《左傳》舊注和古文經源流。

1919年　36歲

為《國故》雜誌撰稿人。11月20日（陰曆九月二十八日）卒。

蔡元培經辦其喪事。

1920年

黃侃在武昌為文祭奠劉師培。二月，劉師培的學生劉文典將他的靈柩送歸揚州。是年冬，劉師培歸葬於劉氏祖塋。

附錄二　本書主要資料來源

1. 《劉申叔先生遺書》，6函74冊，甯武南氏排印本，1936年。

2. 《俄事警聞》。

3. 《警鐘日報》。

4. 《國粹學報》。

5. 《天義報》。

6. 《國故月刊》。

7. 《龔自珍全集》，上海人民出版社，1975年。

8. 《魏源集》，中華書局，1976年版。

9. 湯志鈞編：《康有為政論集》，中華書局，1981年。

10. 康有為：《新學偽經考》，中華書局，1988年。

11. 康有為：《孔子改制考》，中華書局，1958年。

12. 皮錫瑞：《經學歷史》，中華書局，1959年。

13. 《廖平學術論著選》，巴蜀書社。

14. 章太炎：《章太炎全集》，上海人民出版社，1982年—1986年。

15. 湯志鈞編：《章太炎政論選集》，中華書局，1977年。

16. 李華興、吳嘉勳編：《梁啟超選集》，上海人民出版社，1984年。

17. 馮自由：《革命逸史》，中華書局，1987年。

18. 金沖及、胡繩武：《辛亥革命史稿》，上海人民出版社，1980年—1991年。

19. 張枬、王忍之編：《辛亥革命前十年間時論選集》，三聯書店，1977年。

20. 鄭逸梅編著：《南社叢談》，上海人民出版社，1981年。

▌附錄三　本書主要參考論著

1. 陳奇：《劉師培的經學與資產階級民主宣傳》，《貴州大學學報》，1987年4期。

2. 陳奇：《劉師培的經學與資產階級民族主義宣傳》，《貴州師範大學學報》，1987年第2期。

3. 王淩：《有關劉師培一則早期反清史料》，《歷史檔案》，1988年3期。

4. 經盛鴻：《論劉師培的三次思想轉變》，《東南文化》，1988年2期。

5. 袁英光、仲偉民：《劉師培與〈中國歷史教科書〉研究》，《華東師範大學學報》，1988年4期。

6. 鄭師渠：《晚清國粹派的文化觀》，《歷史研究》，1992年6期。

7. 蒲偉忠：《論劉師培〈左庵集〉的學術思想》，《清史研究》，1992年4期。

8. 經盛鴻：《黃侃與劉師培》，《文史雜誌》，1992年5期。

9. 鄭師渠：《章太炎與劉師培交誼論》，《近代史研究》，1993年6期。

10. 朱維錚編：《周予同經學史論著選集》，上海人民出版社，1983年。

11. 陳德述等：《廖平學術思想研究》，四川省社會科學出版社，1987年。

12. 董士偉：《康有為評傳》，江西百花洲文藝出版社，1994年。

13. 唐文權、羅福惠：《章太炎思想研究》，華中師範大學出版社，1986年。

14. 章念馳編：《章太炎生平與學術》，三聯書店，1988年。

15. 支偉成：《清代樸學大師列傳》，嶽麓書社，1986年。

16. 王森然：《近代二十家評傳》，書目文獻出版社，1987年。

17. 丁文江、趙豐田編：《梁啟超年譜長編》，上海人民出版社，1983年。

18. 湯志鈞編：《章太炎年譜長編》，中華書局，1979年。

19. 唐振常：《蔡元培傳》，上海人民出版社，1985年。

20. 格裡德：《胡適與中國的文藝復興》，江蘇人民出版社，1989年。

21. 鄭師渠：《晚清國粹派》，北京師範大學出版社，1993年。

22. 錢穆著：《中國近三百年學術史》，商務印書館，1937年。

23. 侯外廬等：《中國思想通史》，人民出版社，1957年—1959年。

24. 侯外廬：《中國近世啟蒙思想史》，人民出版社，1993年。

25. 張豈之：《儒學理學實學新學》，陝西人民教育出版社，1994年。

後 記

　　1990年秋天，我在張豈之先生指導下開始涉足中國近代學術史的學習和研究。在學習過程中，我遇見了劉師培像流星一般的生命。想起侯外廬先生在《中國思想通史》中引用過劉師培的一些論述，我萌發了將他的學術成果加以研究和整理的願望。今年夏天，經程鋼兄雅意推薦，董士偉先生和錢宏先生約我承擔《劉師培評傳》一書的寫作，擬納入國學大師叢書。早已讀到錢宏先生《重寫近代諸子春秋》的宣言和已經出版的一些國學大師評傳，嘆服叢書立意深遠。於是不揣淺陋，接受了《劉師培評傳》的寫作任務。

　　考慮到劉師培學術生涯的特點，我選擇了從乾嘉學術向近現代學術發展的角度來評述劉師培。我有這樣一個不成熟的想法：自明末清初以來，中國學術研究就面臨著新的轉機。鴉片戰爭後，學術革新的轉機更加明顯。近代學術的進步取決於學者對於時代問題的認識的深度，取決於學術研究與社會現實相結合的科學化程度，也取決於學術方法的進步程度。在20世紀初年，章太炎、劉師培提出了與康有為、梁啟超有別的民族革命和學術革命主張，採取了與孫中山等有別的文化思路，這既有文化學術背景，也有地域因素。它不失為對於中國學術發展方向的可貴探索。

但他們的獨特主張也隨著中國社會的變化而變化，有的前進，有的彷徨，有的後退。劉師培則屬於後退的一類，他最後回到了他開始學術革命的起點。這主要由於他無法把握社會發展的基本趨勢，也無力解決學術研究如何科學地服務於社會現實的難題。劉師培學術生命是中國近代學術文化中值得加以研究的文化現象。

　　最近數年，人們開始關心學術研究進一步發展的前景，並回過頭來反思近代學術走過的歷程，這是很有意義的工作，也是錢宏先生致力於國學大師評傳並取得成果的原因。拙見以為，近代學術研究成功與失敗兩方面的經驗教訓確實為我們預計未來提供了寶貴的啟示。只有獨立地、科學地探索出一條學術研究與中國社會現實相結合的途徑，我們才能避免學術研究的誤區，將中國學術推向更高的發展階段。而學術研究如何科學地為社會現實服務，不僅要靠我們公正地評價前輩學者不同的學術觀點，更需要我們在他們的基礎上，進行深入思索。

　　圍繞這一線索，我特用前四章的篇幅評述劉師培學術革命主張的前後變化及其原因，後五章則具體評述劉師培在中國近代經學、史學、子學、文學領域的成果和地位。我力圖使劉師培的學術生命得到

盡可能真實的反映。但鼴鼠飲河，不過滿腹，書中掛一漏萬之處在所不少。且書生胸臆，每患迂愚，說長論短，諒也有失當者。加之成書倉促，詞不達意，此書或許有負讀者朋友的厚望。

在此，我要向我的導師張豈之先生表示我最誠摯的謝意，如果不是他指點我學習和研究的方法和觀點，就不會有目前這部小書。我還要感謝錢宏先生、董士偉先生給我提供了這樣的機會。感謝程鋼兄的盛情厚意和他對本書目錄和內容提要精到的翻譯。

願此書得到讀者們的批評。

方光華

1995年9月14日

昌明文庫·悅讀人物 A0603028

劉師培評傳

作　　者	方光華
版權策畫	李　鋒

發 行 人	陳滿銘
總 經 理	梁錦興
總 編 輯	陳滿銘
副總編輯	張晏瑞
編 輯 所	萬卷樓圖書股份有限公司
排　　版	菩薩蠻數位文化有限公司
印　　刷	百通科技股份有限公司
封面設計	菩薩蠻數位文化有限公司

出　　版　昌明文化有限公司
桃園市龜山區中原街 32 號
電話 (02)23216565
發　　行　萬卷樓圖書股份有限公司
臺北市羅斯福路二段 41 號 6 樓之 3
電話 (02)23216565
傳真 (02)23218698
電郵 SERVICE@WANJUAN.COM.TW
大陸經銷
廈門外圖臺灣書店有限公司
電郵 JKB188@188.COM

ISBN 978-986-496-126-9
2019 年 7 月初版二刷
2018 年 1 月初版一刷
定價：新臺幣 460 元

如何購買本書：

1. 劃撥購書，請透過以下郵政劃撥帳號：
　帳號：15624015
　　戶名：萬卷樓圖書股份有限公司
2. 轉帳購書，請透過以下帳戶
　合作金庫銀行 古亭分行
　戶名：萬卷樓圖書股份有限公司
　帳號：0877717092596
3. 網路購書，請透過萬卷樓網站
　網址 WWW.WANJUAN.COM.TW
大量購書，請直接聯繫我們，將有專人為您
服務。客服：(02)23216565 分機 610

如有缺頁、破損或裝訂錯誤，請寄回更換

國家圖書館出版品預行編目資料

劉師培評傳 / 方光華作. -- 初版. -- 桃園市：
昌明文化出版；臺北市：萬卷樓發行，
2018.01
　面；　公分. -- (昌明文庫. 悅讀人物)
ISBN 978-986-496-126-9(平裝)
1.劉師培 2.傳記
782.882　　　　　　　　　　　107001391